수업관찰분석

김현욱 저

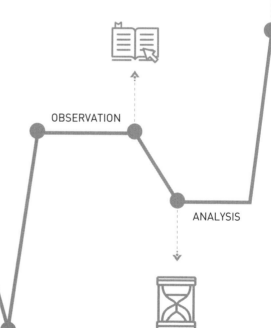

OBSERVATION

ANALYSIS

CLASSROOM

박영
story

머리말

이 책은 두 가지 중요한 목표를 가지고 있다. 첫 번째는 교육 현장에서 수업관찰의 역할에 대한 포괄적이고 정교한 통찰력을 획득하고, 관찰이 어떻게 사용되는지, 어떤 상황과 목적에서 사용되는지를 이해하게 하는 것이다. 두 번째는 교사의 학습과 전문성을 향상시키기 위한 도구로서 뿐만 아니라 관찰과 관련된 개념에 대해 구체적으로 알려주는 것을 목표로 하였다.

아이러니하게도 교사들은 자신의 수업을 스스로 볼 수 있는 기회가 거의 없다. 그리고 다른 전문직과는 달리 교사들은 자신의 실행을 외부에 드러내는 것을 유독 부담스러워 한다. 이러한 현상은 결국 수업을 관찰할 수 있는 통로가 제한되어 있고, 자신의 실행을 드러내더라도 그다지 도움이 되는 상황이나 결론을 얻지 못하는 학교문화 탓으로 보인다.

교사는 전문직임에도 불구하고 교육활동에 다양한 내·외부자가 쉽게 개입하는 경우를 볼 수 있다. 교육이라는 인류의 보편적인 행위로 인해 일반인들도 나름의 관점을 피력할 수 있고, 그만큼 다양한 실천이 가능하기 때문일 것이다. 이러한 현상은 수업을 공개적으로 검토하고 관찰하는 것에 더 큰 부담을 주는 요인으로 작용한다. 그러나 교육은 공공의 활동이고, 특히 학교교육은 국민의 세금이 투여되는 분야이기 때문에 일반에게 수업을 공개하고, 더불어 수업의 질을 확인하고 향상시키기 위한 노력은 회피할 수 없는 일이다.

교사 스스로 전문성의 향상을 느낄 수 있을 때 교직에 대한 보람과 의미도 한층 더해질 수 있을 것이다. 교사 전문성의 핵심은 단연코 수업이다. 수업의 전문성을 향상시키기 위한 가장 현실적이고 효과적인 방법 중의 하나가 수업관찰이다. 이러한 수업관찰이 보다 의미 있고 구체적으로 이루어지고, 이를 통해 궁극적으로 교사의 전문성을 높이는 데 조금이나마 도움을 주고자 이 책을 저술하였다.

먼저, Ⅰ장에서 수업관찰의 목적과 배경을 살피고, Ⅱ장에서 수업관찰과 관련된 다양한 개념들을 탐색하였다. Ⅲ장은 구체적인 수업관찰 방법으로서 양적 접근의 유형과 질적 접근의 유형을 살펴보았다. Ⅳ장은 수업관찰을 활용하는 분야 및 사례 등을 검토하였다.

여기에 제시된 수업관찰에 대한 접근 방법은 고정된 것으로 보아서는 안 되고, 다양한 수업상황이나 교사의 특징에 따라 응용할 수 있다. 아무쪼록 본 저서의 내용이 수업의 전문성 향상에 기여할 수 있기를 기대한다.

2018. 4.
저자 씀

CONTENTS

목 차

Ⅰ. 수업관찰의 기초

II. 수업관찰에 대한 개념적 접근

III. 수업관찰 방법

Ⅳ. 수업관찰의 활용

· I ·

수업관찰의 기초

01

수업관찰의 개관

가. 수업관찰의 필요성

수업은 교육활동의 핵심적인 과정이다. 교육목표가 설정되고 교육내용이 선정되면 그에 기초하여 수업이 전개된다. 교육과정에 제시된 모든 교육목표는 결국 수업을 통하여 달성되고 그 달성 정도에 따라 교육의 타당성과 효율성이 평가된다. 이러한 수업의 중요성은 바로 수업의 지속적인 질 관리와 개선으로 실천되어야 한다. 그 실천의 시작을 수업관찰로 할 수 있다.

> "우리는 어떤 종류의 교실 관찰을 해야 할까?"
> "무엇을 관찰해야 할까?"
> "관찰한 결과는 어떻게 활용되어야 하나?"

이러한 질문은 수업 관련 연구에서 많이 제시되지만, 교사의 평가, 초임 교사교육, 교사양성과정, 학교 평가 등에서 논의되기도 한다. 구체적인 수업관찰은 예비교사, 교사연수(in−service teacher training, INSET), 초임교사 연수(Initial Teacher Training, ITT), 지속적인 전문성 개발(Continuing Professional Development, CPD)에서 중요한 역할을 한다. 과거에 비해 학부모가 학교에 초청되어 일부 수업을 볼 수 있는 기회가 증가하였고, 많은 학교에서 공개 수업을 중요 행사로 다루고 있지만, 교실은 여전히 상대적으로 사적인 장소로 취급된다. 아동 및 청소년 교육에 많은 공공자금이 투입되고, 양질의 교육에 대한 국가적 관심이 증대되고 있기 때문에 학부모를 비롯한 사회구성원들은 교실에서 어떤 수업과 학습이 이루어지고 있는지 알 권리가 있다(Wragg, 2012).

교실은 매우 역동적인 장소이다. 교실을 제대로 관찰하기 위해서는 끊임없이 바쁘게 일어나는 다양한 상황에 주목해야 한다. 매일 교실에서 수많은 일들이 발생한다. 교사는 학생에게 질문하고, 새로운 개념을 설명하고, 학생들이 서로 이야기하고, 잘못된 행동을 한 학생들 중 일부는 질책을 받고, 일부는 무시되며, 어떤 학생들은 소외되기도 한다. Jackson(1968)은 초등 교사들이 하루에 1,000번 정도의 이러한 대인관계 교류에 참여한 것으로 보고한 바 있다. Adams와 Biddle(1970)의 수업촬영에 대한 연구에서는 5-18초마다 '활동'의 변화가 있었고, 말하는 사람과 듣는 사람이 각각 174회 변화하였다. 교사의 역할은 마치 쇼핑몰의 전화상담원이나 영업직원 만큼 바쁜 것이다(Wragg, 2012).

이처럼 교실에 대한 분석적 접근이 이루어지고 있지만 아직 많은 교실에서 교육활동은 폐쇄적이며 외부에 드러내기를 꺼려한다. 교사들은 보통 30년 넘게 교실에서 생활하면서 수만 번의 수업을 하지만, 외부로 드러나는 수업은 극히 적다. 교사 스스로도 많은 수업과 업무로 인해 자신의 수업에 대한 기록이나 검토를 할 여유가 없으며, 그러한 정보를 얻고 싶어도 매우 제한적인 기회를 갖는다.

실제 한 교사의 사례를 예로 들면, 최OO 선생님에게 자신이 수업하는 내용과 방법에 대해 기록하여 다른 사람이 읽을 수 있게 해보자는 제안을 하였다. 그러나 그 교사는 동료 교사들이 잘난 척한다고 생각할 것이라며 거절했다. 그리고 공개하는 수업에 대해 평소와는 '다른' 수업을 해야 한다는 부담감을 느낀다고 하였다. 그러나 같은 전문직임에도 의사들의 태도는 달랐다. 자신의 수술을 자세하게 기록하기를 원했는데, 이는 자신이 가진 의료기술이 다른 사람을 통해 증명되고 그것이 옳다면 확산되어야 한다고 인식한 데 근거한다(Wragg, 2012). 기존의 수업컨설팅 및 수업평가에 대해 대다수 한국 교사들은 '형식적인 수업평가 관행 및 제도(34.8%)'를 가장 큰 문제점으로 인식하고 있고, 다음으로 '타당한 기준 부재(16.4%)'를 지적하고 있다(한국교육과정평가원, 2004). 이것은 형식적인 관행이 아닌, 수업개선을 위한 타당하고 객관적인 수업분석의 필요성을 말해준다.

타인에 의한 수업관찰 뿐만 아니라, 자신의 실행에 대한 관찰을 통해 수업자는 자신이 수업에 대해 가지고 있는 관점과 실제의 차이, 다른 관점과의 비교, 수업의 새로운 면모를 발견할 수 있는 계기를 마련하게 된다.

학교현장에서 이루어지고 있는 수업은 교육 대상, 내용, 교육 방법 등에 따라 매우 복잡하고 다양한 활동이기 때문에 그것을 분석한다는 것은 어려운 일이다. 수업에 따라 다양한 변인들을 어떻게 조사하여 분석 자료를 만들 것인지 결정해야 하고, 수업분석의 목적과 필요성에 따라 분석 기준이 다양하게 적용될 수 있으며, 수업관찰의 결과를 해석하고 활용하는 데에도 매우 다양한 관점이 활용될 수 있다. 수업관찰 분석의 특징을 정리해 보면 아래와 같다(주도연, 2005).

첫째, 수업관찰 분석은 매우 다양한 목적과 필요성에 의해 이루어진다.
둘째, 수업은 복잡한 특성을 포괄하고 있는 개념이므로 이를 분석하는 준거도 다양하다.
셋째, 분석 준거가 상황에 따라 다르기 때문에 분석 지표나 자료 역시 다르다.
넷째, 수업분석 결과가 여러 각도로 해석될 수 있고 여러 목적으로 활용될 수 있다.

아울러, 수업관찰의 타당한 연구 결과를 얻기 위해서는 다음과 같은 사항을 주의해야 한다. 먼저 관찰 절차를 체계적으로 자세하게 설정하여 무엇을 어떻게 관찰하고 기록하여 어떻게 사용하는지에 대해 분명히 해야 한다. 관찰자는 여러 관찰자가 동일 수업을 관찰했을 경우 각 관찰자 간의 관찰 결과가 일치하도록 관찰 이전에 훈련을 실시해야 한다. 또한 관찰 결과의 적용을 위해서는 관찰자 간의 신뢰도를 검증해야 한다. 관찰 상황에 대한 고려도 필요하며, 관찰 행동에 대한 추출 시 대표성이 있어야 해당 연구의 결과를 일반화 시킬 수 있다. 그리고 관찰 결과는 객관적인 입장에서 해석되어야 할 것이다(성태제, 2015).

수업 관찰은 이제 과거보다 훨씬 더 보편화되고 있다. 체계적인 교사평가 및 수업평가, 예비 교사 교육, 경력 교사의 전문적 교수기술 연마, 교육과정 개발자의 수업

동향 분석 등으로 인해 실제로 무엇이 교실에서 이루어지는지 분석할 필요성이 증가하고 있다. 한 사람이 교실에 앉아서 장학활동의 일환으로 수업을 관찰하고 특정한 관점을 바탕으로 수업을 분석하던 과거보다 현재의 다양한 기법은 더 자세한 교훈을 제시해 줄 수 있다.

나. 수업관찰 분석의 목적

교사는 자신의 수업을 스스로 반성하고 개선하기 위해 끊임없는 노력을 해야 한다. 이를 위해 자신의 수업 뿐만 아니라 동료의 수업을 관찰하고 분석할 필요가 있다. 수업관찰의 궁극적인 목적은 수업의 장단점을 파악하고 교사의 수업 전문성 개발을 통해 더 나은 수업을 만들기 위한 것이다. 교사가 어떻게 수업을 이끌어 가느냐에 따라 수업의 질이 달라지며 이는 곧 학습자의 학습 성공 여부와 직접적으로 이어지기 때문에 교사는 전문 능력 및 교수방법을 지속적으로 연구 개발해야 한다. 따라서 교사는 학생들에게 그들이 배워야 할 내용을 유의미하고 가치 있는 방식으로 학습할 수 있도록 수업 중 방해요인과 촉진요인을 확인하고 그에 대한 답을 구하고자 노력해야 한다(주삼환 외, 2009).

먼저 '수업관찰'이라는 용어에 대해 살펴보면, Bailey(2001)는 데이터 수집 및 분석의 체계적인 과정을 통한 교육 및 학습의 유목적적 평가라고 설명하였다. Tilstone (1998)은 수업 실제에 대해 필요한 변화로 이끌고 정보에 근거한 판단을 내리는 체계적인 자료 수집으로 설명하였다. Sherin과 Russ(2015)는 수업관찰 분석의 개념을 '교사가 교실 활동의 관찰에 참여하면서 능동적인 감각을 배양하고 강조하는 것'으로 설명한다.

수업관찰 분석은 자신을 보는 것이 어색함에도 불구하고 초임 교사이건 수십 년간의 경력교사이건 관계없이 교사에게 유용한 도구가 된다. 촬영된 영상을 통해 교실 앞에 서서 보는 것과 매우 다른 상황을 볼 수 있다. 이것은 교사가 학생을 어떻게 대하는지 또는 교사 자신이 어떻게 보이는지를 알기 위한 것 보다는, 학생들이 교사를 어떻게 대하는지 알 수 있는 기회를 준다. 교사는 자신이 가진 다소 이상한 행동이나 습관을 알게 되기도 한다. 교사의 강점과 결함을 알게 되며, 학생에게 유익한 행동으로 수정할 수 있는 동기를 제공한다.

수업관찰은 교사로서의 위치에 대해 생각해 볼 수 있는 기회도 준다. 즉, 교사가 어떻게 학생들에게 자신을 표출하는지, 그리고 학생들이 어떻게 교사에게 반응하는지에 대해서 생각해보게 한다. 즉, 수업촬영은 교실을 다른 각도에서 볼 수 있는 기회이다(Vetter & Schieble, 2015).

수업관찰을 통해 교실을 여러 차원에서 검토하는 것 자체의 중요성을 알 수 있다. 우리는 교실에서 학생들에게 요구되는 것과 그에 대한 대응이 광범위하다는 것을 알고 있다. 학생들은 다양한 수준과 유형의 문해력, 대중문화, 스포츠, 미디어 등에 관심을 가지고 있으며, 각각의 사회적, 문화적, 언어적 지식을 교실로 가져온다.

교사는 학생들의 요구와 관심사를 전문적인 교육활동과 균형점을 찾아야 하고, 때로는 전문적인 개선을 위해 육체적, 정신적 역량을 보완해야 한다. 교사들은 이러한 압력을 극복하고 교사로서의 책무성을 갖추어야 한다. 수업관찰은 이를 지원하는 것은 물론, 교사의 정체성을 확립시키는데 도움을 줄 수 있다(Vetter & Schieble, 2015).

또한 수업을 관찰하지 않는다면, 수업 현장에서 어떠한 일이 일어나는지를 알 수 없고, 수업에 필요한 실질적인 자료 및 이론을 생성할 수 없으며, 효과적인 교수·학습방법을 개발할 수 없다(Bakeman & Gottman, 1986). 수업관찰은 교사의 수업을 개선시킬 수 있는 기회를 제공하며, 동시에 교사 스스로 자신의 수업에 대해 이해할 수 있도록 돕는다. 이러한 이유로 수업관찰은 교사들이 끊임없이 직면하게 되는 전문가적 의사결정 과정의 필수 요소이다(Wajnryb, 1992).

교사교육의 맥락에서 볼 때, 수업관찰은 교사가 매 순간의 상호작용, 그리고 시간이 지남에 따라 변화하는 상호작용 속에서 교사의 정체성을 어떻게 구축할 것인가에 대한 반성적 검토를 제공해 준다. 따라서 수업관찰은 교사의 정체성에 관련되며, 교육의 실제 상황과 교사가 기대하는 정체성을 일치하도록 만들어 주는 생산적인 과정이다. 교사의 정체성에 관한 일이라는 의미는 수업의 상황이 교사의 정체성에 어떻게 영향을 미치고, 교사의 정체성이 교실상황에 어떻게 변화를 초래하는지 인식하는 것을 의미한다. 교사의 전문성은 궁극적으로 수업전문성을 지향한다. 수업전문성은 자신의 수업에 대한 가치와 의미, 일련의 과정, 자신의 수업행동 및 학생의 학습에 대하여 전반적으로 되돌아보는 반성을 통하여 궁극적으로 자신의 수업을 개선하는 데까지 이르는 활동을 포함한다(유한구, 2001). 이러한 교사의 수업전문성을 함양하기 위해서는 교사의 반성적 수업분석이 필요하다. 이는 교사 스스로 해야 하는 것일 뿐만 아니라, 제도, 정책, 교육공동체가 지원해야 하는 것이다. 교사의 수업관찰분석은 자신의 수업의 질을 향상시키는데 목적을 가지고 있으며, 이를 통해 얻은 결과를 바탕으로 수업을 실천해 나감으로써 교사의 전문성은 보다 강화될 수 있다.

우리는 교사들이 학교의 구성원으로 역할하기 위해 고군분투하는 과정에서 교사의 정체성을 확립하는 것이 가르치는 일과 분리되어 있지 않다는 것을 안다. 수업관찰과 분석은 궁극적으로 교사의 정체성을 확립하고 증진하는 것을 목적으로 한다.

다. 교사의 반성적 수업관찰

교사의 반성적 수업은 자신의 수업의 질을 향상시키는 데 주된 목적을 두고 있으며 더 나아가 전문성을 신장시키는 데 궁극적인 목적을 두고 있다. 이러한 교사의 반성적 수업분석은 교사로 하여금 자신의 수업을 스스로 평가해 보도록 함으로써 자각심을 가지고 자기의 수업을 정확히 평가할 수 있는 기술을 습득하게 하며 자신의 교수능력을 발전시켜 갈 수 있는 능력을 함양하도록 도와준다. 또한 교사 자신의 수업을 스스로 분석, 평가해 봄으로써 수업의 대상인 학생에 대한 책임감도 고취할 수 있게 된다(박완희, 1986).

반성(reflection)은 교사의 전문적인 학습 및 발달의 초석이다. 교사의 전문성 개발에 대한 반성적 접근의 인용 근거로서 Dewey(1933)와 Schön(1983)이 자주 제시된다. Dewey(1904)가 처음으로 철학 분야에서의 반성이라는 개념을 활용하여 교육학에 적용한지 1세기가 넘었다. Dewey(1933)는 반성적 사고를 "자신의 신념이나 실천행위에 대한 원인이나 궁극적인 결과를 적극적으로 끈기있고 신중하게 고려하는 문제 중심적인 사고"로 정의하였다. Dewey의 주장은 교사교육이 단순히 특정 교육학 기술을 익히고 제공하는 것이 아니라, 교사에게 수업에 대한 반성적인 접근을 발달시키는 것이 되어야 한다는 것이다. 또한 Dewey(1933)는 결과보다 과정 위주의 접근으로 근본적인 전환을 제안한다. 그것은 직관적인 감정(intuitive feelings)이 덜 중요하다고 여겨지는 반면, 논리적인 추론과 합리적인 분석 기술이 중심적인 역할을 하는 과학적 접근을 말한다.

Dewey(1933)의 출발점은 데이터 또는 관찰된 사실(observed facts)의 수집이다. 이러한 데이터는 기초 자료(raw material)를 형성하는데, 반성은 그것에 기초한다. 따라서 데이터(사실)와 사고(제안이나 가능한 해결책)는 모든 반성적 활동의 필수 불가결한 상호 관련성을 갖는다. Dewey가 규정한 핵심 원칙 중 하나는 실행하는 사람이 반성할 수 있는 "경험의 진정한 상황(a genuine situation of experience)"을 가져야 한다는 것이다. 이를 통해 보다 의미 있는 반성으로 이어질 수 있기 때문이다. 실제(practice)는 성찰과 반성을 통해 보다 많은 정보를 얻을 수 있다. 즉, 반성적 사고란 하나의 결론에 도달하려는 의도적이고 유목적적인 문제해결과정이며, 어떤 문제 사태에서 출발하여 그 문제 사태를 구성하는 여러 논리적, 경험적 근거에 따라 본질적 의미가 추구되는 지적 조작으로 정의할 수 있다(김수천, 1989).

Dewey는 5단계의 반성 과정을 제시했는데, 이는 수업의 실제에 대한 탐구기반 접근 방식으로 정리할 수 있다(O'Leary, 2014).

① 문제 식별(Identifying the problem)
② 문제를 해결하기 위한 대안 고려(Considering the suggestions for dealing with the problem)
③ 가설 구축(Hypothesis building)
④ 추론(Reasoning)
⑤ 검증(Testing) 즉, 가설의 확인 또는 반증(confirming or disproving the hypothesis)

Dewey가 제시한 다섯 단계가 반성적 모형의 기초가 되었다(Gibbs, 1988, Kolb,

1984). Dewey의 생각을 토대로 한 Schön(1983)의 주장은 본래 직업 유형에 상관없이 일반적인 실무자의 전문성 개발을 목표로 하였지만, 교육 분야에도 완전히 포용되었다. 이것을 반성적 실천주의라고 부르기도 한다. 그에 따르면 반성이란 전문가가 자연스럽게 사고하고 행위하는 방식이다. 따라서 전문가는 갈등, 독특성, 불확실성을 필연적으로 포함하는 전문적 상황에서 반성적으로 사고하면서 실천할 수 있는 사람으로 정의한다. 그는 사회적 기능의 필수적이고 중요한 역할을 담당하고 있는 전문가들이 전문성에 대한 자신감이 결여되어 있음을 지적하면서, 이는 자신의 전문지식이 실제 상황의 변화에 제대로 부합되지 못하는 것으로 인식하기 때문이라고 지적하였다. 교사 역시 '이론에 근거한 실천'을 넘어서서 '이론의 형성을 위한 실천'을 함으로써 자신의 수업에 대한 문제를 적극적으로 탐구하고 반성하여 새로운 교수이론과 지식을 생성하는 능동적인 연구자, 전문적인 실천가로서의 역할을 요구하였다. 이와 같은 교사의 실천적 지식은 실행의 과정 속에서 자기반성과정을 통해 얻어질 수 있다고 주장하였다.

전문적 상황 속에서의 실천행위, 불확실성에 대한 대처, 문제해결 등은 Schön의 반성개념 중 핵심적인 것이라고 할 수 있다. 교사가 형성한 개인적 이론들은 일반적인 수업지침이나 경험적 지식보다 더 가치 있는 것이다. 왜냐하면 처음부터 의도적인 탐구와 모색을 통해서 검토되고, 경우에 따라서는 교정될 수 있도록 구조화된 지식이기 때문이다. 이것을 할 수 있는 사람을 '반성적 실천가'로 부른다. Schön이 제기한 '반성적 실천가'로서의 교사는 교원양성과정에서 교사의 자질이 완성되는 것으로 보지 않고 교사가 자신의 수업 행위에 대해 반성적 실천을 함으로써 스스로 자질을 확립 및 개선해 간다는 점에서 주목된다.

Schön은 '행위의 성찰(Reflection-in-action)'과 '행위 후 성찰(Reflection-on-action)'이라는 것의 차별성을 발전시켰다. '행위의 성찰(Reflection-in-action)'은 교사가 어떤 실천을 하는 중에 반성적 사고를 하는 것으로, 개인이 문제를 구조화하고 상황을 검토하면서 대안적인 해결방식을 탐색하는 의식적인 행위이다. 행위자가 즉각적으로 현장에서 그 경험에 반응하고 반성할 수 있는 능력을 가리킨다. '행위 후 성찰(Reflection-on-action)'은 이미 일어난 상황에 대한 반성적 사고를 의미한다. 행위

후 반성이 일어나면 현상과 이격되어 비판적으로 그 상황을 검토할 수 있게 된다(Schön, 1983).

Schön(1983)은 앞으로 어떻게 변화·발전시키겠다고 반성하는 것보다 현재 일어나는 사건에 대해 반성하는 것이 그 상황에 도움이 될 수 있다고 설명하였다. 행위의 성찰(Reflection-in-action)은 전문가가 일어난 일에 대해 생각하고 이후에 변화시키겠다는 여유를 부리는 것이 아니라, 행위가 일어나는 당시에 반응하는 개념으로 소개하였다. 이때 가장 먼저 필요한 것은 교사가 이 새로운 상황을 이해하는 일이다. 이것은 상황과의 '반성적인 대화', 즉 그 상황의 '재구조화'에 도달함으로써 달성된다. 재구조화를 통해 행위자는 이전에는 시도하지 않았던 대안적인 행동 방식을 실험적으로 적용할 수 있게 된다.

Schön(1983, p.68)은 "어떤 사람이 행위의 성찰(Reflection-in-action)을 할 때 그는 실제 상황에서 연구자가 된다. 그는 확립된 이론에 의존하지 않고 독특한 상황에 대한 새로운 이론을 구성한다."고 설명했다. 그리고 새로운 상황에 대해 기존의 다른 상황에서 획득한 지식(knowing-in-action)을 사용하는 것이 놀랍다고 꼬집었다. 따라서 자신이 하는 일에 대한 선입견을 가지기 보다는 특정 상황을 극복하기 위해 가장 알맞은 것을 결정하는 것이 필요하다.

행위 후 성찰(Reflection-on-action)은 행위 후에 실천을 변화·발전시키기 위해 성찰하는 것이다. 그는 "예기치 않은 결과에 기여할 수 있도록 행위의 성찰(Reflection-in-action)이 어떻게 일어날 수 있는지에 대해 다시 생각해 보는 것이다."라고 설명하였다(Schön, 1983, p. 26). 행위 후 성찰(reflection-on-action)의 절차는 다음과 같이 설명하였다.

1 단계: 교수법의 활용 과정이나 현장에서 발생한 것으로, 해결되지 않았거나 결과에 만족하지 않는 사건을 선택한다.

2 단계: 자신이 개입 전에 상황이 어떠했는지, 이후에 어떤 상황이었는지 생각해 본다. 이것이 긍정적인 경험이라면 무엇이 상황을 그렇게 만들었는지 기술한다. 부정적인 경험이라면 어떤 행동을 취했는지, 그리고 어떤 행동을

취하고 싶었는지 기술한다.

3 단계: '사건 이전과 이후' 사이의 생각의 차이를 성찰하라. 예를 들어, 기존의 다른 상황에서 획득한 지식(knowing-in-action)은 무엇인가? 새로운 상황에서 왜 효과가 없었는가? 실제로 했어야 했던 생각은 무엇인가? 그리고 일어났던 상황을 다시 이해할 수 있도록 학문적으로 기술해 본다.

4 단계: 전체 상황을 요약한다. 행위 후 성찰(reflection-on-action)에서의 요점은 무엇인가? 당신이 기존의 다른 상황에서 획득한 지식(knowing-in-action)에서 발전시킬 것은 무엇인가? 앞으로 무엇을 다르게 실행할 것인가?

1980년대 이래로 행위 후 성찰(reflection-on-action)이라는 개념이 교사교육 프로그램에 많은 영향을 미치고 있다. 전문적인 교사들은 수업 상황에 문제점이 발생하면 곧 '행위의 성찰'을 하고, 더 심각한 문제에 대해서는 '행위 후 성찰'로 나아간다(Meyer, 2004).

그렇다면 수업에 대한 반성적인 접근은 정확히 무엇을 하는 것인가?

Dewey의 영향을 받은 Bartlett(1990)은 비판적인 반성적 수업(critical reflective teaching)이라는 개념을 제시했다. 그는 비판적이라는 용어가 부정적인 의미로 해석되어서는 안 되지만 교사들이 보다 광범위한 문화적 및 사회적 맥락에서 자신의 행동을 보는 전체적 접근(holistic approach) 방식과 관련되어 있다고 하였다. Bartlett에 따르면 비판적인 반성적 수업의 주된 목적은 수업 방법이나 기술에 대한 관심에서 벗어나, 더 중요한 '무엇'과 '왜'라는 질문에 집중하는 것이었다(O'Leary, 2014).

'무엇'과 '왜'라는 질문은 우리에게 수업에 대한 확실한 힘을 준다. 교사의 업무에서 자율성과 책임의 정도는 우리가 행사할 수 있는 통제의 수준에 의해 결정된다. '무엇'과 '왜'라는 질문을 고려하면서, 우리는 통제를 조정하기 시작하고 일상적인 교실 생활을 변화시킬 수 있는 가능성을 열게 된다.

여러 학자들이 수업에 대한 반성과정을 설명한 것을 열거하면 아래와 같다.

Richards(1991)는 반성의 과정을 단순화하여 다음과 같은 세 가지 단계로 구분했다.

① 사건, 즉 실제적인 수업 에피소드
② 그 사건의 회상, 즉 설명이나 평가 없이 일어난 일에 대한 설명
③ 그 사건에 대한 검토와 반응, 즉 더 깊은 수준에서의 접근

다음 그림은 Gibbs(1988)의 Reflective Cycle로서 Richards의 모델을 보다 확장하여 시각화 한 것이다. 여기에서 눈에 띄는 것은 수업상황에서의 정서적 특성에 대한 회상, 수업을 분석하면서 추가적으로 할 수 있었던 수행, 다시 동일한 수업을 했을 때 무엇을 추가할 수 있는지 등에 대한 검토를 반성의 과정에 담고 있다.

그림 Gibbs의 반성적 순환체계

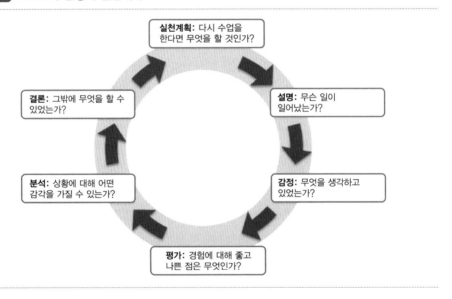

실천계획: 다시 수업을 한다면 무엇을 할 것인가?

설명: 무슨 일이 일어났는가?

감정: 무엇을 생각하고 있었는가?

평가: 경험에 대해 좋고 나쁜 점은 무엇인가?

분석: 상황에 대해 어떤 감각을 가질 수 있는가?

결론: 그밖에 무엇을 할 수 있었는가?

Marland(2004)는 반성적 수업분석의 과정을 다음과 같이 제시하였다.

① 실천자에 의한 문제의 인식
② 문제의 이해를 바탕으로 탐구자에 의한 문제의 구조화
③ 실천적 상황에서 그밖의 다른 현상에 대한 개방성
④ 새로운 현상으로 인한 문제의 재구조화 혹은 새로운 가설 형성
⑤ 하나의 구조에 대한 실험으로 탐구 전환
⑥ 탐구자의 실험적 행위를 통한 가설의 검증, 실험결과의 반성
⑦ 탐구자에 의한 새로운 의문과 새로운 목표의 구조화

Cruikshank(1987)도 반성적 수업활동모형을 제시하였다. 반성적 수업활동이란 교사가 자신의 수업실행을 분석하는 능력을 의미하며 순환적 과정을 거친다.

그림 Cruikshank의 반성적 수업활동

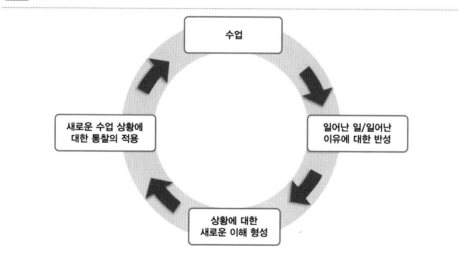

수업 행위를 세분화하는 것은 반성적 순환체계의 기초를 이룬다. 의미 있는 발전이 이루어지기 위해서는, 반성 자체가 행동으로 이어져야 한다. 즉 반성의 과정에서

나온 사고와 실행, 실행 이후에 반성으로 다시 이어진다. 따라서 이 모형에서 전문성 개발은 순환적이고 반복적인 과정이다. Freire(1972)는 행동이 뒤따르지 않는 성찰은 탁상공론(verbalism)이고 성찰이 없는 행동은 행동주의(activism)라고 비판하였다(O'Leary, 2014).

Brookfield(1995)는 사회적, 교육적 맥락에서의 권력과 교사의 실천에 영향을 주는 헤게모니가 수업에 대한 반성을 비판적으로 만드는 결정적인 것이라고 지적하였다.

> 반성은 두 가지 뚜렷한 목적을 가지고 있을 때 비판적일 수 있다. 첫번째는 권력이 어떻게 교육의 과정과 상호 작용을 구성하고 왜곡하는지 이해하는 것이다. 두번째는 수업을 더 편하게 만드는 것처럼 보이지만 실제로는 불이익을 낳는 현상에 의문을 제기하는 것이다.

Brookfield는 Gramsci의 헤게모니(hegemony)에 대한 개념을 이용하여, 비판적 반성을 설명하였다.

> Antonio Gramsci(1978)에 의해 제안된 바와 같이, 헤게모니라는 용어는 생각, 구조, 행동이 실제로는 권력이 있는 소수의 이익에 의해 구성되고 전달되지만, 대다수의 사람들은 그것이 미리 정해져 있거나 자신의 이익을 위해 일어나는 것처럼 보이는 과정을 말한다. 대부분의 교사는 수업에 관한 헤게모니적 가정을 환영한다. 교사는 '좋은 것'과 '진실'을 대표하는 것처럼 보이며 자신의 이익에 부합하는 것처럼 여긴다. 헤게모니의 역설과 잔인함은 교사들이 자신을 노예로 만드는 그러한 현상에 따라 행동하는 것을 자랑스럽게 생각한다는 것이다(Brookfield, 1995).

광범위한 사회-정치적 맥락에서 수업을 고려하지 않을 때, 교사는 이러한 헤게모니에 속박될 수 있다. 예를 들어 학습자의 성취가 국가적 기준보다 낮을 때 교사는 자신을 비난한다. Brookfield(1995)는 교사가 4가지의 상호 연결된 렌즈를 통해 자신의 수업을 보았을 때 비판적 반성이 일어난다고 말한다(O'Leary, 2014).

① 개인적/자서전적 경험을 통해
② 학생들의 눈을 통해
③ 동료의 눈을 통해
④ 이론/문헌의 렌즈를 통해

이러한 다양한 렌즈를 통해 교사는 수업에 대한 자신의 가정(assumptions)을 발굴하고, 익숙하고 당연하게 여겨지는 신념 및 행동에 대해 다른 관점을 탐구하도록 자극을 준다(Brookfield, 2005).

교사들이 그들 경험에 대한 반성을 통해 배우기 위해서는 암묵적인 것을 명백히 하는데 도움 받을 필요가 있다. 교사들은 자신의 경험을 목적을 가지고 신중히 재고하고 자신의 사고와 행위를 회고함으로써, 자신이 경험한 교수 학습 에피소드에 대하여 깊은 이해를 할 수 있다.

02

수업관찰의 등장 배경

수업관찰은 최근 몇 년 동안 학교에서 교사의 전문 기술과 지식을 측정 및 개선하기 위한 중추적 도구로 부상했다. 관찰이 핵심 도구로 등장한 이유와 방법을 이해하려면 이러한 현상이 발생한 사회 정치적 및 역사적 맥락에 대한 통찰이 필요하다.

가. 수업관찰의 출현에 대한 정치적 배경

현대 수업관찰의 기원은 19세기 중반 영국에서 찾아볼 수 있다. 왕립교육감사단(Her Majesty's Inspectorate, HMI)은 '빈민가 사람들을 위한 학교'를 위해 새롭게 투입된 공적 자금이 잘 쓰이고 있는지, 그리고 그 당시의 교육청이 학교를 개선하는데 도움이 될 수 있는 방법을 확인하기 위해 수업관찰을 활용하였다(Grubb, 2000).

그 이후로 수업관찰은 교사 교육 및 평가와 관련되었다. Lawson(2011)이 언급한 바에 의하면, 초기에는 예비교사를 위한 교육과 관련이 있었고, 이후에는 초임교사를 위한 교육, 교사 역량개발, 수업감독 및 질 관리 등을 위한 것으로 점차 변화하였다. 이러한 오랜 역사에도 불구하고, 초임교사 연수 이외의 활용은 지난 20년 동안에 집중된 것이다. 주로 교수학습을 위한 질 보증(QA) 및 질 향상(QI) 시스템의 기반이 되었다(Armitage et al 2003; Wragg 1999).

비판적 교육학자인 Paulo Freire는 교육과 정치는 뗄 수 없는 관계에 있다고 주장했다. Freire는 모든 교육 활동을 정치적 행동으로 보았으며, 특히 교육과 권력 간의 강한 연계성이 있다고 강조했다. 따라서 Freire의 경우, 교사가 교육과정에 대한 접근 방식과 교수 및 학습 경험 자체에 관해 내리는 결정이 궁극적으로 정치적이라고 여긴다. 즉, 중립적인 교육은 있을 수 없다. Freire의 연구는 교육과 교육과정에 대한 정부 개입이 증가했던 시기와 일치한다. 1970년대에 Freire의 주요 저서인 『페다고지: 피억압자들의 교육학(Pedagogy of the Oppressed)』이 출판될 즈음에, OPEC의 국제 석유 위기가 발생했으며, 이는 세계의 주요 경제 대국들에 막대한 피해를 주는 재앙이었다. 이 위기에 대한 신자유주의적 반응 중 하나는 경기 침체의 책임을 교육 기관에 부여하는 것이었다. 학력저하와 빈약한 수업은 비난의 대상이 되었고, 시장경쟁 논리에 더 의존할 것을 강조하였다(Maguire, 2010). OPEC 석유 위기는 정부의 '새로운 맥락'의 촉매제가 되었다(Mahony & Hextall, 2000).

수익 감소로 인해 1980년대와 1990년대에 세계 경제와 금융 시장의 규제 완화가 증가하면서 다국적 기업이 새로운 시장을 찾게 되었다. 이것은 뉴라이트의 정치적 영향력 증가와 케인즈의 경제 복지정책에 대한 반동으로 형성되었다. 이러한 맥락에서 '경쟁 국가(competition state)'가 탄생하여 정부에게 공공 지출 삭감과 공적 부문 자원의 최대 수익 보장을 촉구했다.

1970년대 영국의 정치 환경도 변화하기 시작했다. 이전보다 정부가 교육 관련 의제를 정의하고 형성하는 데 보다 적극적이고 중재적인 역할을 하기 시작함에 따라 교육과 정치 사이의 연결은 더욱 분명해졌다. 이 변화는 소위 '대논쟁(Great Debate)'에 의해 촉발되었다(O'Leary, 2014).

나. 교육과정의 정치화

1976년, 당시 영국 총리인 James Callaghan은 Ruskin College에서 유명한 대논쟁 연설을 했다. 이 연설은 일반적으로 영국 교육시스템의 역사에서 중요한 전환점으로 인식되고, 교육과정을 포함한 교육 개혁에 대한 중앙 정부의 더 많은 개입의 계기로 여겨진다. Callaghan의 연설에서 중요한 주제는 학교에서 학습자가 습득하는 기술 및 지식과 산업계에서 요구하는 것과의 차이를 좁힐 필요가 있다는 것이다. 그는 교수법에 대한 일반인들의 불안감, 학교에 가지고 있는 기준에 대한 불만족을 언급하면서 재정적 가치와 더 높은 효율성을 요구했다(Callaghan 1976).

Callaghan의 연설은 여러 국가에게 영향을 미쳤고, 여러 측면에서 교육에 대한 전례 없는 정부의 개입 및 교사에 대한 더 큰 책임감을 부여하게 되었다. 정부는 학교 교육과정의 내용과 그것을 어떻게 가르쳐야 하는지를 더 이상 교육자들(teaching profession)에게 맡기는 것이 아니라, 국가와 긴밀히 협력하는 많은 외부 기관에 의해 결정되도록 했다. 영국에서 지난 30년간 출현한 이러한 기관들 중에서 수업에 관한 데이터를 수집하고 수업관찰의 중요성과 교육과정을 감독하는데 중요한 역할을 한 기관은 Ofsted(Office for Standards in Education)이다.

Callaghan의 연설은 1980년대 Thatcher 시대의 급진적인 시도의 토대를 마련하고 국가교육과정 도입과 함께 교육 목표의 재정립을 위한 토대를 마련했다. 이러한 계획 중 상당수는 기업의 가치관에서 가져온 원칙들로 3E, 즉, 경제성, 효율성, 효과성 (Economy, Efficiency, Effectiveness)으로 널리 알려지게 되었다(O'Leary, 2014).

다. 정부 개혁과 성과 관리

영국 학교개혁의 과정은 몇 가지 주요 입법 변경에 의해 요약되는데, 그것은 교사의 역할 뿐만 아니라 교육의 실제를 크게 바꾸었다. 그 중 가장 주목할 만한 것은 1988년 교육 개혁법(Education Reform Act, ERA), 1991년 국가교육과정 도입, 단위학교 경영체제(Local Management of Schools, LMS), 1992년 전국 교사평가제도였다. 이러한 개혁은 책무성 제고와 부모 선택권의 확대라는 관점에 의해 뒷받침되었으며, 궁극적으로 학교를 중앙 정부에게 보다 종속적으로 만들었다.

1980년대 중반 그 당시 교육부 장관 Keith Joseph은 "부적합한 교사들을 제거할 수 있는 유일한 방법"은 수업관찰에 기초한 교사평가 체계라고 선언했다(Wragg, et al, 1996 : 9). 이 정책은 1986년에 합법화 되었고, 10년도 지나지 않아 교사가 준수해야 할 일반적인 관행이 되었다.

학교에서의 교사평가는 격년으로 2회 수업관찰을 하고, 관리자의 평가 인터뷰, 그리고 정해진 기한 안에 달성해야 할 목표 목록을 작성하는 것이었다. 그러나 이러한 교사평가는 효과성을 그다지 보여주지 못하였고, 1990년대에는 다른 방법들이 등장했다(Middlewood & Cardno, 2001).

문제는 관찰되는 교사의 비율이 낮았고, 그 관찰을 위한 초점을 교사들이 대부분 결정하는 것이었다. 또한 관찰된 교사의 60%만이 자신의 전문성이 향상되었다고 느끼고 있어서 피드백에 있어서도 문제가 있었다(Montgomery, 2002).

Ofsted는 그 평가 시스템에 많은 약점을 제시했으며, 특히 비효과적인 수업관찰을 지적했다. Ofsted는 교사의 수업을 등급화 하는 것이 1990년대 후반에 관행처럼 이루어졌고, 이것은 교사가 평소와는 다르게 더 많은 주의를 수업에 기울여야 하는 과정이었다고 주장하였다(Middlewood & Cardno, 2001). 학교에서 요구하는 새로운 교육 전문가(교사)는 기업인과 같은 경쟁적인 사람이며, 성과 관련 보상을 추구하는 사람, 동료교사와 비교되는 사람이라는 인식이 있었다(Maguire, 2010).

1980년대 중반부터 학교에서, 그리고 1990년대 초반부터는 대학에서, 교사 및 교수자들이 전문성 저하 시기를 겪었다. 정책의 개혁으로 인해 교사에 대한 행정 관료주의가 급격히 증가하였고, 전체적으로 교육관련 직업에서 불만과 스트레스 수준이 높아졌다.

이러한 개혁 이전에는 교육 전문직에 대해 신뢰, 존경, 정직성과 같은 특성과 더불어 교과지식, 교수기술 등이 존중되었으며, 교사에 대한 높은 사회적 신분을 부여하였고 고도의 자율성을 제공했었다(Hoyle and Wallace, 2005). 그러나 개혁을 통해 전문성의 개념은 재구성되었고, 교사의 전문적 자율성은 크게 침범되었으며, 교사의 활동을 일종의 기술로 받아들였다.

이러한 기술은 표준화된 훈련과 시장적 가치, 직업의 개방성, 관리되는 책무성, 수요자에게 서비스를 제공하는 새로운 전문가를 낳았다(Hoyle, 1995). 이에 따라 Maguire(2010)는 교사를 학교에서 국가 교육과정을 가르치도록 훈련받은 국가 기술자로 재기술하였고, 수행성(performativity)이라는 용어를 사용하였다(O'Leary, 2014).

라. 신관리주의와 수행성의 확대

신관리주의(New managerialism)는 시장의 논리를 사회생활의 모든 영역으로 확장하고, 무역을 자유화하며, 노동 가격을 낮추고, 금융화(financialization)를 자본 축적의 주요 원리로 삼는 광범위한 정치·경제적 신자유주의의 부산물이다(Lipman, 2010).

Randle과 Brady(1997)에 따르면, 신관리주의는 1980년대 초반 등장하여 점차 공공 부문 전반에 퍼져 나갔다. 성공적인 민간의 관리기법을 적용하여, 공공 부문의 생산성과 성과 수준을 향상시키고자 하였다. 이러한 경영 모델을 뒷받침하는 것은 경제성, 효율성, 효과성(Economy, Efficiency, Effectiveness), 즉 3E이다.

3E는 Thatcher 정권 동안 우익집단에 의해 강조되어 공공 부문의 민영화와 시장화에 대한 신자유주의의 이론적 근거로 사용되었다. 그 과정에서 중립적인 가치로 포장되면서, 정치적이거나 이념적인 것이 아니라 기술적인 것으로 개념화되었다.

신관리주의의 중심적 관점은 근로자가 더 이상 자신의 업무를 효율적이고 효과적으로 수행하리라 신뢰할 수 없다는 것이다. 이로 인해 결과 및 수행을 모니터링하는 책무성과 수행성(performativity)의 시스템이 도입되었다(Ball, 2003).

한편, Avis(2003)는 교사의 전문성 맥락에서 신뢰의 중요성을 논의하면서, 높은 신뢰의 근로 환경이 창의성과 어려움을 감수할 가능성을 높이기 때문에 신뢰는 고도의 지식기반 사회의 발달에 무엇보다 중요하다고 주장했다.

> "신뢰는 지식 근로자의 전제 조건이다. 신뢰가 없다면, 어려움을 무릅쓰지 않을 것이고 따라서 새로운 아이디어가 표현되지 않으며, 지속적인 발전과 경쟁력을 방해할 것이다."

Avis는 책무성은 기관이 구성원들에게 책임을 묻는 비난 문화(blame culture)를 토대로 하기 때문에, 수행적(performative) 시스템은 신뢰성이 낮은 근무 환경을 조성한다고 주장했다.

Foucault의 정규화(normalization)개념과 수업관찰의 단계적 모델에 유사점이 있다. Foucault의 표현에 따라 정규화(normalization)는 규정된 표준에 부합하도록 행동을 조정하는 것이다. 이것은 13절 수업연구에서 보다 자세히 다룬다.

Ball(2003)은 수행성(performativity)이 개인의 목표, 평가에 대해 스스로 설정하거나 이에 따른 신념을 갖지 못하도록 하며, 타산적 존재로 살도록 요구하는 문화라고 주장했다. 이러한 수행성의 문화는 특히 수업을 관찰할 때, 평가 계획에 따라 '우수' 등급을 받고자 노력하는 새로운 유형의 '기업가적'인 교사를 양산한다. Ball은 이것이 진정한 교사의 모습을 보여주지 않는다고 보았다. 왜냐하면 평가의 목표를 위해 제한되고 얕은 차원의 교육과정을 보여주기 때문이다(Maguire, 2010).

Ball은 수행성이 교육에 깊이 스며들어서 교사가 수업하는 것뿐만 아니라, 학습자 및 동료와 상호 작용하는 방식을 변화시킬 수 있다고 주장한다. Ball은 수행성의 문화를 교사와 학교의 수행이 생산성 측면에서 평가되는 문화로 보았다. 여기서 제시되는 중요한 질문은 누가 이러한 판단을 통제하는가 하는 것이다.

현재까지 영국 교육 시스템에서 적용된 지배적인 모델은 수업관찰 결과의 순위를 QA의 수행 목표에 의해 결정하는 것이다. 즉, 예산을 결정하고 수업의 질을 평가하는 핵심성과지표(key performance indicator, KPI)로서 Ofsted의 4점 척도에 따라 수업이 평가되고 분류된다. 이러한 시스템의 특징 중 하나는 경쟁을 강조하는 것이다.

이러한 학교 효율성에 대한 우려는 학생들의 배경, 경험, 미래 계획 등을 고려하지 않는다는 것이다. 수업은 가변성을 가진 학생에게 교사가 사용할 수 있는 일련의 기술을 함의하지만, 교육적 실천은 주로 기계적인 방법으로 확인된다. 효율성에 대해 경제학적 정의를 적용할 때, 수업은 투입물과 산출물의 일부일 뿐이다(O'Leary, 2014).

Foucault에게 권력과 지식은 불가분의 관계로 연결되어 있다. 교실에서 무슨 일이 일어나는지, 그리고 그것이 교수와 학습에 대한 지식을 수집하는 가장 중요한 수단 중 하나로 가정하면, 수업관찰은 매우 특별한 의미가 있다. 따라서 Foucault의 관점에서 수업을 관찰한다는 것은 수업과 권력을 연결하는 과정이 된다. 즉, 수업관찰은 수업에 영향을 미치는 권력의 메커니즘을 이해해야 한다는 것을 의미한다.

Foucault는 지식이 다양한 연결고리를 가진 메커니즘에 의한 사회적 산물이라고 믿었다. 이 메커니즘은 자료를 관찰, 연구, 기록하고 조사 결과를 보급하기 위한 올바른 절차를 규정하여 지식이 축적되는 방식을 결정한다(Brookfield, 2005 : 137). 이러한 지식 생산의 메커니즘은 어떤 특정한 지식 형태를 다른 것보다 더 합법적인 것으로 만드는 '통제 장치(apparatuses of control)'와 같은 역할을 한다. 실제로 이것이 의미하는 바는 그러한 메커니즘의 가장 큰 권력을 가진 사람들이 진리의 체제(regimes of truth)를 창출할 수 있다는 것이다(Foucault, 1980).

진리의 체제는 사회가 진실이라고 받아들이고 기능하는 담론의 유형이다(Foucault, 1980 : 131). Foucault에게 진리란 전통적인 의미에서 사회에 의해 진실이라고 입증되고 받아들여지는 경험적 사실이 아니라, 그것을 생산하고 유지하는 권력 체계와의 순환적 관계의 개념으로 이해되어야 한다(2002 : 132). 이러한 권력 체계가 규칙 또는 진술(statement)의 생산, 규제, 분배, 유통, 운영을 위한 질서정연한 절차를 결정한다. 진리의 체제는 이러한 지배적인 담론들 사이에서 형성된 연결로부터 나오며, 지배적인 담론은 필연적으로 기존의 권력 구조를 반영하고 지지한다(Brookfield, 2005 : 138). 영국의 사례를 볼 때, 수업관찰과 관련된 이러한 지배적인 담론과 진리 체계의 생산은 Ofsted와 같은 외부기관이 된다. Perryman(2009 : 616)은 Ofsted 검사가 영국의 중등학교에 미치는 영향에 대한 연구에서 다음과 같이 주장했다.

> "Ofsted의 담론에는 표준, 질, 효율성, 비용, 성과에 대한 가치가 포함된다. 학교는 이러한 담론을 받아들여야 하며, 특히 어려움에 처한 경우에 더욱 그렇다. 학교는 개선을 위해 학교 자신만의 일을 할 여지가 없다."

교수 및 학습의 질을 판단하는 주요 방법으로 수업관찰이 부각된 것은 학교에서의 성과관리시스템의 구축과 특히 지난 15년 동안의 Ofsted의 역할 증가와 관련이 있다. 근래에 이루어진 교육개혁은 모두 교사들의 업무에 대해 중앙 정부가 더 많은 권한을 행사하도록 하였다. 이러한 개혁의 방향은 수업에 대한 수행적 접근을 하도록 하였으며, 앞으로도 지속될 것으로 보인다(O'Leary, 2014).

03

좋은 수업의 의미

가. 좋은 수업의 정의

수업은 교사가 학생에게 지식이나 기능을 가르쳐 주는 일을 포함하여 학생들의 학습을 촉진시키는 모든 활동을 의미하는데, 이에 필요한 학습자의 내·외적 환경을 의도적이고 체계적으로 조정하는 과정이다(Gagne, 1976). 수업은 교수와 학습을 모두 포함하는 개념으로써, 교수-학습 상황에서 교육과정을 바탕으로 교수자와 학습자 간의 상호작용이 이루어지는 과정 전체를 의미한다(안지혜, 2011).

좋은 수업을 정의한다면 그 수업의 수준과 질이 높아서, 교수자와 학습자 모두에게 만족스럽고 긍정적인 가치와 결과를 낳은 수업을 의미한다고 볼 수 있다. 그 자체로 좋은 수업은 이 세상에 없다. 그러나 몇 가지 고민을 통해 좋은 수업에 대한 정의를 이끌어 낼 수는 있을 것이다. 누구를 위해서 수업은 좋은 것이어야 하고, 어떤 교과와 어떤 목표를 위해 수업이 진행되어야 하는지, 그리고 어떤 점에서 유용하고 효과적인지를 질문해 본다면 적어도 '좋은 수업'에서 배제될 가능성은 적어진다.

그러나 이러한 질문들은 수업의 상황, 대상, 제재, 과정의 다양함으로 인해 너무 추상적인 질문이다. 따라서 질문의 기준을 가지기 보다는 수업상황에 맞게 창조적으로 적용하고, 더 구체적으로 질문을 보충하는 것이 필요하다. 사실 수업관찰은 바로 이러한 질문들을 더 구체적으로 실천할 수 있는 전략이 되며, 결국 수업관찰을 통해 좋은 수업을 지향하게 된다.

'좋은 수업'이 무엇인지, 또 '좋은 수업'이어야 하는지에 관한 문제는 관찰된 수업

장면이나 경험적 연구를 통해 연역할 수 있는 내용의 것은 아니다. 마치 '좋은 삶', '인간의 가치' 등의 문제가 일부 사람들의 삶의 경험에서 완전히 연역할 수 없는 것과 유사하다. 이러한 정의는 규범적 성격의 문제이다. 다소 추상적일 수 있으나 본질적인 물음에 대한 답을 찾는 것부터 시작해야 한다. 이러한 차원에서 Hilbert Meyer(2004)는 좋은 수업을 5가지로 정의하고 있다(손승남, 정창호 역, 2011).

첫째, 민주적 수업문화이다. 수업은 학생의 인격적 성숙과 공동체 의식을 돕고 사회의 존속과 발전에 기여해야 한다. 이것은 수업이 민주적인 행동 규칙에 따라서 진행될 때만 가능하다.

둘째, 교육 본연의 과업에 기초하여 수행되어야 한다. 모든 수업은 좋은 방향이든 나쁜 방향이든 학습이 이루어진다. 학교 수업의 강점은 교과 학습이 교육과 결합될 수 있다는 점이다. 점차 가정 및 사회의 교육이 교사 및 학교에게 위임되고 있기 때문에 교육은 학교의 과업으로서 비중이 커지고 있다. 때문에 교육적 수업이 이루어져야 한다. 교사는 학생이 자신의 능력을 발달시키도록 하는 책임을 가지고, 학생은 교사가 성공적인 수업을 달성하도록 하는 책임을 가진다.

셋째, 좋은 수업은 성공적인 학습 공동체의 목표를 가진다. 교사와 학생간의 학습 공동체가 형성되어야 한다는 것은 Rousseau로 이어지는 오랜 전통을 갖는다. 학습 공동체는 교사와 학생이 수업에서 통용될 권리와 의무, 그리고 달성해야 할 성취와 성과에 대해 교육적, 사회적 계약을 맺는 것이다. 이것은 학교 일상 속에서 다양한 형태를 띨 수 있다.

- **암묵적인 학습공동체**: 교사와 학생은 수업이 학습을 위해서 이루어지는 행위라는 것을 알고 있다. 매일의 일상 속에서 거부감이나 불평 없이 수업에 참여한다.
- **갈등적 협상**: 교사와 학생 사이에 갈등이 있다. 교사는 자신이 준비한 것과 교육과정에 명시된 내용을 설명한다. 학생은 제시된 내용을 '시험적으로' 받아들이지만, 언제라도 거부할 준비가 되어 있다.

- **명시적 학습공동체**: 교사와 학생은 학년 초나 수업을 시작할 때 서로에 대한 기대나 성취에 대해 구속력 있는 합의를 하며, 그것을 준수한다.
- **형식적인 계약**: 교사와 학생은 누가 무엇을 언제 수행할 것인지에 대해 합의하고 공식적인 근거를 남긴다.
- **가식적 학습공동체**: 학생이 자신의 흥미와 관심사를 속이거나, 자신에게 간섭하지 않는다면 수업을 방해하지 않겠다는 교사와의 암묵적인 관계를 맺는다.

넷째, 좋은 수업은 의미생성을 지향한다. 수업은 판단력을 높이고 취미를 형성하고 정신적인 독립을 할 수 있게 해 주어야 한다. 특정 지식과 기능을 습득하는 것만 중요한 것이 아니라, 학생의 인격을 형성하고 개인적인 발달 과업을 달성할 동기를 부여하는 것 역시 중요하다.

다섯째, 지속적인 능력의 발달을 도모한다. 수업은 학생의 체계적인 지식과 능력의 형성 및 발달을 도와야 한다. 이것은 개인으로서가 아니라 상호 협력과 소통 속에서 이루어진다.

한편, 좋은 수업에 대한 의미는 시대가 바뀌면서 그 관점도 변화되어 왔다. 1970년대까지 교과중심주의, 행동주의, 교육공학의 영향으로 효과성을 중심으로 좋은 수업을 고찰하였다. 효과적인 수업이 좋은 수업이라고 생각하였고 효과적인 수업은 무엇보다도 교과 내용을 학생들에게 효과적으로 전달하는 것임을 강조하여 이를 위한 다양한 수업방법과 자료 및 매체가 개발되었다(Eisner, 1983). 1980년대 들어 Piaget와 Vygotsky 이론에 대한 재해석과 기존 교육이론에 대한 대안으로 구성주의가 대두되면서, 수업에 관한 논의도 구성주의적 관점으로 흘러가게 되었다(Gredler, 2001). 구성주의 관점에서는 지식이 개인과 사회·문화적 환경과의 상호작용을 통해 구성된다고 본다. 구성주의는 교수와 학습의 사회적 성격을 매우 강조하고, 학습자들은 물리적·심리적·사회적·정서적·문화적·대인관계적 환경에서 서로 상호작용을 하며 많은 것을 배우게 됨을 강조한다(이성호, 2004). 지식은 교사에서 학생에게 전달(transmission)되는 것이 아니라, 학습자 스스로가 구성(constructivist)한다는 관점에서 수업은 학생들의 능동적인 지식 구성 활동이다(안지혜, 2011).

이러한 관점의 변화를 종합해 보면, 좋은 수업에서 점차 강조하는 것과 점차 배제하는 것을 찾아볼 수 있다(Zemelman, et al., 1998). 좋은 수업에서 점차 배제하는 것은 교사의 지시 중심 수업, 학생의 수동성, 수업 시간에 정숙하기, 반복적인 개인활동, 교과서 읽기 중심 수업, 많은 학습내용을 표면적으로 다루는 수업, 단순 암기, 경쟁의 강조, 능력별 학생 분류, 표준화검사에 의존하기 등이다. 반면, 좋은 수업에서 점차 강조하는 것은 경험적 학습, 학생의 능동성, 고차원적 사고 장려, 다양한 자료 활용 수업, 학습의 과정에 대한 학생의 권한 및 책임부여, 민주적 수업 운영, 학생 개별적 특성 배려, 협동 활동, 혼합 능력 그룹, 교사·학부모·직원들의 협동적 역할, 교사의 관찰에 의한 기술적 평가 등이다(안지혜, 2011).

좋은 수업의 의미가 점차 교사의 지식 전달을 바탕으로 한 수동적 학습자는 배제되고, 학습자 중심의 능동적 학습 활동은 강조되고 있음을 알 수 있다. 좋은 수업의 기준은 학생의 관점에만 정의되어서는 안 된다. 교사에게도 자아실현과 인간적인 교육환경이 마련되어야 한다. 좋은 수업의 정의가 직접적인 당사자인 교사와 학생에게 집중되어 표현된 경향이 있지만, 좋은 수업의 정의에 포함되는 민주성, 교과내용, 상호작용 등의 가치는 사회의 가치와 문화를 포괄한다고 볼 수 있다.

나. 좋은 수업의 특징

좋은 수업의 의미는 판단 주체에 따라, 상황에 따라, 사회 및 문화에 따라 달리 해석될 수 있다. 그러나 여러 연구나 실제에서 공통적으로 밝히고 있는 좋은 수업의 요소를 이해한다면 적어도 좋은 수업의 필요조건을 충족시킬 수 있을 것이다. 최근 경험적인 수업 연구가 크게 발달했다. 여러 연구에서 밝히고 있는 좋은 수업의 특징을 살펴보면 다음과 같다.

먼저 Feldman(1976)은 학생들이 생각하는 좋은 수업에 대해 19개의 특징을 제시하였는데, 수업의 가치, 수업에 대한 교수자의 흥미, 열의, 해당 분야의 지식, 교과목에서 다루는 범위, 준비와 조직, 발표 역량, 말하기 역량, 학생들의 성과에 대한 민감성, 강의 목표의 명료성, 보조 자료의 활용, 교실 경영, 피드백의 빈도와 적절성, 수업의 난이도, 공정성, 개방성, 격려와 도전의식 고취, 교수에 대한 접근성, 존중감과 친밀함 등이다. Ramsden(1991)은 학생들과 교수들을 대상으로 한 연구에서 흥미와 설명, 학생과 학습에 대한 관심과 배려, 적절한 평가와 피드백, 분명한 목표와 지적 도전, 독립적·통제적·능동적 참여, 학생들로부터 배우기 등을 좋은 수업의 특징으로 제시하였다. Morgan과 Morris(1999)는 학생들의 흥미와 관심 유발, 이해할 수 있는 설명, 학생에 대한 친근성, 수업의 효과적인 통제 등을 좋은 수업이라고 하였다. Zimitat(2006)은 좋은 수업에 대한 학생들의 인식을 조사하여 교수가 설명을 잘해주는 것, 과목에 대한 열정을 가지고 있는 것, 접근성이 높은 것, 유용한 피드백을 주는 것 등으로 나타났다. Brophy(1999)는 기본적인 개념과 원리를 익힐 수 있는 기회가 충분히 제공되는 수업, 학문의 핵심 아이디어를 깊이 탐구할 수 있는 기회가 충분히 제공되는 수업, 고차원적 사고를 학습할 수 있는 기회가 충분히 제공되는 수업, 학교에서 배운 지식을 실제 상황에 적용할 수 있는 기회가 충분히 제공되는 수업, 학습 내용에 대해 교사와 동료 학생들과 실질적인 대화를 할 수 있는 기회가 충분히 제공되는 수업, 학습 활동을 지원하는 학습 분위기를 조성해 주는 수업 등을 좋은 수업이라고 보았다. Johnson－Farmer와 Frenn(2009)은 다양한 수업 전략의 활용, 목표에 대한 명확한 의사소통, 학습자 중심적이고 적극적인 학습이 일어날 수 있는 환경, 학생이 적극적인 질문과 학습을 할 수 있도록 끌어내어 발견의 과정을 즐길 수 있도록 하는 것을 제시하고 있다.

한편, 국내 연구로서 권성연(2010)의 연구에서는 학생의 사전 지식에 맞게 내용을 구성하고, 내용을 잘 조직화해서 체계적으로 설명하며, 신뢰하고 존중하는 분위기에서 수업이 이루어지고, 수업 과정과 통합된 수행평가가 이루어지는 것을 좋은 수업의 특성으로 제시하였다. 이은실(2001)의 연구에 따르면 내용 이해가 잘 되는 수업, 수업조직과 계획이 잘된 수업, 흥미 있고 동기유발이 잘되는 수업이 좋은 수업으로 조사되었다. 학습자의 흥미와 동기를 일으키는 요소로는 매체를 통한 접근, 실습 위주의 수업, 해당 분야의 비전 제시, 다양한 퀴즈 문제의 제공 등으로 나타났다. 이은화, 김회용(2008)은 학생들의 에세이를 분석하여 학습동기 유발, 학습 활동에의 직접 참여, 충실한 피드백과 평가의 공정성이라는 세 가지 수업 특성을 확인하였다.

대규모의 종단연구를 통해 좋은 수업의 특징을 추출한 사례로서 Weinert & Helmke (1997)의 연구를 참고할 수 있다. 그들은 SCHOLASTIC 연구를 수행했는데, SCHOLASTIC 이란 학교에서 조직된 능력, 흥미, 학습 기회, 사회화 등을 말하는 것으로, 학교조직 (schulorganisation), 학습기회(lernangebote), 사회화(sozialisation), 재능(talenten), 흥미 (interessen), 능력(kompetenzen) 등을 축약한 것이다. SCHOLASTIC 연구는 4단계로 진행되었다.

1단계는 기존 연구를 분석하여 좋은 수업의 특징을 도출하였다.
① 학급경영(수업 내용의 습득을 위한 시간 활용의 집중도)
② 수업진행의 구조화(교사의 지시 및 설명의 명료성, 학생의 주의 집중, 수업절차 등)
③ 조력(학습의 진단, 개별 상담, 개인 및 집단에 대한 중재 및 통제)
④ 촉진(부진학생의 촉진, 성취 욕구를 성취수준에 맞춤)
⑤ 사회적 분위기(개인적 대화 상대자로서의 교사, 학생의 정의적 체험의 수용)
⑥ 수업 형식의 다양화

2단계는 종단 연구의 수행으로서, 4년간 51개의 학급을 연구 관찰하였고, 2년간은 정의된 여섯 가지 수업 특징에 따라서 수업을 관찰하였다. 연구를 시작하는 시점과 끝나는 시점에 언어 및 수학에 대한 성취도 평가를 실시했다.

3단계는 학업 성취도 향상이 가장 큰 학급과 가장 적은 학급을 찾았다. 51개 학급 가운데서 6개의 상위 학급을 선정하였다. 그리고 학업성취 차이의 원인을 교사로 보는 가설을 설정하였다.

4단계는 6개 상위 학급에서 앞서 살펴본 6가지 좋은 수업의 특징이 나타나는지 통찰하였다.

연구결과, 상위 학급에서 특징적인 요소들이 발견되었는데, 학급경영(효율적 시간 활용)과 사회적 분위기가 두드러졌다. 따라서 이 두 요소는 좋은 수업을 위한 원인이 될 수 있고 많은 수업에서 권장할 수 있다는 결론을 내렸다. 다만, 그래프에서 나타나는 바와 같이 좋은 수업의 특징이 학급마다 제각기 다양하게 나타나고 있다는 점에 주목할 필요가 있다.

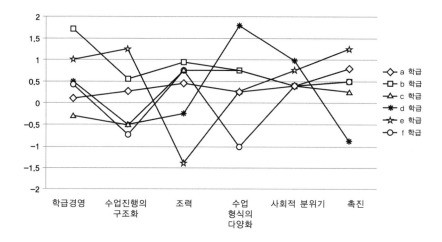

Meyer(2004)는 여러 학자 및 교사들의 의견을 조정하여 좋은 수업의 10가지 특징을 제시하였다(손승남, 전창호 역, 2011).

① 수업의 명료한 구조화

수업 목적·수업 과정·수업 내용의 명료성, 가르치는 자·학습하는 자·조정자·조직자 등의 역할 명료성, 규칙, 의례 등이 해당된다. 수업의 명료한 구조화를 통해서 성공적인 학습의 전제들이 마련된다. 여기서는 교사가 먼저 주도적인 역할을 한다. 그러나 시간이 지나면서 학생들은 이 주도적 역할을 교사와 함께 분담하는 법을 배워야 한다.

② 학습 몰입 시간의 높은 비율

시간 경영의 적절성, 학습활동 전이에 드는 시간 절약, 일과 편성의 적절성 등이 해당된다. 수업에 소요된 시간은 학습 몰입 시간과 동일하지 않다. 학생들의 능동적인 시간이 여기에 해당한다. 좋은 수업은 학습 속도의 능숙한 조절, 학습 몰입 시간 비율 증대, 집중적 작업 국면과 이완 국면 간의 순조로운 전환이라는 특징을 갖는다.

③ 학습 촉진 분위기

상호 존중, 학급규칙의 준수, 책임 공유, 개별 학생과 전체 학생에 대한 교사의 공정한 태도, 교사의 학생에 대한 그리고 학생 간의 배려 등이 해당된다. 교사와 학생 간, 학생과 학생 간의 인간적 성질을 표현하기 위한 것이다. 학습 분위기가 긍정적으로 느껴지면 학생들은 자신의 능력과 흥미를 더 잘 발전시키며 더 나은 인지적, 방법적, 사회적 학업 성취에 도달하게 된다. 특히 더 어리고 부진한 학생일수록 긍정적인 분위기를 필요로 한다. 분위기가 학생들을 더 영리하게 만드는 것은 아니지만 좋은 수업의 여러 기준을 강화시키는 촉매 역할을 한다.

④ 내용적 명료성

학습과제의 적절성, 전개 과정의 합리성, 수업결과의 명료성 등이 해당된다. 교사는 교육과정과 교과서의 내용이 학문적으로 검증된 것으로 신뢰하고 수업을 시작할 수 있다. 따라서 지식이나 내용의 정확성을 검토하는 것보다 중요한 것은 주어진 교육과정에 수업의 방향을 맞추는 것이다. 교사의 명료한 전문지식은 학생의 생각을 수용하는데 더 많은 융통성을 가능하게 한다.

⑤ **의미 생성적 의사소통**

의미 생성적 의사소통이란 학생이 교사와의 교류 속에서 교수학습 과정과 그 결과에 어떤 개인적이고 특별한 의미를 부여하는 과정을 말한다. 계획단계에서의 학생 참여, 토론문화, 학습반성, 학생 피드백 등이 해당된다. 학생에게 있어서 의미생성은 어떤 식으로든 항상 일어난다. 문제는 그것이 어떤 성질을 갖는가에 있다. 학생이 이전 수업이나 자신의 지식을 회상하여 새로운 수업에 통합시키고, 비판적인 물음이나 내용을 심화하는 질문을 할 수 있어야 한다. 자신의 학습과정에 대해 반성하고 적절한 방식으로 학습 결과의 질을 평가해야 한다. 피드백은 가능한 빨리 이루어져야 하고, 연속적인 과정으로 이루어져야 한다.

⑥ **방법의 다양성**

풍부한 수업 진행 방법, 행동방식의 다양성, 방법들 간의 균형성 등이 해당된다. 수업내용의 다양성에 대처하고 학생 개인의 흥미 및 이질성을 고려하여 수업의 다양성이 요구된다. 다양성은 수업 연출 방법, 행동방식, 진행형식, 형식들 간의 균형성 등을 포함한다.

⑦ **개별적 촉진**

개별적 촉진이란 모든 학생에게 인지적, 정의적, 심동적, 사회적 잠재력을 포괄적으로 발전시킬 수 있는 기회를 제공하며, 적절한 조치를 통해서 후원하는 것을 말한다. 충분한 학습시간의 보장, 능력 및 특성에 따른 집단구성, 개별 학습 상태 분석, 개별 학생에 대한 촉진, 통합성과 개별성의 조화 등이 해당된다.

⑧ 인지적 연습

연습은 이전에 학습한 것을 자동화하고, 내용을 심화하고, 새로운 지식 및 활동으로 전이하는데 기여한다. 학습전략에 대한 인식, 명확한 연습 과제, 목적 지향적 지원, 연습 장려 등이 해당된다. 연습은 충분히 자주 이루어져야 하고, 과업이 학습 상황에 알맞게 설정되어야 하고, 연습과정에서 교사가 적절한 도움을 주어야 한다. 모든 내용을 빠짐없이 다루기보다는 적은 내용이라도 학생에게 전달되도록 하는 것이 중요하다.

⑨ 분명한 성취 기대

교육과정 및 수업 목표에 맞는 성취기대, 학생 성취 능력에 적절한 학습내용 제시, 학업 발달에 대한 지속적이고 촉진적인 피드백 등이 해당된다. 성취에 대한 기대는 다음의 과정을 전제로 한다. 학생들의 성취능력에 맞춘 학습활동을 학생들에게 제시하고, 제시된 학습 내용에 대해 분명한 상호이해를 바탕으로 학습의 대상으로 삼으며, 성취 결과에 대한 피드백이 이루어진다.

⑩ 준비된 환경

질서정연, 기능적인 실내배치, 학습도구의 완비 등이 해당된다. 준비된 환경이란 Montessori가 제안한 개념이다. 교사는 학생들의 발달을 위해 자유로운 계발이 가능한 공간을 만들어 내야 한다. 잘 준비된 환경은 학생의 인지적, 사회적, 기능적 발달에 많은 영향을 미친다. 따라서 수업의 목적, 내용, 방법 등이 녹여져 있어야 한다.

Meyer는 이상의 10가지 특징이 모두 외면적 측면과 내면적 측면을 가진다고 보았고, 교사뿐 아니라 학생들도 그 특징을 강화하는데 기여할 수 있도록 선별했다고 설명한다. 그리고 이 특징들은 교수법 차원에서 볼 때 중립적이나, 교과목에 따라서 더 구체화될 수 있다. 각 내용의 우선순위가 있는 것은 아니며, 퍼즐과 같이 전체적으로 조화되어야 한다고 보았다.

결국, 좋은 수업은 학생의 관심, 질문, 지식 등으로부터 출발하고, 학생에게 총체적인 학습 경험을 제공하며, 다양한 표현 양식을 배우고 활용하도록 격려한다. 더불어 학습자가 자신의 학습 경험을 반성할 수 있는 충분한 기회가 제공되고, 협력적 학습풍토를 통해 고차원적 사고를 확산시켜 나간다. 이러한 좋은 수업의 특징에 대한 이해는 이후 수업관찰의 다양한 장면과 기법에서 융통성 있게 적용될 수 있다. 다양한 수업 관찰 기준은 결국 좋은 수업의 특징과 연계되기 때문이다.

• II •

수업관찰에 대한 개념적 접근

04

수업관찰의 접근

가. 수업관찰 관점의 중요성

수업관찰의 목적은 다양하다. 수업관찰을 통해 교사의 수업목표가 달성되었는지, 학생들과의 상호작용은 어떠한지, 학부모들에 대한 안내를 위한 목적이거나, 학업부진 학생의 수업 참여 방식이 어떠한지 살펴볼 수 있다. 교사가 자기 평가의 일환으로 수업을 관찰할 수도 있고, 관리자가 장학활동으로 참여할 수도 있다. 학급에 대한 관심을 가지고 있는 외부자를 위한 정보로서도 활용될 수 있다. 이처럼 수업관찰은 다양한 목적과 접근 방법을 가지고 있다. 직접적인 관찰 외에도 수업활동의 효과성, 학생 활동, 교사의 질문, 설명, 수업 관리, 과제 등을 매체에 기록하여 본인 또는 다른 사람들이 접근할 수 있는 기회를 제공할 수도 있다.

이 모든 경우에서 중요한 것은 교실 관찰 방법이 목적에 적합해야 한다는 것이다. 예를 들어 학생이 왜 잘못된 행동을 한 것처럼 보이는지, 실제로 무엇을 하는지, 교사가 어떻게 반응하는지, 폭력적 행동을 피하기 위한 행동은 무엇인지 등을 관찰하는 방법은 다를 것이다. 즉, 관찰의 목적, 시기, 배경에 따라 그 방법이 결정되어야 하며 다양한 방법을 이해하고 적용할 수 있어야 한다(Wragg, 2012).

예를 들어, 다음과 같은 교실 상황을 관찰했다고 가정해 보자.

교사는 학생들 사이에서 보이지 않고, 칠판 앞 교탁에서 무엇인가를 검토하고 있다. 수업이 시작한지 5분이 지났지만 학생들은 계속 같은 모습을 하고 있고, 번호 순서대로 어제 과제를 선생님께 보이고 있다. 선생님이 제출한 과제를 한 명씩 확인하는 동안 나머지 학생들은 이러한 자세를 계속 취하고 있다.

여기서 관찰의 초점을 어디에 둘 것인지를 생각해 볼 수 있다. 교실에서 일어나는 상황을 분석할 수도 있고, 학급풍토도 고려해 볼 수 있는데, 선생님이 권위적이라고 생각할 수 있고, 학생들의 훈육이 잘 되었다고 생각해 볼 수도 있다. 과제를 확인받는 과정에서의 긴장감이나 엄격함 등을 중심으로 학생들의 생각을 인터뷰하여 구체화할 수도 있다. 교사가 과제의 의미를 수업을 진행하는 것과 마찬가지로 중요하게 생각하고 있어, 이 교사와 학생에게 과제의 의미와 역할은 무엇인지 살펴볼 수도 있다. 같은 장면에 대한 관찰이 이루어지더라도 관찰의 목적과 관점에 따라 그 내용은 전혀 다르게 작성될 수 있다.

경험이 풍부한지 여부와 관계없이 교실을 관찰하고자 하는 관찰자가 직면한 문제 중 하나는 초점을 어디에 두어야 하는지 결정해야 한다는 것이다. 교실에서 어떤 상황이나 사건, 심지어 단순한 일상조차도 논의의 주제가 될 수 있다. 교실의 관찰자원은 매우 풍부하지만, 크게 주요 구성 요소를 교사, 학생, 구조물, 자료로 구분할 수 있다.

첫째, 교사의 자신의 배경, 성격, 관심사, 지식, 의도, 선호에 따라 수업전략, 질문, 설명, 행동에 대한 반응, 인식하는 이상행동 등에 차이가 나타난다. 교사는 직무수행을 하는 동안 지식의 전달자 뿐만 아니라 상담자, 사회 복지사, 평가자, 관리자, 심지어 경찰과 같은 역할을 수행한다. 교실 생활이 바쁘고 빠르게 변하기 때문에 일부 교사는 이러한 역할 중에서 몇 가지에만 집중한다.

둘째, 학생들도 교실에서 다양한 역할을 할 수 있다. 교사가 예상하고 요구하는 바에 따라 행동하기도 하고, 자신이 선택한 대로 행동하기도 하며, 일반적으로 지식, 기술, 태도, 행동을 학습하도록 요구받는다. 이는 협력자, 장난꾸러기, 불평꾼, 탐구자, 심부름꾼, 문제아 등으로 나타난다. 교사의 경우와 마찬가지로, 학생의 배경, 성격, 관심사, 선행 지식, 의도, 선호에 따라 영향을 받는다.

셋째, 교육은 매우 다양한 장소에서 진행된다. 일반적으로 네모난 형태의 교실이 있고, 책상은 열을 맞추어 배열된다. 체육이나 예술 관련 과목에서는 열린 공간이나 야외에서도 진행된다. 같은 구조의 건물 내에서도 공간의 활용이 다를 수 있다. 교사 A는 책상이 정렬된 형태, 교사 B는 테이블로 그룹화된 형태, 교사 C는 작업과 움직임을 위한 공간을 요구할 수도 있다.

넷째, 교사가 활용하는 자료가 무엇인지에 따라 수업진행은 극단적으로 달라진다. 학생이 생각이나 경험을 자료로 활용할 수도 있고, 교과서와 같은 이미 제공되는 자료나 교사의 기획에 의해 마련된 자료로 수업이 진행될 수도 있다. 자료가 제시되는 양식도 정보매체인가, 인쇄물 형태인가, 체험적 형태인가 등에 따라서 수업은 크게 달라질 수 있다(Wragg, 2012).

나. 개별화된 수업관찰

관찰에 대한 개별화된 접근법은 표준화된 평가 도구를 통해 교사의 능력과 성과에 대한 전체적 판단을 시도하는 것이 아니라 특정 초점을 가지려고 하는 것이다.

보통 개별화된 관찰의 초점은 피관찰자가 결정하지만, 관찰자와 협의할 수도 있고, 부서를 포함할 수도 있다. 기본적인 수업관찰의 목적과 맥락이 초점을 결정할 것이다. 관찰에 대한 개별화된 접근법에 대한 이론적 근거는 다면적이다.

첫째, 개별화된 접근법은 각 교사가 교육학적 기술과 지식 기반에서 서로 다른 강점과 약점을 가질 가능성이 있다는 전제에 기초한다. 가장 효과적인 교사가 수업에서 학생들의 차별성을 고려하는 것처럼, 교사의 수업을 관찰하는 방식에도 이러한 접근이 이루어져야 한다.

둘째, 수업관찰 과정을 교사가 주도하는 것은 전문적 학습을 촉진시키는 중요한 특징이다. 모든 교사는 전문성 개발에 대한 책임이 있으며, 교사가 수업 및 수업관찰 과정에 대한 의사결정권을 부여받았다면 더 적극적일 것이다.

셋째, 전문적 학습은 교사의 개별적 책임이 아니라 동료가 협력하는 것을 의미한다. 특히 학교와 같이 전문가 집단이 형성되어 있는 경우, 개별적인 전문성 향상이 아니라 집단적인 전문성 향상을 지향해야 한다. 따라서 교사집단은 초점을 둘 특정 주제를 선택할 수 있다.

개별화된 관찰에서 고려할 사항은 다음과 같다(O'Leary, 2014).

① 피관찰자(observee) 고려사항

관찰의 목적은 형성적인 것으로서, 관찰의 초점과 관찰자가 관찰하는 동안 집중해야 할 것을 피관찰자 자신이 결정한다. 이 방법의 근거는 자신이 더 깊이 탐구하고자 하는 교수법의 한 측면을 선택할 수 있도록 하는 것이다. 즉, 자신이 향상시키고 싶은 분야, 더 많이 알고 싶은 분야, 약간의 흥미를 갖는 분야일 수 있다. 예를 들어 지시하는 방법, 피드백을 관리하는 방법, 특정 자료를 사용하는 방법, 학습자를 평가하는 방법 등에 관심을 가질 수 있다. 중요한 것은 자신의 성장과 개발에 의미 있는 어떤 것을 선택해야 한다는 것이다.

② 관찰자(observer) 고려사항

자료기록에서 주의해야 할 사항은 협력적이고 지원적인 관찰이 되어야 한다는 원칙에 따라 비판적인 의견을 피하는 것이다. 관찰 목적이 평가를 위한 것일 때 비판적인 관찰 내용이 많이 발생한다. 수업관찰의 궁극적인 목적은 동료의 교실 수행을 평가하는 것이 아니라, 그들이 실행한 수업에 대해 의미 있는 반성을 자극하는 것이다.

관찰자로서의 역할은 실제로 관찰한 것을 기록하는 것이고, 이 메모는 관찰 중에 일어나는 일에 대한 사실적 기록을 나타내는 것으로 주관적 해석이 아니다. 또한 피관찰자가 관찰자에게 관찰해 달라고 요청했던 특별한 사항과 반성을 위한 것으로, 관찰자와 피관찰자 간의 후속 토의를 위해 사용된다.

③ 동료 관찰(Peer observation in practice) 고려사항

동료 관찰의 형식은 대부분 유사하다. 두 교사는 그 수업을 시작하기 전에 협의를 통해 관찰에 대한 구체적인 초점을 확인하고 그 선택된 주제에 대한 의견을 나눈다. 어떤 유형으로 기록할지를 결정하고, 관찰자는 협의한 내용을 바탕으로 수업을 관찰한다. 관찰자와 피관찰자는 수업이 끝난 후 수집된 자료에 대해 토의한다.

Cosh(1999)는 수업관찰이 평가적 관점에서 전문성 개발 관점으로 전환되었음에도 불구하고 많은 교사들을 여전히 긴장하게 만든다고 지적한다. 이에 대한 근본적인 이유는 누군가가 수업에 대해 서열적인 판단을 하지 못하게 하더라도 암묵적인 판단까지 못하게 막을 수는 없기 때문이다. 즉, 수업에 대한 어떤 판단이 자신의 전문성이나 자존감에 영향을 미칠 것을 염려한다. 교사들에게 서로의 수업을 '판단'하는 대신 '반성'하도록 함으로써 전문성 발달에 집중하도록 권하는 것이 중요하다. 동료 관찰은 근본적으로 교사들 간의 관계, 서로에게 갖는 존중과 신뢰에 달려 있다.

한편, 수업관찰 계획에서 관찰자의 준비 및 훈련은 핵심 요소이다. 관찰자와 피관찰자는 각각의 역할에 대해 서로 논의해야 한다. 이 논의의 상당 부분은 관찰자의 전통적인 입장에서 벗어나, 수업의 기록이 주관적 판단이 아니라 사건의 사실적 묘사에 집중해야 하는 것에 합의하는 것이다. 그리고 관찰결과를 공유하고 그것을 해석한다. 이러한 관찰모형의 주요 특징은 다음과 같다(Tilstone, 1998).

- 의견보다는 사실적 묘사
- 과거보다는 현재
- 의견을 전달하기보다는 공유하기
- 처방적인 진술보다는 대안적인 진술
- 개인적으로 필요한 사항
- 관찰자는 일어난 일을 기록하고, 기록된 내용을 교사와 함께 반성적으로 검토하고, 교사 스스로 그 정보를 해석하도록 권장

표 개별화된 관찰을 위한 양식

교사:	관찰자:	날짜:
주제(과목):	학년:	집단 수:

관찰 초점:

현장 기록:

05

수업관찰 상황 및 유형

가. 수업관찰 모형

　일반적으로 수업관찰 모델은 그 목적과 강조에 따라 '성과관리(performance management)'
와 '전문성 개발(professional development)'의 연속선에서 설명할 수 있다. 종종 이
두 가지를 결합하려는 시도도 있지만, 각각의 목적은 명확히 다르다.

　'전문성 개발'에 기반을 둔 관찰 모형은 담론적 접근(discursive approach)의 경향
이 있다. 관찰자와 피관찰자 간의 관계는 위계적이지 않고, 단편적인 관찰에 근거하
여 피관찰자의 전문성에 대한 판단을 전달하기보다는 교육학적 지식과 기술을 양성
하려고 유도한다. 대조적으로 '성과 관리' 관찰 모형은 하향식 접근을 하며, 관찰자
는 효과적인 교수 및 학습을 구성하는 요소에 대한 판단을 전달하고 수행의 어떤 부
분들이 개선되어야 할지에 대한 조언을 제공한다. 피관찰자는 관찰내용에 대한 제한
된 의사표현 기회를 가지고 대부분 수동적이다. 피관찰자의 수업관찰에 대한 관점은
'직장에서 행해지는 어떤 것'으로 요약된다(O'Leary, 2011).

　수업관찰의 모형 및 목적을 분석한 연구는 제한적이다. 여기에서는 Gosling(2002)과
Wragg(1999)의 유형 분류에 초점을 맞추고자 한다. 왜냐하면 이들이 유형화하는 방
식이 대조적이기 때문이다. Gosling의 관찰모형은 세 가지 접근모형으로 분류하는
반면 Wragg는 상황으로 분류한다.

　Gosling(2002)은 수업관찰을 세 가지 별개의 모형으로 분류하는데, 이 모두를 '동
료관찰(peer observation)' 형태로 명명했다. 동료관찰이라는 용어는 일반적으로 매우

구체적인 의미를 가지기 때문에 다소 부정확한 표현으로 보인다. 세 번째 모형만 엄격하게 동료관찰로 칭할 수 있을 것이다. 그럼에도 불구하고 그의 모형은 수업관찰의 다양한 맥락과 목적을 검토할 수 있게 해 준다(O'Leary, 2014).

표 동료관찰 모형(Gosling, 2002: 4-5)

특징	평가모형 (Evaluation model)	발달적 모형 (Development model)	동료 평가모형 (Peer review model)
누가 관찰하고 누구를 관찰하는가?	상급자가 다른 구성원을 관찰한다.	교육 개발 전문가들이 실무자들을 관찰한다. 또는 전문가 교사들이 부서 내에서 관찰한다.	교사들이 서로를 관찰한다.
목적	낮은 수행력 점검, 수습교사 지도, 평가, 승진 등을 위한 것이다.	수업역량의 표출, 향상, 평가를 위한 것이다.	수업에 대한 논의와 자기 성찰 및 상호 성찰을 위한 것이다.
결과	보고/판정	보고서/행동계획, (대학수업 등)과정의 성공/실패	분석, 논의, 교수법의 다양한 경험
증거자료의 지위	권위	전문가 진단	동료 간 공유된 인식
관찰자와 피관찰자의 관계	권력	전문성	평등성/상호 유대성
보안성	관리자, 관찰자, 피관찰자 간	관찰자, 피관찰자, 평가자 간	관찰자와 관찰공유자 간
대상	선정	선정/표본	전원
판단	성공/실패, 점수, 질, 가치 있음/가치 없음	향상 방안, 성공/실패	비판단적, 건설적인 피드백
무엇이 관찰되는가?	수업 수행	수업 수행, 학급, 학습 자료	수업 수행, 학급, 학습 자료
누가 혜택을 받는가?	기관	피관찰자	동료 상호간
성공을 위한 조건	관리 절차의 확립	효과적인 지원	수업이 가치 있게 여겨지고 논의되는 풍토
위험성	소외, 협동의 부족, 반대	주체가 없음, 영향력의 부족	현재에 안주, 보수성, 초점부재

Gosling의 '평가모형(Evaluation model)'은 일반적으로 상급자(senior staff)가 교사들을 관찰하는 접근 방식이다. 관찰자는 수업에 대한 전문 역량평가를 수행하고 총괄 판단을 한다.

Gosling의 두 번째 '개발모형(development model)'의 목적은 피관찰자들이 수업역량을 시연하고 관찰자가 수업 역량을 향상시키는 것이다. 관찰자는 형성적(formative), 총괄적(summative)평가를 통해 수업의 합격/불합격을 판정하고, 그 결과는 개선을 위한 권고로 이어지며 앞으로의 행동 계획을 제시한다.

Gosling의 세 번째 모델은 '동료 평가모형(peer review model)'이며, 그 모델에서는 형성적(formative) 과정의 일부로 교사가 서로를 관찰한다. Bennett과 Barp(2008 : 563)는 이 모형이 공동 참여의 정신을 바탕으로 개인적인 판단을 피하고 교육의 평등성과 상호관계성을 가정한다고 언급했다. 관찰의 가치는 상호 발전을 촉진시키는 데 있다.

반면, Wragg(1999)는 관찰을 모형으로 분류하는 것이 아니라, 수업관찰이 발생하는 상황으로 분류했다. 즉, '상황에 따른 수업관찰(Classroom observation in context)'로 표현했다.

Wragg의 경우, 초임교사 연수(Initial Teacher Training, ITT)와 교사연수(in-service teacher training, INSET)에서 수업관찰의 차별성은 그 목적에 따른 것이다. 초임교사 연수에서는 초임교사가 경험이 있는 다른 사람들의 수업을 바탕으로 특정 기술 및 방법을 실제로 볼 수 있는 중요한 수단이 된다. 그리고 그것을 시연하고 익히도록 요청받을 것이다. 교사연수의 상황에서는 자기반성적 기술을 개발하는 데 중점을 두며, 이는 교사 자신의 전문성 개발에 있어서 자족적(self-sufficiency) 능력과 권한부여(empowerment)를 의미한다(O'Leary, 2014).

Wragg의 관찰 맥락은 Gosling보다 더 광범위하다. Wragg의 여섯 번째 상황인 '교사 평가'는 교사의 전문적 능력이 판단되는 것이므로 Gosling의 '평가 모형'과 유사하다. 두 사람 모두 관찰자와 피관찰자 간의 권력 관계의 계층적 성격을 강조한다. 평가의 맥락에서 Wragg는 두 가지 측면에서 Gosling의 관점과 다르다.

표 상황에 따른 수업관찰(Wragg, 1999)

관찰의 주요 맥락	요약 설명
초임교사 연수(ITT)	• 초임교사들의 발달을 위해 다른 사람들을 관찰 • 교사 상호간의 활동에서 이루어지는 동료 관찰 • 감독 및 멘토링은 초임교사가 배치된 학교에 있는 교사 또는 연수기관의 교사에 의해 수행 • '신뢰'와 '존중'이 전제된 멘토와 연수생 관계의 중요성
교사연수(INSET) 와 지속적 전문성 개발(CPD)	• 초임교사 연수와 매우 유사한 초점 • 교사들이 자기성찰의 기술을 발달시키는 것에 의미가 있음 • 교사는 상급자나 동료에 의해 관찰 • 주로 동료관찰이 활용됨
학생연구	• 학습자에 대한 초점으로 학생 행동 추적, 집단에서의 활동, 역량 등
교육과정 개발 및 평가	• 교육과정이 교사에 의해 어떻게 실행되고 있는지에 중점 • 주로 '의도와 전략의 불일치가 있는가?'와 같은 행동과 의도의 일치성 확인 • 관찰자는 주로 상급자
직무 분석	• 교실에서 일반적으로 교사가 무엇을 하느라 시간을 보내는지에 대한 분석 • 교사 역할에 대한 총체적 관점(즉, 관찰은 직무 분석을 위한 자료수집의 일부)
교사 평가	• 관찰은 공식적인 교사평가의 필수 사항 • 교육 역량 평가는 반성적이면서도 미래지향적임 • 가장 일반적인 형태는 상급자가 하급자를 관찰 • 역량이 부족한 교사에 대한 징계 조치와 연결 • 스냅 샷 관찰의 문제가 강조됨

첫째, 관찰을 데이터 수집의 일부로 여기고, 이것이 형식적 평가 과정에서 여러
　　자료 중 하나로 인식한다.

둘째, 반성적 차원과 미래지향적 차원을 장려함으로써 평가에 대한 스냅 샷(snapshot)
　　접근의 단점을 강조한다. Wragg가 모형이 아닌 상황들로 분류함으로써 모
　　형 간의 모호한 경계를 피할 수 있다.

Gosling의 '평가'와 '발달' 모형은 두 가지 특성이 있다. 첫 번째는 관찰자가 주도

한다는 것이고, 두 번째는 피관찰자는 관찰자의 지식이나 경험을 받아들이는 입장으로 관찰자－피관찰자의 관계와 자율성에서 지식과 힘의 불균형을 암시한다. 교사가 자신의 전문성 개발에 대한 주체성을 가질 수 있는 것은 세 번째 '동료 평가' 모형이다(O'Leary, 2014).

한편, Coffield(2012)는 영국에서 관찰한 네 가지 모형을 제시했다.

1) 관리: 여기서 수업은 피관찰자의 직속 관리자, 우수 교사 등에 의해 관찰되고 Ofsted 4점 척도에 따라 등급이 매겨진다. 목적은 교사의 능력과 수행을 감시하기 위한 메커니즘이다.
2) 발달: 전문가인 관찰자들은 피관찰자가 개선해야 할 수행 영역을 확인하는 과업이 있다.
3) 동료 평가(peer review): 상호 협력을 바탕으로 지지하고 비판하지 않는 방식으로 서로의 수업을 관찰한다.
4) 동료 개발(Peer development): 동료와의 협업을 통해 개선하고자 하는 특정 분야를 선택한다.

Coffield의 4가지 범주는 Gosling과 유사하다. 차이점은 Coffield가 첫 번째 범주를 '관리(managerial)'로 표현한 것인데, 이는 수업에서 표준, 수행, 책무성을 보장하고 향상시키기 위해 고안된 관리주의(managerialist) 시스템의 실행 도구로서 관찰이 이루어졌음을 보여준다.

이 외에도 수업관찰이 이루어지는 상황으로서 외부자에 의한 수업관찰과 예고없이 이루어지는 수업관찰도 현장에서 많이 볼 수 있다.

나. 외부자의 수업관찰

학부모, 교육청, 외부 인사들은 학교 교실에 대한 많은 관심을 가지고 있지만, 교육의 전문가가 아닌 이들이 수업을 관찰할 수 있는가에 대한 의문이 종종 제기된다.

수업을 참관할 수 있도록 해야 하는가에서부터 수업관찰 결과를 바탕으로 교사평가에 참여해야 하는가에까지 구체적인 질문들이 있다.

이에 대한 의견은 다양할 수 있으나, Wragg(2012)는 학교 외부인들은 수업을 볼 수 있는 권리가 분명이 있지만 교수 능력 평가 등에 개입해서는 안 된다고 주장하였다. 교직은 전문직으로서 오랜 기간의 학습과 수련이 필요한 활동이며 교실의 맥락을 이해하기 어렵기 때문에 직관적인 관찰 결과를 평가로서 활용할 수 없다는 것이다.

수업관찰을 허용하는 것과 수업관찰을 통한 평가를 하는 것은 별개의 것이다. 학교에서는 합법적으로 교실을 개방하고 외부인들이 교실을 볼 수 있도록 해야 한다. 외부인들이 교실에서 어떤 수업이 이루어지는지 볼 수 있는 여러 방법이 있다. 몇 가지를 예시하면 다음과 같다(Wragg, 2012).

① 수업공개 행사가 있다. 이제는 국내외의 많은 학교들이 공식적인 행사로 수업을 공개하고 있다. 학교는 참관자들이 집중되지 않도록 하는 조치를 고민해야 한다.

② 시뮬레이션 수업을 할 수 있다. 강당에서 교실과 유사한 환경을 조성하고, 참관자들이 청중으로서 참여한다. 교사는 평상시의 수업활동을 시연하고 참관자들은 이에 대한 질문이나 의견을 제안할 수 있다.

③ 수업을 촬영한 콘텐츠를 제작하여 원하는 수업을 관찰할 기회를 제공한다. 각 수업에 대한 부연 설명과 의견제시를 할 수 있다.

④ 간접적인 수업공개로서, 주로 학부모들이 참여할 수 있는 저녁 시간을 활용하여 최근 이루어지고 있는 수업의 과정과 특성을 설명하며 토론하는 형태이다.

다. 예고 없는 수업관찰

학교 관리자는 필요에 따라 교실을 방문하고 학급을 관찰할 수 있는 권한을 가지고 있다. 이러한 비공식 방문에 의한 수업관찰에 어떠한 제한은 없지만, 교사가 이러한 관찰이 불공정하다고 느낀다면, 이는 일종의 괴롭힘의 한 형태로 인식될 수 있다.

이러한 정책의 근거는 교사가 미리 준비 할 수 없기 때문에 수업상황을 보다 정확하게 관찰할 수 있다는 것이며, 자료의 신뢰성을 높일 수 있다는 점이다. 그러나 교사를 감시한다는 의혹이 제기될 수 있기 때문에 환영받지 못하였다. 영국의 일부 교원 노조는 그러한 관행을 격렬하게 반대하고, 그것이 분열적이고 신뢰를 잃게 하며 일부 교사를 괴롭히는 수단으로 사용될 수 있다고 주장했다(UCU, 2012).

초중등교육법 제20조에 따르면 교장은 교무를 통할하고, 소속 교직원을 지도·감독하도록 규정하고 있어 학생교육에 필요한 사항에 대해 감독할 수 있다. 또한 7조에 따르면 교육감은 관할 구역의 학교를 대상으로 교육과정 운영과 교수·학습방법 등에 대한 장학지도를 할 수 있다. 이러한 근거로 예고 없는 수업관찰이 이루어지고 있다.

그러나 UNESCO의 교원의 지위에 관한 권고에서는 '어떠한 장학제도도 교원이 전문직으로서의 과업을 수행하는 데 격려와 도움을 주도록 계획되어야 하며, 교원의 자유와 창의성 및 책임감을 감소시키는 것이 되어서는 안 된다.'고 규정하고 있다. 그리고 교육기본법 제14조에서는 '학교교육에서 교원의 전문성은 존중되며, 교원의 경제적·사회적 지위는 우대되어야 한다.'고 규정하고 있다. 따라서 수업 참관을 위해서는 사전에 해당 교사에게 허가를 받아 수업 진행에 방해가 안 되게 해야 한다는 것이 최근의 경향이다.

예고 없는 수업관찰을 반대하는 것에 대한 두 가지 중요한 주장이 있다. 첫 번째는 직업적인 예의의 문제로서, 누군가 교실을 방문하고자 한다면 사전에 통보받아야 한다는 것이다. 둘째, 교사는 교실에서 자신의 지식과 기술을 선보일 수 있는 기회(showcase)가 주어져야 한다. 비록 준비된 수업이 일상적인 수업과 정확히 일치하지 않더라도 말이다(Samph, 1968). 예고 없는 수업관찰은 자신의 역량을 충분히 드러내지 못할 수 있다는 점과 수업 중 예상치 못한 상황에 의해 수업의 결과가 좌우될 수 있다는 점에서 이러한 주장이 가능하다.

06

수업관찰 분석을 위한 개념 체계

가. 교사의 정체성

교사교육에서 예비교사가 교사의 정체성에 대해 논의하는 기회가 반드시 필요하다. 교사의 정체성의 구성요소를 파악하고 형성해 나가는 것은 예비교사의 학습과정에서 중요한 부분이기 때문이다.

교사교육과 관련하여 정체성을 더 개념화하기 위해 정체성 이론의 역사와 특성을 간략히 살펴보고자 한다. 교사 정체성이란 용어는 교사교육과 관련하여 오랜 역사를 가지고 있다. 정체성의 초기 이론에서는 안정되고 성취된 자아를 기술하기 위해 이 용어를 사용했다(Erickson, 1968). 사회적 심리학자들이 사회적 상호작용을 통해 발생하는 정체성 형성의 역동적인 과정을 지적하면서 이 이론은 발전하였다(Mead, 1934; Vygotsky, 1978). 이후 사회학자와 인류학자들은 개인의 문화적 경험과 사회적 위치를 통해 인식하는 문화적 정체성을 포함하여 이를 재정의 하였다(Bourdieu, 1991). 현대의 교육학자들은 교육에서의 정체성 개념을 정의하기 위해 인류학, 심리학, 구조주의, 사회학, 사회 언어학 등 여러 분야에서 그 정의를 찾는다(Butler, 1993; Gee, 2000; Holland, Skinner, Lachicotte, & Cain, 1998; Lave & Wenger, 1991).

정체성의 이론적 체계는 사람들이 사회적 집단 속에서 자신의 지위와 자격을 얻기 위해 말과 행동을 배우는 과정으로 제시된다(Brtizman, 1991; Gee, 2005; Holland et al. , 1998; Lave & Wenger, 1991). 특히, Holland 외(1998)의 정체성에 대한 정의로서 "자기이해(self-understandings)" 또는 "사람들이 주변에서 일어나고 있는 일에 대응하고 관심을 기울이는 핵심 수단(key means)"으로 제시한다(Holland et al., 1998, p. 5). 왜냐하면 정체성은 끊임없이 진화하고, 사회·문화·정치적 맥락에 의해 형성되기 때문에 정체성을 유동적이고 역동적이며 담론적인 것으로 논의하였다(Holland, et al., 1998; Mishler, 2004). 이에 따라 정체성은 4가지 구체적인 특징을 갖는다(Vetter & Schieble, 2015).

① 정체성은 유동적이다.
② 정체성은 담론적 상호작용을 통해 형성된다.
③ 정체성은 사회적, 정치적, 문화적 배경에 의해 형성된다.
④ 개인의 정체성 또한 주변의 세계를 형성한다.

학자들은 정체성이 유동적, 다중적, 역동적이고(Mishler, 2004), 시간이 지남에 따라 구성(constructed), 제정(enacted), 서술(narrated)된다고 주장한다(Anzaldua, 1999; Sfard & Prusak, 2005).

따라서 교사가 된다는 의미는 고정된 의미가 될 수 없다. 대신 교사는 학생, 동료, 경험에 따라, 그리고 시간이 지남에 따라 다양한 정체성을 가질 수 있다. 정체성의 설정은 맥락에 따라 다양하지만, 사람들은 다양한 상황에서 어떠한 정체성을 받아들이고 거부해 왔는지 그 역사를 기억한다(Holland et al., 1998). 예를 들어, 교사는 과거에 자신이 경험한 교수나 교사들이 현재 교실에서 가르치는 자신의 방식에 영향을 미치고 있다는 것을 인식할 수 있다. 교사의 정체성은 경험의 해석과 재해석의 과정을 통해 구성된다(Kerby, 1991). 이런 측면에서 '교사가 된다는 것'은 평생 학습의 과정이다(Beijaard, Meijer, Verloop, 2004, Day, 1999).

정체성이 역동적이라는 인식과 관련하여, 정체성은 복합적인 상호작용을 통해 형성되고 수행된다(Holland et al., 1998). 사람들은 서로 의사소통할 때, 일반적으로 자신의 언어와 행동을 구별하고 조정하고자 하는 사회 집단에 대한 인식을 가지고 있다. Gee(2005)는 이것을 '정체성 킷(identity kit)'을 가지는 것, 혹은 말, 제스처, 복장, 기타 비언어적인 행동을 통해 세상에 존재하는 방법을 수행하는 것으로 설명하였다(Vetter & Schieble, 2015).

교사의 경우, 교사의 정체성은 학생, 학부모, 동료와의 상호작용을 통해 수용 또는 거부되는 위치임을 의미한다. 예를 들어, 동료교사가 교사모임에서 한 교사를 컴퓨터 연수 담당자로 지명할 수 있고, 그 교사는 컴퓨터 관련 정보를 제공하고 교육함으로서 그 역할을 수행할 수 있을 것이다. 이를 통해 그 교사는 컴퓨터에 대한 전문성을 자신의 정체성에 포함한다. 그러한 상황적 순간에 주의를 기울이면, 우리는 시간이 지남에 따라 자신이 구성하고 제정한 정체성에 대해 통찰을 얻을 수 있다.

또한 우리는 정체성이 사회적, 정치적, 문화적 배경에 의해서도 형성된다는 것을 이해할 수 있다. 특정한 상황에서 특정한 정체성을 설정하면 개인이 새로운 사람들과 교류하고 새로운 사회적 지위를 획득할 수 있다. 예를 들어, 한 장학금을 수여하는 기관의 설립목적을 이해하고, 그 목적에 따라 학업계획을 세우는 것은 장학금을 획득할 수 있는 기회를 높여주고, 향후 이 분야에 종사하는 계기가 될 수도 있다. 따라서 장학기관에 대한 정보를 충분히 획득하지 못한 학생들은 장학금 수여 평가자들로부터 엉뚱한 학업계획으로 인식될 수 있으며, 결과적으로 향후 특정한 사회적 지위를 얻기 어렵다. 따라서 정체성은 참여 규범을 수립한 특정 사회집단의 목적에 맞게 항상 조정된다(Vetter & Schieble, 2015).

같은 맥락에서, 교사의 정체성은 자신이 경험한 교육, 가족, 공동체와 같은 과거 경험에 의해 형성된다(Cooper & Olsen, 1996; Sugrue, 1997). 이러한 사전 지식이나 일련의 내적 과정은 교사에 대한 이해와 학생들이 배우는 방법을 정의하며, 때문에 그 범위를 넓히기가 어려울 수 있다(Alsup, 2006).

이것은 개인이 집단에게 특정한 형태로 인지되거나 구성원으로 수용되기 위해 정체성을 설정한다는 개념과 관련이 있다. 따라서 교사가 되기 위해 배우는 것은 학교 공동체의 사회적, 문화적 신념과 관행에 대한 지식을 포함한다(Weber, 1991).

한편, 교사는 권력이 없지만, 세계를 형성하는 대리인 역할을 한다(Florio-Ruane, 2002). 인간을 다루는 대리자는 즉흥의 예술(art of improvisation)을 통해 표출된다(Holland et al., 1998, p.272). 이는 교사가 교육에 대한 자신의 신념과 일치하는 방식으로 교육과정과 교육정책을 변경할 수 있음을 의미한다. 다시 말해 교사는 연구 활동이나 자기 성찰을 통해 계속적으로 교육을 향상시켜 나갈 수 있다(Vetter & Schieble, 2015).

그림 교사의 정체성

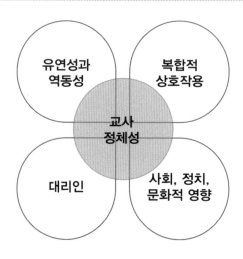

출처: Vetter & Schieble(2015)

나. 지위이론(Positioning Theory)

상호작용에 대한 인식을 배양하는 것이 교사의 학습과 전문성 개발에 무엇보다 중요하다. 수업관찰을 통해 교실에서의 상호작용을 분석하고 상호작용 인식을 높일 수 있다. 언어적 상호작용과 비언어적 상호작용을 모두 포착할 수 있고, 특정 상황을 여러 번 분석할 수 있다. 특히, 지위이론(positioning theory)을 통해 담론을 분석할 수 있다(Davies & Harre, 1990).

지위 분석(positioning analyses)의 중요성을 인식하기 위해서는 우선 언어와 사고 및 언어와 행동 사이의 관계를 검토해야 한다. 많은 형태의 사고 유형이 있지만 대부분의 사람들에게 가장 중요한 형태는 일상생활의 업무를 수행하는 인지적 도구로서 사고하는 것이다. 즉, 가장 중요한 인지적 도구는 기호나 언어와 같은 상징적 표현이다. 최근에는 심리학자들에 의해서 사고가 개인적 형태일 뿐만 아니라 공공의 형태가 될 수 있다고 보고되고 있다.

이러한 결과는 사람들이 언제, 어디서, 생각하고 있는지에 대한 의문을 반영한 것이다. 사고는 개인 내적 영역과 개인 간의 영역을 포함한다. 사고는 개인적 활동일 뿐만 아니라 사회적 활동이다. 예를 들어 기억을 위한 사고 과정에는 대화 활동과 개인 내적 활동이 포함된다. 가족 구성원으로서, 조직의 구성원으로서, 동행자로서 과거의 기억을 구성하는데 기여할 수 있다.

과거의 기억은 인간 뇌의 외부에서뿐만 아니라(Exterograms), 장기 기억에 남아있는 과거의 흔적(Engrams)으로 통합되어 있다. 일기, 사진, 기념물 같은 물질적인 것들이 있고, 다른 사람들의 말과 행동과 관련될 수도 있다. 이것은 모두 기억이라는 사고 행위를 위한 자원이다. 개인적 영역과 공공의 영역에 걸친 사고의 예는 매우 많다. 분명한 것은 개인 간의 관계가 기억, 결정, 문제 해결 등에 공동의 형태로 포함되어야 한다는 것이다. 여기에서 중요한 것은 관련된 사람들 간의 권리와 의무, 기여에 관한 것이다.

Vygotsky에 따르면 모든 고등 정신은 두 번의 과정으로 존재한다. 먼저, 관련된 집단의 문화와 역사의 영향을 받고, 다음으로 개인의 사고에 영향을 받는다. 인간의 발달은 개인의 성숙과 마찬가지로 대인 관계에도 좌우된다.

> 아동의 문화적 발달에서의 모든 기능은 두 번 나타난다. 먼저, 사회적 차원에서 나타나고, 나중에는 개인적 차원에서 나타난다. 즉, 처음에는 사람들 사이에서(interpsychological), 그 다음에는 아동 내부에서(intrapsychological)이다. 이것은 자발적인 관심, 논리적 기억, 개념 형성에도 똑같이 적용된다. 모든 고등 기능들은 개인 간의 실제적 관계에서 기원된다(Vygotsky, 1978 : 57).

개인과 대인 간의 에피소드 전개에서 가장 중요한 것은 구성원 간의 권리와 의무의 기여와 인정이다. 우리는 사고와 행동의 권리와 의무에서 가변성과 다양성을 고려해야 한다. 여기에서 지위 이론(positioning theory)이 제기되는데, 이것은 권리와 의무가 일상생활에서 벌어지는 일들에 맞춰 누려지고, 부과되고, 배정되고, 거절되고, 옹호되는 방식에 관한 것이다.

지위 이론은 소규모 상호 작용에 영향을 미치는 권리와 의무에 대한 집단 시스템의 성격, 형성, 영향, 변화 양상을 연구한다. 지위 이론은 역할 이론(Role Theory)과는 대조적이다. 역할은 상대적으로 고정되어 있고 공식적으로 정의되고 오래 지속되는 경우가 많다. '역할 거리(role distance)'와 '역할 부담(role strain)' 등의 개념도 관련된 역할의 안정성을 전제로 한다. 그러나 지위 이론은 말과 행동이 안정적이지 않고, 논쟁의 여지가 있으며, 임시적인 것에 관한 것이다. 지위이론은 역할 이론의 제한적인 틀을 넘어서, 일상생활의 에피소드를 새롭게 조명할 수 있는 개념적 시스템을 제공한다.

지위이론은 교사가 시간이 지남에 따라, 그리고 학생과 동료들과 관련하여 어떻게 정체성을 구성하고 설정하는지 보여줄 수 있다. 여기에서 지위(positionality)는 "대화에서 관찰 가능하고 일관된 관점을 가진 주관적인 참가자로서, 스토리라인에 자아가 위치하는 담론적 과정"으로 정의된다(Davies & Harre, 1990, p. 91). 다른 말로 표현하자면, 지위란 "타인이 자신을 위해 만든 입장을 받아들이거나 저항하는" 방식으로 대화에 참여하는 것이다(Rex & Schiller, 2009, p. 9). 담론적 상호작용에서 개인은 상호작용적으로(즉, 한 사람이 다른 사람을 배치하거나 다른 사람에 의해 배치될 때) 또는 반성적으로(즉, 자신을 배치할 때) 지위를 갖는다(Davies & Harre, 1990).

상호작용하는 동안 지위에 저항하거나 수용할 수 있으며, 자발적으로나 의도적으로 새로운 지위를 만들 수 있다(Vetter & Schieble, 2015).

교사가 실험을 수행하는 과학자의 위치를 가지는 것을 학생이 거부하면 두 번째 형태의 지위가 나타난다. 이러한 현상은 교실의 상호작용에서 자주 발생하며, 학습을 저해하는 경우도 있다.

첫 번째 형태의 지위 부여에 도전하면서 세 번째 형태의 지위가 나타나기도 한다. 예를 들어, 과거의 상호작용을 통해 학생의 역할을 재배정할 수 있다. 과거에 교사를 적극적으로 도왔던 학생을 학습자에서 수업의 조력자로 역할을 수정할 수 있다. 세 번

그림 반성적, 상호작용적 지위

> **반성적 지위(reflexive positioning)**
>
> 스스로 자신의 지위를 가짐
> 예: 교사가 자신을 강의자로 위치시킴

> **상호작용적 지위(interactive positioning)**
>
> 다른 사람의 지위를 배정함
> 예: 교사가 학생을 참여자로 위치시킴

> **상호작용적 지위(interactive positioning)**
>
> 다른 사람에 의해 지위가 배정됨
> 예: 교사가 학생에 의해 대변인의 지위를 가짐

출처: Vetter & Schieble(2015)

째 형태의 지위는 과거의 상호작용에 대한 검토를 통해 발생하므로 기술적인(descriptive) 성격을 갖는다.

많은 교육학 연구에서 교사와 학생들이 교실 내에서 자신과 다른 사람들을 어떻게 위치시키는지 조사하면서 지위이론을 활용하였다(Clarke, 2006, Leander, 2002, Vetter, 2010). 이러한 연구를 통해 교사가 어떻게 의도적으로 또는 의도적이지 않게 학생들을 학급공동체에 위치시키는지 보여준다(Reeves, 2009; Wortham, 2004).

교사의 반성적 또는 상호작용적 지위부여는 수업방법과 학생에 대한 접근을 결정하게 된다(Reeves, 2009). 지위이론이나 정체성 이론은 교사들이 특정 상황에서 어떠한 유형의 교사가 될 수 있는지 비판적으로 검토하는 데 유용하다(Ma & Singer-Gabella, 2011).

다. 담론연구

담론 분석(Discourse analysis)은 사람들이 담론(자연스럽게 발생하는 말이나 제스처,

또는 복장 등을 통해 정체성을 드러내는 것)을 사용하여 자신을 특정 사회집단에 포함시키는 전략적 방법에 대한 연구이다. Moje와 Lewis(2007)는 이러한 사회집단을 일컬어 담론 공동체(discourse communities)라고 불렀다. 담론 분석은 개인이 집단의 기준을 벗어나는지를 드러내 주고, 수용되기 위한 노력을 보여 준다. 정해진 교육과정과 임용고시에 중점을 둔 교사양성은 교사들로 하여금 실제적인 교육현장의 담론 공동체에 포함되는데 어려움을 겪게 한다(Vetter & Schieble, 2015).

학습에서 대화와 사회적 상호작용의 중요성을 지적하는 연구에 따르면(Allington, 2002; Applebee et al., 2003; Bloome, Carter, Christian, Otto, & Shuart −Faris, 2004), 교수와 학습을 향상시키기 위해서는 교실에서의 일상 언어를 연구해야 한다. Juzwik 등(2013)은 교실에서의 담론이 교수법과 학습에 어떤 영향을 줄 수 있는지에 대해 예비교사가 지식과 경험적 이해를 얻는 것이 교사교육에서 중심적인 문제라고 지적하였다(p. 4). 많은 연구들이 교실 담론이 교수와 학습에 어떻게 영향을 주는지에 초점을 맞추었지만(Cazden, 2001; Dyson, 1993; Heath, 1983; Rex & McEachen, 1999, 2001, 2002; Wortham, 2004), 교사의 수업분석을 통해 교사의 수업실행을 실제 향상시키고자 하는 연구는 매우 드물다. 다만, Rex와 Schiller(2009)의 연구에서 예비교사와 현직 교사 모두에게 교실에서의 상호작용을 분석하여 수업을 향상시키는 실제적인 사례를 확인할 수 있다. 이러한 연구 결과는 교실에서의 상호작용을 분석함으로써 많은 시사점을 얻을 수 있다는 것을 말해 준다(Vetter & Schieble, 2015).

수업에서 사용되는 언어에 대한 연구들은 대부분 교육학자가 아닌 언어학자들이 수행하였다. Sinclair와 Coulthard(1975)는 교실 담론에 대한 흥미로운 연구 주제로서, '모든 참여자들이 진정한 의사소통을 하고 잠재적으로 모호한 발언도 하나의 의미로서 해석되는 상황'을 분석하였다. 이들의 분석은 수업에서부터 특정 행위에 대한 세밀한 분석까지 이루어졌다. 그들은 교사가 교과 지식뿐만 아니라 빈번하게 다양한 내용을 전달하는 것을 발견했다. 이렇게 빈번하게 생성되는 메타 발언(meta −statements)은 수업의 과정 자체에 대한 설명이 된다. 예를 들면, "내가 설명한 것을 누가 이해했는지 볼까?"와 같은 진술이다. '전환'을 할 때에는 "이걸 한번 생각해 볼까?", '주의집중'을 할 때에는 "이 그림을 한번 보자.", '동의'할 때에는 "그래 맞았어." 등으로 표현하였다(Wragg, 2012).

보다 최근의 연구로서 Juzwik 등(2013)은 수업촬영 분석이 대화중심수업(DOI, Dialogically Organised Instruction)에서 교사를 어떻게 지원할 수 있는지를 보여 준다. 대화식으로 진행되는 수업은 학생들이 자유롭게 질문을 하고 개방적인 학문적 대화를 통해 수업이 진행되는 것으로 특징지을 수 있다. Juzwik 등은 VBRR(Video - Based Response and Revision)이라는 방법을 고안하였다. VBRR에 참여하는 교사들은 수업을 촬영한 것을 인터넷 기반 플랫폼에 업로드하고 Web 2.0 기술을 사용하여 교실 상호작용을 분석하였다. 연구 결과에서 중요한 발견은 수업의 주요 개념에 중점을 두는 수업촬영 분석이 수업 전반을 분석하는 것보다 더 효과적이라는 것이다. 이는 교사가 특정한 관점을 통해 수업을 분석하게 되면 교실에서 교수와 학습을 실제적으로 향상시킬 수 있음을 말해 준다(Vetter & Schieble, 2015).

교실 담론을 연구하는 것과 관련된 수많은 이론과 방법이 있다(Rex & Green, 2007). 수업에서의 담론 분석을 위해 Gee(2000)의 접근 방식을 고려할 수 있다. Gee의 광범위한 접근 방식은 일상의 언어 관행(예 : 질문, 발음 등)이 어떻게 사고, 집단, 정체성 등과 연결되는지 보여 준다. 이 접근법은 교실 대화와 같은 미시적 사례를 교사의 정체성을 보여 주는 거시적 수준으로 연결시킬 수 있는 단서를 제공한다(Vetter & Schieble, 2015).

표 수업촬영 담론분석 목록(Juzwik et al.,2013)

교사의 대화 경로(대상) 수
학생의 대화 경로(대상) 수
폐쇄적 질문의 수
개방적 질문 수
교사의 목소리 톤에 대한 묘사
학생의 목소리 톤에 대한 묘사
일반적인 칭찬의 수("잘 했어")
구체적인 칭찬의 수("너의 주장을 뒷받침하는데 좋은 자료이구나!")
일반적인 비판 수("아니, 틀렸어")
구체적인 비판의 수("흥미로운 주장인데, 어떤 자료를 뒷받침해야 할까?")

이러한 분석 도구를 적용하는 구체적인 질문 내용을 제시하면 아래와 같다. 예를 들어, 수업촬영 영상의 정보를 제공하고, 예비교사는 5~10분 정도의 비디오 클립을 선택하여 주로 언어적, 비언어적 의사소통 방법에 주목한다. 학생들은 특정 언어 사용(예 : 교사의 발언, 개방형 질문)에 대한 평가와 비언어적 행동을 기록한다. 그런 다음 특정한 행동과 교사의 정체성이 일치되는지 검토한다. 교실의 담론을 분석하는 방법으로 지위이론을 사용하는 것은 예비 교사가 순간순간의 상호 작용에서 교사의 정체성을 파악하고 이해하는데 도움이 되기 때문이다. 예를 들어, 어떤 교사가 구성주의자로서의 정체성을 희망한다면 학생들의 학습을 촉진하는 역할을 하고 있는지 확인해야 한다(Vetter & Schieble, 2015).

표 수업촬영 분석에서의 질문(Juzwik et al., 2013)

- 직접 또는 간접 학습을 위한 수업 전체를 비디오로 녹화한다. 마이크로티칭, 토론, 독서 교육 등이 포함될 수 있다.
- 교사와 학생 모두의 대화를 포함하는 5~10분의 수업을 전사(transcribe)한다.
- 분석을 위해 다음 질문에 답한다.
  - 가장 이야기를 많이 하는 사람은 누구인가?
  - 어떤 종류의 질문이 제시되는가?
    어떤 종류의 대답이 유도되는가?
  - 학생들과 어떻게 이야기를 하는가?
    목소리 톤은 어떠한가?
    지시적인 대화를 사용하는가?
    질문을 하는가?
    칭찬을 하는가?
    비판을 하는가?
  - 교사의 언어는 학생을 독자(readers) 혹은 작가(writers)로 위치시키는가?
    학생들의 언어는 교사를 교사로 위치시키는가?
    교사는 어떻게 자신을 교사로서 위치시키는가?
  - 교사는 어떤 정보를 통해 이러한 위치를 형성하게 되었는가?
    예를 들면, 교사가 경험한 학교, 교사의 인종, 계층, 성별 등에 따라 영향을 받았는가?
  - 장점은 무엇인가?
    교사는 앞으로 무엇을 변화시킬 예정인가?
  - 현재의 위치와 교사가 바라던 정체성이 어떻게 연계(혹은 단절)되는가?

다음의 상황을 통해 교사 위치를 탐구해 보자.

김 선생님의 목표는 위인에 대한 관심을 유도하고 그 특성에 관한 토론을 촉진하는 것이었다. 학생들에게 토론을 하기 전에 다양한 개념에 대해 생각해 보도록 요청했다.

김 선생님: 먼저, 생각해 볼 것은 살인을 한 사람이 위인이 될 수 있을까요?

학생1: 아니요.

김 선생님: 좋아요, 왜 그렇게 생각해요?

학생1: 왜냐하면 누군가를 죽였기 때문이에요. 어.. 내 말은, 특별한 이유 없이 다른 사람을 죽인 거잖아요. 그런 사람은 영웅이 되어서는 안 되니까요.

김 선생님: 알겠습니다. 학생1은 일반적인 내용에 대해 말하고 있는 것 같아요.

학생1: 네.

김 선생님: 좋아요. 학생2는 어떻게 생각해요?

학생2: 좋아요.

김 선생님: 응? 같은 생각이라는 뜻이니?

학생2: 왜냐하면 이순신 장군이 왜군을 죽인 것은 왕의 명령을 받아서 한 것이니까요. 옛날에는 왕의 명령을 어길 수 없었어요.

김 선생님: 그래요. 내가 좀 더 질문을 할게요. 왕이 사람을 죽이라고 했을까? 왕은 사람을 죽이라고 말하지는 않았을 거에요.

학생2: 선생님, 이순신 장군은 허락을 받았을 거에요!

김 선생님: 허락을 받았다고? 좋아요. 학생3은 어떻게 생각해요?

학생3: 제 생각은 아무 이유 없이, 혼자 판단으로 사람을 죽이지 않아야 한다는 것입니다. 합리적인 상황에 따라야 해요.

김 선생님: 합리적인 상황의 예를 들어주세요. 무슨 뜻이에요?

학생3: 예를 들면, 군인이 적들과 싸우는 상황에서, 내가 죽을 수도 있으니까 상대방을 죽일 수밖에 없어요. 그리고...군인은 살인을 목적으로 하는 것이 아니라, 나라를 구하고 가족의 생명을 보호하기 위해 사람들을 죽일 수밖에 없어요. 이런 사람은 위인이 될 수 있다고 생각해요.

김 선생님: 그래요. 아주 좋아요.

표 담론을 바탕으로 한 지위 분석표(Vetter & Schieble, 2015)

근거 자료 대화	반성적 지위: 교사는 자신의 지위를 어떻게 설정하는가?	상호작용적 지위: 교사는 학생을 어떻게 위치시키는가?	상호작용적 지위: 학생은 교사를 어떻게 위치시키는가?

김 선생님은 자신의 교육 철학에 대한 사전 질문에서, 개방적이고 상호 작용하는 수업을 가치 있게 여긴다고 하였다. 선생님 철학과 수업을 조화시키기 위해서는 촉진자로서의 교사 정체성을 가져야 한다. 촉진자로서의 교사가 되려면 자유로운 질문을 제기하고 학생들의 반응을 적극적으로 활용해야 한다(Elizabeth, Anderson, Snow, & Selman, 2012; Juzwik, Borsheim‒Black, Caughlan, & Heintz, 2013).

우리는 위의 수업 사례에서 김 선생님이 촉진자로서 역할하는 구체적인 사례를 볼 수 있다. 예를 들어, 선생님은 위인의 개념을 이해하기 위해 "살인을 저지른 사람이 위인이 될 수 있는가?"라는 자유로운 질문으로 토론을 시작했다. 이 질문에 대한 선생님의 자세는 권위를 바탕으로 정보를 전달하는 것이 아니라 학생의 눈높이에서 생각을 확산하도록 했다. 따라서 김 선생님은 역량을 갖춘 독자와 사상가로서 학생들을 위치시켰다. 학생1이 "아니요"라는 제한된 대답을 했을 때, 그 대답을 그대로 받아들인 것이 아니라 "좋아요, 왜 그렇게 생각해요?"라고 생각을 정교화 하도록 유도했다. 이러한 상호 작용을 통해 교사가 이미 답을 정해 놓고 그 응답으로 이끄는 것이 아니라, 학생이 중요한 토론의 참여자가 될 수 있도록 위치시켰다. 또한 김 선생님은 자신을 학생들이 자신의 생각을 창출해 낼 수 있도록 촉진하는 교사로 위치시켰다. 김 선생님은 학생3이 "합리적인 상황에 따라야 한다."는 응답을 했을 때, 그에 대한 예시를 요구했다. 선생님의 요구는 학생에게 지적인 사고활동을 요구하고 역량 있는 학생으로 지위를 부여했다.

상호 작용을 통해 우리는 학생들이 위인과 관련된 개념을 더 깊이 이해하고 여러 맥락에서 대화가 확산되는 것을 볼 수 있다. 이것은 학생들의 사회적·인지적 기술 및 학술적인 언어 사용 형성을 돕는다(Applebee, et al., 2003). 그러므로 전략적으로 언어를 사용하여 학생들의 반응을 유도하고 촉진함으로써 김 선생님은 자신이 원하는 촉진자로서 역할을 하고 있음을 알 수 있다(Vetter & Schieble, 2015).

교사는 전형적으로 학생들을 위한 지도, 감독, 평가를 위한 특정한 대화 패턴을 사용하는 경향이 있다(Edwards & Mercer, 1987; Mercer, 2000). 구체적으로 말하자면, 교사는 주제에 대한 토론의 촉진, 지난 시간의 내용에 대한 정리, 말한 것의 강조, 교육과정과 연결시키기 위한 전략으로 질문, 요약, 정교화, 재구성 등을 사용한다(Lemke, 1990, Wells , 2000). 이러한 대화 패턴은 학생들로 하여금 진술하는 내용에 대한 근거를 제시하고, 학생 간의 상호 작용을 지원하고, 수업활동에 적극적으로 참여하도록 교사가 유도할 때 가장 효과적이다(Nassaji & Wells, 2000).

07

수업 관찰자

가. 수업에 대한 영향

새로운 누군가가 관찰을 위해 교실에 들어오면 일상적으로 존재하지 않았던 성인의 존재로 인해 교실의 상황에 영향을 줄 수 있다는 것을 인식해야 한다. 상황이 어떻게 변할지 명확하게 정의하기는 쉽지 않다. 이는 관찰자가 교실에 얼마나 자주 머무는지, 또는 그 사람의 지위, 나이, 복장, 성별 등에 영향을 받는다. 교장선생님이 수업을 관찰하기 위해 들어간다면 학생들은 권위에 대해 인식하므로, 교사의 수업이 일상과는 달리 원만히 진행될 수 있을 것이다. 사춘기의 남학교 또는 여학교에서는 관찰자의 성별이 무엇인지, 나이가 얼마나 되는지에 따라 학생들의 반응이 크게 다를 수 있다. 보조교사로 학부모가 지속적으로 참여한 개방형의 학교, 많은 방문객이 지속적으로 참관하는 특성화 학교, 매달 새로운 교생의 방문과 관찰을 경험하는 부설학교 등은 관찰자가 들어가더라도 일상적인 수업으로 진행될 것이다. 외부인이 찾아오는 경우가 거의 없는 학교나 농촌지역의 학교에서의 수업관찰은 학생들과 교사들에게 평소와 다른 행동을 유발할 수 있다(Wragg, 2012).

관찰자가 수업의 상호작용에 미치는 영향에 대한 연구가 있었다.

Samph(1976)는 강의실에 마이크를 설치한 후 몇 주 동안 관찰자를 참관시켰다. 관찰자가 간 이후에 교사들이 질문과 칭찬을 더 많이 하였고, 학생의 생각을 수용할 가능성이 더 높다는 것을 발견했다. 교사와 학생은 관찰자가 기대하는 바를 충족시키기 위한 노력을 하였고, 이것은 관찰자에 대한 인상이나 고정관념에 따라 달라질 수 있다. 교사와 학생이 관찰자로 인해 초조, 흥분을 느낄 수 있고 평소와 다른 행동을 할 수 있기 때문에, 관찰자는 단일 수업을 관찰하기보다는 연속된 수업을 관찰할 필요가 있다.

관찰자로서 학교의 현재 구성원이나 교사가 참여하기도 한다. 수업관찰에 관한 연구들을 살펴보면 내부 관찰자와 외부 관찰자에 차이가 있다. 내부 관찰자는 수년간 매일 보았던 장소에 대한 자신의 사전 지식, 신념, 편견으로부터 분리되는 것을 어렵게 느꼈다. 반면에 외부 관찰자가 놓칠 수 있는 중요한 사항을 이해하기도 하였다. 외부자는 객관성을 가질 수는 있지만 상황을 잘못 해석하는 경우도 있다. 외부 관찰자는 상황의 이면을 파악하는 방법을 알아야 하고, 이를 위해 여러 사람들과 토론하는 것이 중요하다. 내부 관찰자는 문제점을 중심으로 판단을 내리고, 열린 마음으로 관찰에 접근하며, 객관성에 대해 자문하는 것 역시 중요하다.

복장과 위치도 고려할 가치가 있다. 대부분의 관찰자는 교실의 상황에 영향을 미치지 않는 복장을 입고, 관심을 끌지 않도록 구석이나 뒤쪽에 위치한다. 관찰하는 행위를 과장되거나 요란하게 하지 않고, 교사와 미리 연락하여 관찰의 목적과 예상 결과를 명확히 하는 것이 자연스러운 교실 상황을 유도하는데 필요하다(Wragg, 2012).

나. 수업관찰자의 주관과 편견

평가방법으로써 수업관찰과 관련된 가장 논쟁적인 문제 중 하나는 관찰자의 주관과 편견에 관한 것이다. Fawcett(1996 : 3)에 따르면, "우리는 우리가 찾고 있는 것을 보고, 우리가 아는 것만을 찾는 경향이 있다." 이것은 관찰자가 수업을 객관적으로 관찰할 수 있는지의 문제를 필연적으로 제기한다. 이것은 복잡한 변인이 작용한다. 예를 들어, 관찰자는 수업에 대한 이론이나 교사의 생각을 알고 있다거나, 교사의 교육관이나 교육방식을 이해하지 못하거나 받아들이지 않는다면, 수업을 해석하는 방법에 영향을 미칠 수 있다. 이와 동시에, 수업관찰은 이러한 편향성에 대한 비판이 개방되어 있어야 한다는 점이 중요하다.

수업관찰이 평가의 일환으로 사용될 때 관찰자 주관성이 중요한 변수로 나타날 수밖에 없다. 결국, 인간의 판단이 관찰 과정에서 핵심적인 역할을 한다는 것을 부정하는 사람은 거의 없을 것이다. 따라서 관찰자가 일련의 교실 사건들을 해석하는 방식이 모두 동일하기를 기대하기는 어렵다. 관찰자가 '낮은 추론(Low inference)' 또는 '높은 추론(High inference)'을 바탕으로 기록하는가에 따라 크게 좌우된다. 이러한 접근은 완전히 구별되는 것이 아니라 연속체로 표현된다. 높은 추론에 의한 관찰은 관찰자의 상당한 주관적 판단을 필요로 하고, 낮은 추론에 의한 관찰은 보다 객관적이라고 여겨지는 접근이다.

Roberson(1998 : 5)은 낮은 추론 관찰에서 관찰자의 역할이 주로 기술 자료(descriptive data) 수집이라고 주장한다. 이러한 자료는 미리 정해진 관찰 기준에 따른 증거를 제공하는 것을 의미한다. 따라서 낮은 추론 접근에서는 관찰한 내용에 대해 질적으로 판단할 필요가 없다. 왜냐하면 그 기준이 명시적이며 관찰을 수행하는 사람과 상관없이 신뢰할 수 있다고 가정되기 때문이다. 교사양성과정이나 교원평가에서는 낮은 추론에 집중하는 것이 일반적이다. 왜냐하면 교사가 습득하거나 알고 있어야 할 중요한 역할 등이 포함되었는지를 확인하는 데 집중하기 때문이다. 예를 들어 음성, 지시의 명료성, 수업의 속도 등이 될 수 있다.

Richards(1998 : 141)는 수업이 관찰 가능한 현상이라면, 특정 양상만(aspects of it) 실제로 관찰 가능하다고 평했다. Wragg(1999)도 수업 안의 모든 것이 관찰 가능한 것이 아니라고 지적한다. 수업에 대해 영감(inspire)을 주는 것이 높은 추론의 좋은 예이다. 이러한 높은 추론은 수업 후 피드백에서 관찰자와 피관찰자 모두 그 내용을 탐구하는 데 가치가 있다.

관찰자가 특정한 교수법을 선호하거나 교육적 가치관을 가짐으로써 수업에 선입견을 갖는 것을 후광효과(halo effect)라고 한다. 후광효과로 인해 관찰의 객관성과 신뢰성이 위협받을 수 있다. 후광효과를 줄이기 위해 주로 사용된 방법은 외부 관찰자를 활용하는 것이었으나, 이는 학교 및 교실의 상황에 대한 이해가 부족할 수 있어 또 다른 차원의 어려움이 발생한다(O'Leary, 2006 : 193).

관찰자의 기존 지식, 이론 및 가치가 필연적으로 그들이 생산한 관찰결과에 영향을 미친다(Foster, 1996 : 14). 그러나 관찰자의 주관성이 반드시 수업관찰의 부정적인 측면으로 간주될 필요는 없다. 사실적 증거만이 가치가 있다는 생각과 이 증거에 주관적 해석을 투영하는 것이 그것을 오염시킬 수 있다는 생각은 교육 연구에서 잘 알려진 논쟁이며 실증주의와 상대주의 패러다임 사이의 갈등을 상징한다(O'Leary, 2014).

다. 관찰 신뢰도

수업관찰의 결과가 신뢰할 만한 것인지 확인하기 위해 관찰 내용에 대한 합의 정도를 측정할 필요가 있다. 한 명 이상의 사람이 수업관찰에 관여할 때, 관찰자들 사이에 합의에 대한 공식적인 두 가지 측정 방법이 있다.

① 관찰자 간 동의(inter-observer agreement) : 두 명 이상의 관찰자 간의 합의 정도
② 관찰자 내 동의(intra-observer agreement) : 관찰자 자신의 동의 정도

일반적으로 동일한 한 수업의 영상이 연구에서 관찰 분석 전과 후에 대한 자료로 사용된다. 이를 통해 관찰자는 첫 번째 코딩과 두 번째 코딩을 시간적으로 비교할 수 있고, 이것은 다른 관찰자 간, 다른 시기의 같은 관찰자 간의 합의를 보여줄 수 있다.

비교하는 형태는 수집된 정량적 데이터의 특성에 따라 달라진다. 만일 등급 척도(rating scales)가 사용되었다면, 첫 번째 측정과 두 번째 측정 간의 상관관계를 활용할 수 있다. 범주체계를 사용한다면, 각 개인의 동일한 사건에 대한 합의 비율(%)이 가장 단순한 지표가 될 것이다. 이를 위해서는 관찰자가 동의하는 것과 동의하지 않는 모든 사건을 계산할 수 있다. 예를 들어, 코딩의 82%에 동의하고 18%에 동의하지 않는 것으로 표현될 수 있다. 이러한 합의 비율은 연구결과에 포함되어서 데이터가 얼마나 신뢰할 수 있는지를 보여 준다. 약 70% 미만의 합의가 있을 경우, 그 결과를 해석할 때 특히 주의를 기울여야 한다. 만일 범주체계에 교실에서 관찰되지 않는 많은 범주가 포함되어 있다면, 빈 공간이 많이 있는 표가 완성될 것이고, 이것은

높은 합의 비율로 나타날 수도 있다. 즉, 범주가 적절하지 못했다는 뜻이고 많은 행동을 일부 범주에 통합하여 분석했다고 볼 수 있다. 이러한 내용 역시 함께 검토되어야 한다(Wragg, 2012).

예를 들면, 두 명의 관찰자는 수업 관찰 분석 전후에 동일한 수업 영상을 분석한 결과를 바탕으로 다음과 같이 서로 동의하는 정도를 확인할 수 있다.

표 관찰자 동의 평가

관찰자 간 동의	동의 정도
프로젝트 시작 (관찰자 A, 관찰자 B)	82 %
프로젝트 종료 (관찰자 A, 관찰자 B)	78 %
관찰자 내 동의	**동의 정도**
프로젝트 시작 시 관찰자 A 프로젝트 종료 시 관찰자 A	84 %
프로젝트 시작 시 관찰자 B 프로젝트 종료 시 관찰자 B	71 %

이것은 수업관찰 분석 전에 두 관찰자 간 상당히 높은 일치가 있었고, 관찰자 A는 관찰자 B보다 시간이 지남에 따라 더 큰 안정성을 보였다는 것을 알 수 있다. 분포를 비교하기 위해 카이제곱을 사용하기도 한다(Wragg, 2012).

라. 수업에 대한 기록

관찰자는 어떤 종류의 기록을 할 것인지에 대한 선택권이 있다. 대부분의 경우 수기 기록하는 방법이나 비디오 촬영, 녹음 등의 방식으로 이루어진다. 각 방법에는 장단점이 있으며 주요 특징은 다음과 같다.

표 수업 기록 방법의 특성(Wragg, 2012)

유형	장점	단점
수기 기록	• 즉각적이고 생동감 있는 기록 • 시간의 경제성 • 수업 이후에 즉각적인 토론이 가능함 • 관찰하는 시점에 필요한 상황에 대한 전체적 그림	• 관찰자는 무엇을 기록할 것인가에 대한 즉각적인 결정을 내려야 하므로 피상적이거나 신뢰할 수 없는 설명이 있을 수 있음 • 상황을 재현하는 기회가 없음 • 관찰자가 교실에 위치해야 하기 때문에 학급 상황에 영향을 미침
비디오 촬영	• 여러 번 재생할 수 있는 우수한 시각적, 음향적 기록 • 즉각적인 결정을 내려야 하는 부담이 없음 • 초점을 교사 또는 학생에게 집중할 수 있음 • 수업 참가자들과 토론할 수 있음	• 교실의 온도, 냄새 등 카메라 화면 밖의 장면의 정보 손실 • 카메라의 존재가 미치는 영향 • 분석에 필요한 시간 증가
음성 녹음	• 토론, 분석, 수기 기록 내용 확인을 위해 여러 번 재생할 수 있음 • 교사의 발언을 구체적으로 기록 • 관찰자의 의견은 트윈 트랙 테이프에 동시에 기록할 수 있음 • 음성 내용을 바탕으로 수업을 전사할 수 있음	• 얼굴 표정, 몸짓, 움직임과 같은 중요한 시각적 단서의 상실 • 음질상황이 좋지 않을 수 있음 • 말하는 개별 학생을 식별하기 어려움 • 분석 시간이 상당히 증가함
전사	• 여유 시간을 가지고 매우 상세한 분석이 가능함 • 내용을 쉽게 배포할 수 있기 때문에 동일한 장소에 있지 않은 여러 사람이 분석할 수 있음 • 관찰된 사람에 대해 특정한 예를 선택하거나 적절한 어휘를 사용하는 등 언어의 특정 측면에 집중하여 분석할 수 있음	• 음색, 소음, 강조와 같은 중요한 시각적, 음성적 신호의 부족 • 전사를 위한 시간과 비용이 많이 듦 (한 수업에 20~30쪽이 필요함) • 많은 전사 자료가 수집되는 경우에 초점을 결정하기 어려움

08

수업관찰에 대한 피드백

피드백이라는 용어는 특정한 수행에서 그 행위의 수행자에게 제공되는 정보를 의미한다(Black and Wiliam, 1998). 피드백은 수업관찰 과정에서 가장 중요한 단계로 간주될 수 있다. 앞으로의 수업 발전에 가장 가시적인 영향을 미칠 수 있기 때문이다. 피드백을 통해 교사는 자신의 수업 실제를 더 잘 알게 되고, 기존 지식과 기술을 발달시킬 수 있는 방법을 모색할 수 있다.

한 연구에 따르면 피드백이 10분 미만인 경우가 1/4이었고, 거의 절반이 10~20분 사이였다. 이처럼 짧은 시간에 교사의 발달에 대한 실질적이고 전문적인 대화를 기대하기 어렵다. 이는 피드백이 주로 일방적으로 주어지는 형태이기 때문이다. 피드백이 유용하려면 적어도 30분 동안 지속될 필요가 있다(Tilstone, 1998).

표 피드백 시간 사례연구(Tilstone, 1998)

	빈도	퍼센트
1-9 min	66	25.2
10-20 min	123	46.9
21-30 min	58	22.1
31-40 min	10	3.8
41+ min	2	.8
결측값	3	1.1
총계	262	100

대부분의 평가를 위한 수업관찰에서 채택된 피드백은 관찰자가 인지한 강점과 개선 영역을 피관찰자에게 전하는 총괄적 접근과 피드백을 통해 수업의 전문성을 지원하려는 형성적 접근을 결합하고 있다. 피드백은 보통 관찰 후에 바로 이루어진다. 피드백 모델의 일반적인 형식은 다음과 같다(O'Leary, 2014).

① 소개(Lead-in)

관찰자는 피관찰자에게 그 수업에 대한 자체평가를 하도록 함으로써 토론을 시작한다. 예를 들면 다음과 같은 질문을 할 수 있다.

- 그 수업이 어떻게 진행되었다고 생각하나요?
- 수업에서 자신의 수행을 어떻게 평가하시겠어요?
- 그 수업에 대한 처음 생각은 무엇입니까?
- 수업이 계획대로 진행되었다고 생각하시나요?
- 그 수업에 만족합니까?

② 관찰자 평가(Observer evaluation)

관찰자는 서면으로 작성한 의견을 구두로 요약하여 제시한다. 보통 관찰자가 수업에 대한 칭찬 사이에 건설적인 비평을 끼워 넣는 '피드백 샌드위치(feedback sandwich)'라는 형태를 취한다. 예를 들어, "…여기서 효과적인 전략이 적용되었는데, 학생들의 이해를 확인하는 다양한 개방형 질문을 활용한 것은 매우 훌륭합니다. 그러나 특정 학습자들이 지명되어 응답하는 형태에 대해 생각해 보아야 합니다." 등의 형태가 된다.

관찰자는 그 수업의 각 활동이나 단계에 대한 논의를 하기 전에 전체적으로 수업을 향상시키기 위한 강점과 약점을 정리한다. 이 접근 방법의 어려움 중 하나는 약점이 강조되면 피관찰자가 압도되거나 낙담할 수 있다는 것이다. 관찰자는 부정적인 점만을 발견할 수 있고 피드백의 형성적인 요소가 상실될 수도 있다. 이를 방지하는 방법은 수업관찰 전에 기준을 제시하고 관찰자와 피관찰자가 동의하여 특정 기준에 초점을 맞추는 것이다.

③ 종합/정리(Round-up/closing)

관찰자와 피관찰자는 수업 발전을 위한 후속 계획에 대해 논의한다. 관찰자와 피관찰자 간의 관계의 성격, 피관찰자의 경험, 관찰의 맥락 및 목적에 따라 발전을 위한 내용이 협의된다. 보통 관찰자가 이러한 것들을 규정하는 것이 일반적이다. 관찰자와 피관찰자는 후속 계획이 이후에 검토될 수 있도록 스마트(SMART) 목표 목록을 작성한다. 즉, 특정한(Specific), 측정 가능한(Measurable), 달성 가능한(Achievable), 현실적인(Realistic), 시간이 정해진(Timed) 목표가 포함된다.

한편, 피드백을 수행하기 전에 수업에 대해 검토할 시간을 줌으로써 피관찰자가 감정적이지 않고 객관적으로 반성할 가능성이 높아진다는 지연된 피드백(delayed feedback)이 강조되기도 한다(Williams and Watson, 2004). 피드백 과정에서 피관찰자의 교육적 관점이 드러날 수 있도록 자기 평가가 반영되어야 한다. 이것은 시간 소모적인 피드백 모델이지만 후속 행동에 대해 보다 의미 있게 협의되는 장점이 있다.

표 SMART 목표 목록표

수업 협의 주요 검토/개선사항	－ － －	
목표 사항		
S	특정 영역/내용	
M	확인/측정 방법	
A	개선/변화 확인	
R	현실성/여건 확인	
T	기한	

수업관찰에서 피드백의 중요성을 의심할 여지가 없다면, 피드백이 전문적인 학습과 성장의 기회가 되도록 필요한 기술을 성장시키는 것이 필수적이다. 관찰자와 피관찰자를 위한 피드백의 지침을 검토해보면 다음과 같다(O'Leary, 2014).

가. 관찰자를 위한 피드백 지침

관찰자-피관찰자 관계의 성공을 뒷받침하는 것은 신뢰와 존경이다. 다음은 관찰자들이 피드백을 효과적으로 관리하는 데 도움이 될 10개의 실제적인 내용이다.

① 순수하게 평가적 또는 비판적인 의견을 말하지 않도록 노력하라. 해석적 입장보다는 실제로 일어난 것에 집중해야 한다. 확신이 들지 않는 내용이 있다면 판단하는 진술보다는 탐색하는 질문을 하는 것이 좋다.

② 감수성이 있어야 한다. 과도하게 비판적인 발언은 사람들의 신뢰를 크게 떨어뜨리고 불쾌하게 만들 수 있다. 해결책을 제시하는 것을 피하고, "제 의견을 말씀드리면, 이렇게 하는 것이 어떨까요?" 등으로 표현하라.

③ "학급 훈육 기술이 필요합니다."와 같이 일반화된 문장을 사용하지 말아야 한다. 대신 피관찰자가 관여할 수 있는 구체적인 예를 기반으로 제안을 하는 것이 좋다. 예를 들면 "학생의 눈을 보면서 권위를 가지고 본인에게 집중하도록 합니다."와 같은 발언이 요구된다.

④ 질문하는 유형을 다양하게 하고, 교사로부터 상세한 답변을 이끌어 내거나 반성(reflection)을 유도하는 질문을 한다. 예를 들어, "수업의 그 시점에서 OOO를 활용했는데, 왜 그렇게 한 건가요?", "이 방식을 적용함으로써 달성하고자 하는 바를 설명해주시겠어요?" 등이다.

⑤ '건설적인 비판' 또는 '균형 잡힌 피드백'이 필요하다. 즉, 정직하지만 피관찰자의 수업을 실제적으로 발전시키는 데 도움이 되어야 한다. 수정, 발전시켜야 할 부분 뿐만 아니라, 긍정적인 부분을 강조하는 균형 잡힌 피드백을 제공해야

한다. 무엇을 잘 했는지, 왜 그것이 성공했는지도 깊이 검토되어야 한다. 강점을 강조하는 것은 그 교사가 단점을 직면하고 설명하는 것만큼이나 유용하다.

⑥ 피드백은 양방향에서 이루어져야 한다. 피관찰자가 피드백에서 적극적인 역할을 하도록 장려하여 자신의 발전에 대한 주도권을 갖도록 해야 한다.

⑦ 피관찰자가 자신이 한 의사결정을 설명하는 기회가 제공되어야 한다. 수업에서의 행동에 대한 충분한 이유가 발언되도록 기회를 주어야 한다.

⑧ 향후 발전을 위한 주요 내용에 관해 토의를 통해 공유하고, 지원이 필요한 경우 지원을 제공해야 한다. 관찰자의 유도에 의해 피관찰자는 자신의 전문성 개발의 필요성을 스스로 인식할 수 있어야 한다.

⑨ 교사의 성장을 위한 우선순위를 정해야 한다. 개발 영역에 대한 일련의 목록을 피관찰자에게 일방적으로 제시하는 것은 의욕을 꺾고 불편함을 느끼게 할 수 있다. 그러므로 교사가 단기적으로 집중해야 할 주요 우선순위를 결정하는 데 전문적 판단이 필요하다.

⑩ 피드백이 적절한 시점에 이루어져야 한다. 이상적으로는 수업관찰이 이루어진 날에 피드백이 이루어져야 하지만, 1주일을 넘기지 않는 것이 좋다.

나. 피관찰자를 위한 피드백 지침

수업관찰을 통해 자신의 수업에 대해 되돌아보고 스스로 평가하는 기회로 삼아야 한다. 피드백 전에 교사 자신이 수업에 대한 구체적인 근거와 자료를 제공해야 한다. 관찰자가 할 질문을 선도하고 그들의 의견에 원만히 응답하기 위해서는 다음의 사항을 준비해야 한다(O'Leary, 2014).

① 평온하게 수업에서 거리를 두어라. 가능한 자신의 수업에 관해 객관성을 유지하고, 관찰자의 비평에 동의하기 어렵더라도 방어적으로 반응하지 말아야 한다. 피드백을 자신의 수업지식과 기술을 향상시키는 건설적인 비판의 기회로 보아야 한다.

② 학습자의 시선을 가져라. 학습자의 눈에서 수업을 검토하는 것이 도움이 된다. 이렇게 함으로써 개인적인 관점, 교사 위주의 관점에서 벗어날 수 있다. 이를 위해 동료교사에게 학습자로 수업에 참여하여 관찰하도록 하고, 수업 후에 의견을 공유할 수 있다.

③ 토의에서 적극적인 역할을 하는 것이 좋다. 피드백에 대한 주도권이 커질수록 앞으로 수업에서 더 확실한 개선이 이루어질 것이다. 이것은 관찰자와의 대화에서 적극적인 질문을 하고 관점을 설명하는 것이 중요하다는 것을 의미한다.

④ 질문하는 것을 두려워하지 마라. 피드백이 명확하지 않은 경우 명료한 설명을 요청해야 한다. 관찰자는 경험이 풍부한 교육자인 경우가 많고, 때로는 무의식적으로 익숙하지 않은 용어를 사용하거나 설명이 필요한 의견을 말할 수도 있다. 피드백 내용을 더 구체적으로 이해하기 위한 노력을 두려워해서는 안 된다.

⑤ 토의 내용을 기록해야 한다. 피드백 과정에서 많은 메모를 하거나 녹음을 하여 이후에 지속적으로 확인할 수 있도록 해야 한다. 녹음을 할 때에는 당사자의 동의를 얻어야 한다.

⑥ 관찰자가 제시한 앞으로의 행동 방향에 대해 요점을 파악해야 한다. 해결해야 할 문제에 대해 충분히 고민하고 해결방법을 찾아야 한다. 그 과정에서 다른 사람들에게 조언을 얻는 것을 두려워해서는 안 된다.

다음은 수업관찰이 아니더라도 평소 수업 후에 교사가 점검해야 할 내용이다(O'Leary, 2014).

표 교사의 자기평가 내용

1. 나는 수업 중 무엇을 달성했는가?
2. 내가 가장 자랑스럽게 생각하는 것은 무엇인가?
3. 학습자들은 내가 의도한 것을 배웠는가?
4. 학습자가 생산적으로 활동에 참여했는가?
5. 수업계획, 자료선택, 교수 및 평가 전략에 만족하는가?
6. 실행한 수업전략을 통해 새롭게 무엇을 배웠는가?
7. 수업은 수업관찰 평가 기준을 어느 정도 만족시켰는가?

8. 무엇이 효과가 있었고, 무엇이 효과가 없었는가? 왜 그런가?

9. 교사로서 나 자신에 대해 무엇을 발견했는가?

10. 내가 예상하지 못했던 무슨 일이 발생했는가?

11. 이 수업을 다시 가르칠 수 있다면, 무엇을 다르게 할 것인가? 왜 그런가?

12. 다음을 위해 개선해야 할 핵심 사항은 무엇인가?

13. 이러한 향상을 위해 나는 무엇을 해야 하는가?

• III •

수업관찰 방법

09

수업관찰 접근 방법

전통적으로 수업관찰을 기록하는 방법은 크게 양적 접근과 질적 접근 방식으로 분류할 수 있다. 이 두 가지 접근법은 완전히 분리된 것이 아니라 상호보완적이기 때문에 반드시 배타적인 것은 아니다(Wragg 1999 : 20).

양적 연구자의 경우, 수업은 보편적이며 객관적으로 연구되고 측정될 수 있다고 믿는다. 따라서 대부분의 양적 연구는 가설을 검증하는 것을 목표로 한다. 이를 위해 관찰된 내용에 대한 확률이나 통계 모델, 데이터 분류 등의 방법을 사용한다.

대조적으로, 질적 연구자들은 하나의 외적 실제(reality)가 아니라 복합적 실제가 있다고 믿는다. 질적 연구자에게 실제는 사회적으로 구성된다. 이는 인간 마음의 산물이며, 실제에 대한 각각의 인식은 자신의 삶의 경험, 사회, 문화, 교육적 배경 등에 따라 다를 수 있다. 질적 연구는 주로 텍스트 또는 구두 자료에 의하며, 연구자 자신만의 분석 범주를 통해 분석된다.

우리는 수업관찰을 통해 교수와 학습에 대해 발견할 수 있는 것과 발견할 수 없는 것, 그리고 사후에 주장할 수 있는 것에 대해 분명히 이해해야 한다. 각각의 수업관찰 방법은 장점과 단점이 있으며, 그 가치를 극대화하려면 이러한 내용을 잘 이해해야 한다(O'Leary, 2014).

가. 양적 접근법(Quantitative methods)

수업관찰의 초기 연구 목적은 주로 교사의 행동을 변화시키기 위한 것이라기보다는 오히려 관찰되는 행동에 대해 이해하고 이론화하는 것이었다. 초기 수업관찰은 주로 평가적 방법으로 활용되었고, 교육현장의 변화를 위한 도구로는 사용되지 않았다.

따라서 수업관찰에 대한 초기 양적 접근은 교실에서 일어나는 일에 대한 전체적인 기술보다는 관찰 도구에 명시된 범주에 따라 교사의 특정 행동을 집계하는 경향이 있었다. 이러한 초기 접근법은 '체계적인 관찰'로 알려지게 되었다. 수업관찰에 대한 양적 접근은 체계적인 관찰과 분석으로 한 사건과 다른 사건 사이의 관계가 명확하게 규명될 수 있고, 이에 따라 사회적 행동이 예측될 수 있다는 관점이다.

양적인 분석의 한 예로, Stevens(1912)는 100가지의 수업을 무작위로 관찰하여 교사의 질문을 분석하였다. 그 결과 교사가 약 64%의 시간을 이야기 하였고, 학생은 36%의 시간을 이야기 하였다. 그리고 교사가 1분에 2~4개의 '낮은 수준(정보에 대한 광범위한 회상을 요구하는)'의 질문을 하였다(Wragg, 2012).

초기 양적 분석의 상당 부분은 미국에서 선생님이 교실 앞에서 형식적인 정보를 제시하던 '암기식 수업'이 표준이 되었던 시대에 이루어졌다. 1920년대와 1930년대에는 학생들의 '경청'에 많은 관심을 가졌고, 관찰자는 교실 앞에 앉아서 얼마나 많은 학생들이 교사에게 주의를 기울이고 있는지 관찰하였다. 이것은 수업내용, 시험 점수와 관련된 교사의 가장 효과적인 순간을 측정하면서 높은 점수의 수업과 낮은 점수의 수업을 보여주었다. 비록 정교한 연구는 아니었지만 이후 연구의 토대를 마련했다(Wragg, 2012).

대화가 수업의 중요한 요소로 부각됨에 따라 수업관찰은 교사와 학생들이 서로 대화하는 것에 초점을 맞추기 시작했다. 초기 연구자는 범주 체계(category systems)를 통해 교사가 어떤 종류의 대화에 참여하는지에 집중했다. Withall(1949)은 7가지 범주 체계를 고안하였는데, 3가지의 '학습자 중심'(격려-reassuring, 수용-accepting, 질문 -questioning) 범주, 3가지의 '교사 중심'(지시-directing, 질책-reproving, 정당화 -justifying own actions) 범주, 2가지의 '중립성'(반복-repetition, 관리-administration)

범주로 구성된다. 이미 이 범주 체계는 교사의 특정 행위를 선호하거나 비난하는 가치로 다루기 시작했고, 이러한 연구는 매우 편향적이었다.

이 시기에 영향력 있는 학자는 Robert Bales(1950)였는데, 그는 소규모 성인 집단에 대한 관찰을 수행했다. 그는 12개 범주 체계를 고안했는데, 이것은 '동의하다', '의견을 제시하다', '제안하다', '반감을 보이다'와 같은 요소를 가지고 있기 때문에 수업관찰을 하는 연구자들에게 영향을 미칠 수 있었다. 관찰 중인 그룹의 각 구성원에게 코드 번호가 주어졌으며 관찰자는 각 순간을 범주에 할당하면서 순서대로 기록하였다. 이것은 추후의 양적 관찰에서 표준적인 관행이 되었다. 10~20가지의 다른 사건이 1분 안에 발생할 수 있다는 그의 발견은 이후 Ned Flanders(1970)와 같은 학자들의 연구에 영향을 미쳤다. Flanders가 고안한 10가지 범주 체계(FIAC)는 정량적 방법을 보다 자세히 다루었고, 관찰자가 3초마다 일어나는 일을 기록하도록 하였다(Wragg, 2012). 많은 세부 데이터가 짧은 시간 안에 기록될 수 있는 것처럼 보이지만, 범주가 다소 일반적이고 교실 상호 작용의 복잡성과 다양성을 충분히 요약하지 않는다는 점에서 한계가 있다. FIAC은 40년 전에 고안된 것으로 21세기 교실과 교사, 학습자의 특성에 더 적합하게 수정될 필요가 있다.

이러한 체계적인 접근법들의 공통점은 관찰자가 미리 결정된 범주에 따라 사건을 기록하도록 구조화 된다는 것이다. 따라서 관찰자는 교실에 입장하기도 전에 그들이 관찰하고 기록하고자 하는 데이터의 유형에 대해 이미 결정하게 된다. 질적인 관점에서, 그러한 접근법은 교실 상호 작용의 복잡한 특성을 지나치게 단순화하는 것으로 간주될 수 있다.

반면에 양적 접근법의 장점 중 하나는 관찰의 초점을 명료하게 하여 관찰 절차와 관리를 쉽게 만들 뿐만 아니라 상황 판단의 어려움을 최소화한다는 점이다. 이같은 방식의 양적 접근은 미국에서 널리 사용되고 있다.

이러한 관찰 유형의 주요 초점은 교사의 행동을 직접 변경하기보다는 데이터를 수집하는 것이고, 이러한 관찰에서의 쟁점은 주로 수업의 유효성과 평가자의 신뢰도에 관한 문제이다(Van Tassel-Baska, Quek, Feng, 2007). 관찰 결과를 바탕으로 개별교사의 행동보다는 전체 교사집단이 실행할 수 있는 원칙을 생성하고자 한다. 더불어 교사의 강점과 약점을 측정하고 드러내는 표준을 제공한다(Pianta and Hamre, 2009).

양적 연구로 인해 제시된 주요 연구결과로 Jackson(1968)은 교사가 하루에 1,000명이 넘는 대인관계에 참여한다고 밝혔고, Brophy(1981)는 교사가 칭찬을 많이 사용하지 않는다는 점, Deutsch(1960)는 미국 도시의 교사들은 하루의 75%를 규칙을 준수하도록 하는 데 보낸다는 사실, Rowe(1972)는 교사의 발언과 학생의 응답 사이에 평균 1초가 주어진다는 점, Wragg(1993a)에 따르면 초등교사의 질문 중 57%는 학급경영과 관련이 있었고 35%는 정보를 회상하는 것이었으며, 8%만이 고등사고를 요구하는 것 등이다(Wragg, 2012). 그러나 양적 연구 결과라고 하더라도 모든 교실에 일반화할 수 있는 내용은 적다. 그것은 관찰의 관점이나 방법, 관찰자의 판단 등에 차이가 있기 때문이다.

나. 질적 접근법(Qualitative methods)

수업에서 나타나는 다양한 현상과 대화를 일괄적으로 분류하기는 쉽지 않다. 예를 들어, "철수야, 아직 시작하지 않니?"라는 말을 교사가 했다면, 이것은 수업관리 차원에서 이루어진 것인지, 개별 학생에 대한 격려인지, 학생을 꾸중하는 것인지 분류하기 쉽지 않다.

이처럼 의미, 중요성, 영향, 상황의 개인적 또는 집단적 해석에 집중해야 하는 교실관찰 접근법은 앞서 설명한 실증주의적 접근과는 다른 전통에 뿌리를 두고 있다. 주로 문화인류학자와 사회인류학자의 연구로부터 강한 영향을 받았고, 흔히 '민족지학적'이라는 이름이 붙는다. 인류학자들은 마치 화성인이 된 것처럼 친숙한 상황에서 자신을 분리시켜야 한다. 어느 부족의 무의미한 춤으로 보이는 것이 성장에 대한 의식이 될 수 있고, 농작물의 재배를 위한 것이나, 기상 상황에 대한 행위로 풀이될 수 있는 것이다.

이러한 접근법을 수업 분석에 적용할 수 있다. 관찰자는 상황에 대한 메모를 작성하고, 구성원들과의 인터뷰를 통해 누가 무엇을 했는지, 왜 그 일을 했는지에 대해 질문할 수 있다. 이를 통해 어떤 일이 일어났는지, 구성원들의 인식은 어떠한지 해석할 수 있다(Wragg, 2012). 관찰에 대한 질적 접근은 전형적으로 관찰자가 관찰 과정에서 기록한 내용과 이러한 사건에 대한 평가적 해석에 의존한다.

동물 행동을 연구하는 학자들로부터 수업에 대한 새로운 접근방법을 찾아볼 수 있다. Lorenz(1966)는 '공격성에 관하여(On Aggression)'라는 책에서 공격성이 표출되는 것을 탐색하였다. 이빨을 드러내거나 갈기를 세우는 행동이 왜, 어떻게 발생하는지를 연구하였다. 학교에서도 학생들이 컴퓨터를 이용하거나 과학 실험을 하면서 서로 밀치면서 공격적으로 행동하는 것을 흔히 볼 수 있다. 동물을 관찰하면서 제기했던 질문과 유사하게 수업관찰에서도 적용할 수 있다. 예를 들어, 남학생 또는 여학생 집단의 현상인지, 특정한 개별 학생의 현상인지, 장비, 교재, 교사의 관심 등을 획득하기 위한 현상인지, 이러한 현상이 어떻게 발생하는지, 이에 대한 교사의 반응은 어떠한지 등과 같은 질문이 수업에서 제기될 수 있다(Wragg, 2012).

동물 집단에서 지배력의 확립과 유지는 중요한 연구 주제인데, 이것 또한 교실 생활과 관련하여 적용해 볼 수 있다. 예를 들면, 유아 교사들이 아동과의 신장 차이를 최소화하고 불안감을 줄이기 위해 아동과 눈높이를 맞추고 상호작용을 하다가도 아동이 잘못된 행동을 하면 신장 차이를 극대화하면서 내려다보는 것을 통해 의사표현을 한다. 말하는 단어 역시 수업관찰에서 중요한 연구 대상이다. 이러한 단어들은 교사의 음성 변화, 높거나 낮은 톤, 특정 단어 강조 등을 통해 전달력이 강화된다. 그리고 교사와 학생들이 교실에서 서로 대화하는 것 이외에 주의를 기울여야 할 것은 비언어적 측면이다. 교사는 제스처를 통해 설명을 보충하거나, 손이나 팔로 대상을 지시하고 강조한다. 표정을 통해서도 미묘한 의사전달을 할 수 있다. 또 다른 중요한 요소는 교사가 누군가를 향해 걷거나 멀어지는 움직임을 통해서도 의사를 전달하며, 책상 위에 몸을 기울이거나 팔짱을 끼는 행동을 통해 불확실한 메시지를 전달할 수 있다(Wragg, 2012).

10

양적 접근 방법의 활용

양적인 수업분석이 유익한 경우가 많이 있으며, 특히 관찰목적과 부합되는 도구가 있는 경우에는 그 결과의 활용도가 높다. 교사가 컴퓨터실에서 모든 학생들이 동일한 기회를 가지고 수업을 참여했는지 알고 싶을 때 양적인 수업분석이 유용한 접근 방법이 될 수 있다. 학생들이 컴퓨터실에서 제시한 과제를 수행했는지, 얼마나 충실히 했는지 등을 파악하는 질적인 분석 뿐만 아니라, 학생들이 얼마나 기회를 가졌는지 아는 것도 중요한 사항일 것이다. 또한 교사가 짧은 유형의 대답보다 자신의 생각을 자세히 드러내는 대답을 원한다면, 실제 그러한 질문이 얼마나 주어졌는지를 아는 것이 중요할 것이다. 양적 및 질적 접근은 충분히 보완될 수 있기 때문에 양극적으로 인식할 필요는 없다.

수업에 대한 양적인 분석은 교실의 여러 가지 문제에 적용될 수 있으며, 이러한 내용은 서로 중첩되어 나타나기도 한다(Wragg, 2012).

개인적 특성: 교사나 학생들의 특성으로서, 예를 들어 선생님이 수용적 태도를 가지는지, 학생들이 상호 협력을 선호하는지 등

언어적 상호 작용: 교사와 학생들이 누가 무슨 말을 하는지, 질문, 대답, 어휘 선택 등

비언어적 특성: 움직임, 몸짓, 표정 등

활동: 학생 과업의 성격, 교사의 행동

학급경영: 학생의 행동, 자원 사용, 그룹 조직, 개인 과업 조직 등을 교사가 관리하는 방법

전문적 기술: 질문하기, 설명하기, 관심과 호기심 유발하기

교수 보조 도구: 컴퓨터, TV, 슬라이드, 기타 자료 및 장비의 사용

정서적 사항: 교사와 학생들의 느낌, 정서, 대인 관계

인지적 사항: 교실에서 나타나는 사고활동의 특성과 수준(예를 들어, 질문에 대답하는데 필요한 추론의 수준, 학생의 개념에 대한 이해 정도)

사회적 사항: 구성원들이 수행하는 역할, 규범, 기호체계, 사회적 배경, 지위

양적 접근의 가장 큰 강점은 관찰자가 일정한 절차에 따라 수업의 특정 요소에 집중할 수 있다는 점이다. 단점은 예기치 않은 상황에 대처하는 것이 쉽지 않고, 실제 상황에 비추어 무엇이 중요한지를 판단하는 유연성을 가지는 것이 쉽지 않다는 점이다.

Wragg(2012)는 양적 접근의 구체적인 적용 유형을 등급척도, 범주체계, 시간단위 관찰 방법으로 다음과 같이 정리하였다.

가. 등급척도(Rating scales)

교실 관찰에서 등급척도가 널리 활용되고 있다. 이러한 방식은 몇 가지 이유로 비판을 받는데, 예를 들어 척도의 등급으로 3에 표시하는 것이 다른 평가자와 동일함을 보장하지 않는다는 점, 질문 대상자에 대한 선입견으로 일괄적인 표기 반응을 할 수 있다는 점, 중간값을 선호하는 경향이 발생할 수 있다는 점 등이 문제로 지적된다. 즉, 객관적으로 보이지만 실제로는 평가하는 사람의 가치에 크게 의존하고 있다는 것이다. 때문에 등급척도 결과를 자동적으로 해석해서는 안 되고, 수업과 상황의 맥락에 따라 활용해야 한다(Wragg, 2012).

활용되는 유형은 ① 양극의 대비되는 기준을 바탕으로 5점, 7점, 10점 척도로 측

정하는 형태나, ② 1에서 5까지의 수준을 통해 수업에서의 빈도 및 강도를 나타내기도 한다. ③ 척도의 주관성에 관한 문제를 보완하기 위해 특정한 행동을 범주와 연계시키는 경우가 있다. 그것을 행위기준 평가척도(Behaviourally Anchored Rating Scales, BARS)라고 하며 숫자는 교사 또는 학생의 행위 강도 또는 정도를 나타낸다. 이 접근법은 특정한 방향으로 결과를 유도하고 피드백을 제공할 수 있기 때문에, 특수한 목적을 적용하기 위해 활용하는 경우가 많다. 관찰자가 척도상의 각 단계에 대한 더 많은 판단 단서를 가지면서, 단순히 주관적인 판단에 맡기지 않는다.

①

따뜻한	1 2 3 4 5 6 7 8 9 10	냉담한
엄격한	1 2 3 4 5 6 7 8 9 10	느슨한

②

내용	전혀 아니다	아니다	보통이다	그렇다	매우 그렇다
학생들이 적극적으로 질문한다.	1	2	3	4	5
학생들의 협동이 이루어진다.	1	2	3	4	5

③

Level 1□	Level 2□	Level 3□	Level 4□	Level 5□	Level 6□
여러 학생 앞에서 학생을 질책한다.	학생의 문제를 간과한다.	학생의 문제를 구체적으로 파악한다.	발견된 문제점을 해결하고자 노력한다.	교사와 학생이 의견을 공유한다.	학생에게 책임감을 부여하고 격려한다.

나. 범주 체계(Category systems)

관찰자의 주관적 판단을 요구하는 등급척도는 높은 추론법(high inference measures)으로 불리기도 한다. 반대로 낮은 추론법(low inference measures)은 어떤 일이 일어났는지 여부를 기록하는 데 더 많은 단서를 요구한다. 예를 들면, '학생들이 질문을 한다.'와 같은 준거를 마련하여 수업을 관찰하는 것이다. 이러한 범주를 만들 때에는 관찰의 편의성, 모호성, 이중범주, 연속행위 등에 주의해야 한다. 즉, 여러 학생이 질문을 많이 하는 상황이라면, '학생이 질문을 한다.'는 범주보다, '학생이 질문을 하지 않는다.'는 범주를 마련하여 동일한 결과를 얻을 수 있을 것이다. 그리고 '교사가 적극적이다.'와 같은 추상적인 범주는 관찰자마다 판단이 달라질 수 있기 때문에 지양해야 한다. 또한 '학생의 폭력적인 행동을 교사가 훈육한다.'와 같이 연속적인 행동이 포함된다던지, '학생이 흥미를 가지고 협동학습을 한다.'와 같이 이중 범주를 포함해서는 안 된다.

주로 관찰의 목적, 관점, 표집 기간, 기록의 성격, 데이터 활용 등이 범주 제작에서 고려해야 할 사항이다. 그리고 대상 수업에 대한 예비 관찰을 수행하여 특별히 관찰되는 상황이나 당연시되는 일상을 기록해 봄으로써 범주를 보다 효과적으로 마련할 수 있다.

수업의 상호 작용을 코딩할 때, 관찰자가 큰 어려움 없이 전체 학급, 소그룹, 개인 참여 등의 집단 특성을 동시에 기록할 수 있다. 이를 통해 학생들이 다양한 상황 속에서 어떤 활동을 하는지, 전체 수업에서 모둠활동으로 전환될 때 어떤 일이 일어나는지 드러낼 수 있다.

C = 학급(Class)
G = 소그룹(Group)
I = 개인(Individual)
T = 전환(Transition from one type of grouping to another)

이상과 같은 기호를 통해 수업 각 순간의 집단적 특성을 범주화할 수 있다. 이것을 응용하여 다양한 상황과 연계할 수도 있다. 다음과 같은 상황을 범주화할 수 있다.

Q = 질문(Question)
R = 응답(Response)

집단과 상황을 연계하여 학생이 질문하는 상황, 교사가 질문하는 상황 등을 범주로 구분해 낼 수 있다.

TQC   교사가 전체 학생에게 질문한다.
TRI   교사가 개별 학생에게 응답한다.

물리적 환경도 간단한 범주를 고안할 수 있다.

L   실험실(Laboratory)
R   독서실(Reading room)
P   운동장(Playground)
C   교실(Classroom)

관찰 목적에 따라 학생특성도 범주화할 수 있다.

G   여학생(Girl)
B   남학생(Boy)
S   고학년(Senior)
J   저학년(Junior)
F   비만아(Fat)

수업에서의 움직임, 제스처, 위치 등과 같은 비언어적인 차원도 중요한 연구주제가 된다. 모눈종이를 사용하여 수업 중에 교사 또는 학생의 움직임을 추적 할 수 있고, 평면도를 활용하여 특정 장소를 교사나 학생이 얼마나 자주 방문하는지 표시할 수도 있다. 비언어적 범주는 관찰자에 따라 주관적인 판단이 들어갈 수 있기 때문에 범주를 마련하고 그에 대한 설명을 명확히 해야 한다. 인류학자인 Hall(1963)은 자세를 표현하기 위해 아이콘을 활용하였다. 이러한 아이콘을 참고하여 다양한 범주를 마련할 수 있을 것이다.

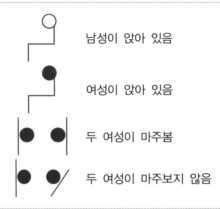

남성이 앉아 있음

여성이 앉아 있음

두 여성이 마주봄

두 여성이 마주보지 않음

출처: Wragg(2012), 저자 수정

다. 시간 단위 관찰

① 단위시간 추출(Unit sampling)

관찰자가 결정해야 하는 중요한 사항은 관찰을 기록하는 빈도이다. 관찰을 위한 단위시간(Unit sampling)을 설정해야 한다. 3~4초에서부터 5분 이상 되기도 한다. 매우 짧은 시간 단위를 설정하는 이유는 빠르게 변화하는 수업 상황을 완전히 기록하고자 하기 때문이다. 1분 이상 단위를 설정하더라도 그 사이에 많은 일들이 발생할 수 있다.

시간단위 기록 방식은 일반적으로 두 가지이다.

첫 번째는 어떤 일이 발생하는 모든 순간을 기록하는 것으로, 만일 2분의 관찰 시간단위에서 교사가 10번의 질문을 하면 10번 모두 기록된다.

범주	2분	빈도	2분	빈도	2분	빈도
1. 교사가 질문한다.	///////	7	///	3	/	1
2. 교사가 칭찬한다.	///	3	/	1	//	2

두 번째는 관찰 중인 시간단위에서 범주에 따라 한 번씩만 체크하는 것으로, 만일 교사가 5번의 질문을 하면 '교사가 질문한다.'범주에 한번 체크하는 것이다. 이것을 기호 체계(Sign system)라고 하기도 한다.

범주	2분	2분	2분	2분
1. 교사가 질문한다.	/	/	/	/
2. 교사가 칭찬한다.	/		/	

이 두 가지 방식 모두 동일한 관찰 시간을 가지지만 도출되는 데이터는 달라진다.
이러한 방식에 대한 찬반 주장이 있는데, 주요 내용은 수업의 모든 사건을 기록하는 것은 힘들지만 모든 상호작용을 보여주면서 더 완전한 기록을 만들 수 있고, 반면, 각 사건을 한 번 코딩하는 것은 그 수업에서 일어나는 주요 상황과 특징에 집중하여 관찰자가 각 관찰 단위에서 주목한 사항을 기록함으로써 관찰자가 충분히 관리할 수 있게 한다는 점이다.

② 정지장면 추출(Static sampling)

타임랩스(time-lapse) 사진과 같이 한 수업의 장면을 일정한 간격으로 추출한다. 각 순간에 학생의 위치, 활동, 분위기 등을 기록할 수 있다. 이러한 관찰 유형의 장점은 매우 짧은 시간에 20~30개의 스냅 샷을 수집하고, 연속된 사건으로 보존할 수 있으며, 분석시간이 많이 소비되지 않는다는 것이다. 가장 큰 단점은 수집 장면 사이에 의미있는 변화가 발생할 수 있다는 것이다. 단위시간 추출이 특정한 범주를 기준으로 관찰 및 기록되는 반면, 정지장면 추출은 수업의 전체 맥락을 바탕으로 순간 장면의 모든 것을 관찰하고자 하는데 그 차이가 있다.

③ 관심장면 추출(Natural sampling)

일부 관찰자들은 고정된 시간단위로 관찰하는 것보다 흥미로운 상황이 발생하는 순간에 집중하고자 한다. 자연스러운 수업 진행에 따른 관심장면을 추출하는 것이다. 예를 들면, 교사가 수업을 시작하면서 동기유발과 수업안내에 대해 3분 동안 설명하였고, 20분 동안 교재 읽기와 활동지 풀기가 이루어졌으며, 10분 동안 교사의 질문과 학생의 답변이 이루어졌다. 이러한 관찰결과는 자연스러운 수업진행 시간을 반영하면서도 관찰자가 관심을 가지고 있는 수업전개 양상을 추출한 것이다.

④ 타임라인

관찰자는 수업에서 특정 활동이 지속된 시간 정보가 필요할 수 있다. 이러한 정보를 획득할 수 있는 경제적인 한 가지 방법은 그래프를 이용하여 관찰하고자 하는 수업 내용의 소요 시간을 표시하는 것이다. 예를 들어, 교사의 발언 시간, 학생의 발언 시간, 침묵 기간 등을 알고 싶을 때 다음과 같이 표현할 수 있다.

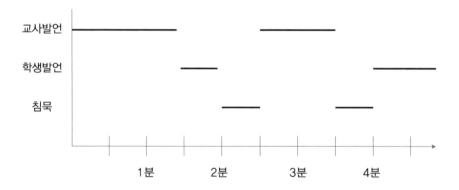

라. Flanders 언어적 상호작용 분석 체계(Flanders Interaction Analysis Category System-FIAC)

Flanders 언어 상호작용 분석법(The Flanders Category System)은 1960년 미국 미네소타 대학원의 교수였던 Flanders가 소개한 데에서 비롯되었다(Flanders, 1960). 교사와 학생 간의 언어적 상호작용을 분석한 Ned Flanders(1970)는 Withall(1949)의 연구에 영향을 받아 10개 범주 체계를 개발했다. 관찰자들은 수업을 관찰하면서 교사의 발언은 비지시적 발언(①, ②, ③, ④)과 지시적 발언(⑤, ⑥, ⑦)으로 나뉘고, 학생의 발언은 반응적인 것(⑧)과 자의적인 것(⑨)으로 나뉘며 그 외의 것은 관찰자가 이해할 수 없는 행위(⑩)로 구분하여 3초마다 기록한다.

① **감정의 수용**: 위협적이지 않게 학생들의 감정을 받아들이고 드러낸다. 감정은 긍정적이거나 부정적일 수 있다. 감정의 예측 및 회상도 포함된다.

② **칭찬이나 격려**: 학생 행동을 칭찬하거나 격려하며, 다른 학생에게 피해를 주지 않고 긴장을 풀어주는 농담이나, 고개를 끄덕이며 '응, 그래.' 또는 '계속하세요.' 등의 표현도 포함된다.

③ **학생 아이디어의 수용 및 사용**: 학생들의 아이디어를 분명히 드러내고 발전시킨다. 교사가 자신의 아이디어를 주로 활용하면 5번 범주에 해당된다.

④ **질문**: 학생의 응답을 요구하는 목적으로 내용이나 절차에 관해 질문한다.

⑤ **강의 및 정보전달**: 교사가 내용 및 절차에 관한 사실이나 의견을 말한다. 교사가 자신의 생각을 표현하는 것도 포함된다.

⑥ **지시하기**: 학생이 준수하도록 요구하는 지시 또는 명령이다.

⑦ **권위를 정당화하거나 비판하기**: 허용되지 않는 학생 행동을 허용되는 행동으로 바꾸고자 하는 진술이다. 누군가를 꾸짖거나, 선생님 자신이 하고 있는 일의 의미에 대해 진술하는 것도 포함된다.

⑧ **학생의 발언 – 응답하기**: 교사의 요청에 의한 응답으로서 학생이 말한다.

⑨ **학생의 발언 – 시작하기**: 학생이 스스로 발언하는 것이다. 관찰자는 학생이

말하고 싶어서 발언하는 것인지 요청에 의해 발언하는 것인지 구분해야
한다.

⑩ **침묵 또는 혼란**: 관찰자가 이해할 수 없는 의사소통이나 일시중지, 침묵, 혼란
이 해당된다.

Flanders 언어 상호작용 분석법은 다음과 같은 특징이 있다(김종서, 김영찬, 1983).

① 비언어상호작용의 분석은 배제하고, 언어 상호작용만 분석하여도 수업형태 분
석으로는 충분하다.
② 수업 관찰자 간의 의견일치도를 기준으로 언어 상호작용 분석이 비언어 상호
작용 분석보다 신뢰롭다.
③ 강의와 문답 중심의 언어 상호작용에 한해서 분석할 수 있다.
④ 수업분석의 결과는 과학적인 방법으로 분석되고 해석된다.
⑤ 수업형태의 분석결과는 관찰 대상 교사에게 확인되었을 때, 스스로의 행동을
고치는데 도움을 줄 수 있다.
⑥ 좋은 수업이란 내용과 형태가 모두 좋아야 하지만 Flanders의 언어 상호작용
분석기법은 내용분석에는 적합하지 않기 때문에 Flanders의 분석법으로 수업
형태를 분석하여 그 결과가 바람직하게 나왔다 하더라도 그것이 꼭 잘된 수업
이라는 결론을 내리지는 못한다.

Flanders의 언어상호작용 분석법을 사용하여 교사와 학생 사이의 언어 상호작용
을 분석한 국내외의 연구의 주요 결과를 살펴보면, 자질이 높은 교사는 수업에서 비
지시적언어를 많이 사용하며, 자질이 낮은 교사에 비해서 학생들을 칭찬 또는 격려
하는 발언, 학생들의 생각을 명료화시켜서 발전된 방향으로 이끄는 발언을 많이 하
고 있는 반면, 자질이 낮은 교사는 지식을 전달하거나 강의하는 발언이나 학생을 꾸
짖고 비판하는 발언을 하였다(변영계, 1969).

그리고 고학력을 지닌 교사집단과 전문대 이하의 저학력을 지닌 교사집단으로 나

눈 연구들에서, 대졸이상의 학력을 가진 교사는 개방적이고 확산적인 질문을 하며, 학생들의 감정을 받아들이거나 칭찬 또는 격려하는 등의 비지시적언어를 사용하고 학생 주도적인 형태의 상호작용을 하는 반면, 전문대졸 이하의 학력을 가진 교사는 폐쇄적 질문과 인지적 질문을 많이 하며, 지식을 전달하거나 학생을 꾸짖고 비판하였다는 등의 지시적 언어를 많이 사용하고 교사 주도적인 형태의 상호작용을 하였다(김수영, 1980: 조부경, 1985: 조인숙, 1990).

학생 수와 수업형태와의 관계에 관한 연구에서 학생수가 20명 이하로 적을 경우에는 폭이 넓은 질문과 통합적인 언어를 사용하면서 학생 주도적인 상호작용 비율이 높고, 20명 이상으로 많을 경우에는 폭이 좁은 질문과 지배적인 언어를 사용하면서 교사 주도적인 형태의 상호작용의 비율이 높았다(김수영, 1980: 조인숙, 1990).

Flanders의 언어 상호작용 분석법에 관한 직전교육을 받은 교사 집단과 그렇지 않은 집단을 비교한 연구에서는 언어 상호작용에 관한 행동, 교수 기술 등을 교육받은 교사들은 그렇지 않은 집단과 비교했을 때 학생들의 생각을 더 많이 활용하였지만, 교육을 받지 않은 집단은 교사가 직접적으로 수업에 관여하는 비율이 높았다(Smith, et al., 1979).

교사양성교육에서 Flanders의 언어 상호작용 모델을 가지고 학습한 예비교사는 추상적인 구두설명을 통해 학습한 집단에 비해서 실제 수업에 있어 학생의 감정을 더 많이 수용하고 칭찬을 더 많이 하며, 학생의 생각을 받아들이거나 설명해 주었다(Fitzgerald, 1971).

Kiser 등(1969)은 교육실습생을 대상으로 비디오를 이용해서 수업을 찍은 집단, 오디오만 녹음한 집단, 아무 처리도 하지 않은 집단으로 분류하고 동료로부터 피드백을 받은 후의 행동의 변화를 측정한 결과, 비디오를 이용해서 찍은 교육실습생 집단만이 교사의 지시적 행동을 줄이고 비지시적 행동을 늘이기 위해서 노력하고 있었다. 이것은 교사들의 수업장학 과정의 일부로 비디오매체를 이용하는 것이 효과적이라는 결과를 보여주고 있다(나승일, 2003 재인용).

김종서, 김영찬(1983)은 Flanders의 언어상호작용 분석법을 통해서 교사와 학생의 의사소통을 분석할 때 주의해야 할 18가지의 준칙을 제시했는데, 그 중 특징적인 것을 정리하면 다음과 같다.

- 관찰자는 그 자신의 편견이나 교사의 의향에 좌우되지 말아야 한다.
- 3초 동안에 하나의 분류항목 이상이 나타나면 나타난 모든 분류항목을 기록해야 한다. 분류항목이 바뀔 때마다 기록해야 한다.
- 범주 6의 '지시'는 그 지시가 결과적으로 학생들의 어떤 행동을 유발하는 것을 관찰하거나 예견할 수 있는 교사의 말이어야 한다. 즉, 추상적인 교사의 말을 지시로 분류해서는 안 된다. 예를 들어, "한번 고민해 봐라."는 지시적인 말이지만 '지시'보다는 '강의'로 분류한다.
- 3초 이상에 걸쳐 침묵이 계속되거나, 웃거나 교사와 학생의 언어상호작용이 분명치 않으면 각 3초마다 범주 10을 기술한다.
- 교사가 판서를 오래 계속하거나 토론, 실험, 작업 등이 계속되어서 10을 지속적으로 적어야 할 경우에는 비고란에 문장으로 기록해 둔다.
- 교사가 학생의 답변을 반복하여 이를 강의의 일부로 사용하거나 토론으로 이용하면 제3항목으로 분류한다.
- 한 학생이 이야기하고 이어서 딴 학생이 이야기하면, 9와 9, 8과 9, 8과 8 사이에 10을 기록한다. 이것은 학생이 바뀌었음을 나타내는 것이다.
- 범주 9가 3초 이상 지속되는 동안에 교사가 "으흠", "그래서"와 같은 말을 하면 범주 9와 9 사이에 범주 2를 기록한다.
- 교사의 질문에 대해서 여러 학생이 한꺼번에 대답하는 경우는 범주 8로 분류한다.

FIAC는 교사 훈련, 수업 분석에서 널리 사용되어 온 간단한 범주 체계이다. FIAC는 배우거나 적용하는 것이 어렵지 않다. 매 3초마다 기록하는 것은 관찰자에게 큰 부담이 될 수 있지만 녹화된 수업을 활용하면 된다. FIAC를 사용하기 위해서는 분당 사용할 수 있는 20칸의 데이터 기록지를 준비해야 한다. 3초마다 일어나는 일을 가장 잘 설명하는 범주의 번호가 각 칸에 기록된다. 관찰자는 각 줄이 1분의 수업 시간을 나타낼 수 있도록 기록지에 기록한다.

최근에는 수업촬영 영상을 활용하여 분석할 수 있으므로 분석의 신뢰성과 타당성을 높일 수 있다. 주의할 점은 3초 단위로 수업을 관찰하다보면 그 순간의 맥락을 파악하기 어려울 수 있다. 따라서 1차적으로 전체 수업 영상을 시청하고, 이후에 다시 3초 단위로 분석하는 것이 효과적이다.

FIAC 데이터 기록지

학교: _____ 교사: _____ 수업주제/교과: _____

일자: _____ 관찰자: _____

01																	
02																	
03																	
04																	
05																	
....																	
....																	
....																	
....																	
....																	
26																	
27																	
28																	
29																	
30																	

Wragg(2012, pp. 35-42)는 FIAC 기록에서의 유의점과 예시를 다음과 같이 제시하였다.

① 범주 1: 감정의 수용

감정을 수용하거나 드러내는 것은 수업에서 상대적으로 드문 범주이며, 과학보다 언어관련 수업에서 더 자주 발생한다. 그리고 나이가 어린 학생들에게서 더 자주 발생한다. 범주 1을 특징적인 수업의 경향으로 분석하는 데 주의가 필요하다.

② 범주 2: 칭찬이나 격려

범주 2의 문제는 교사가 규칙적이고 빈번하게 사용하는 피상적인 '칭찬'과 '정말 훌륭한 대답이야, 잘했어'와 같은 집중적인 칭찬을 구분하지 않는다는 것이다. Flanders는 '맞아', '좋아' 등과 같은 표현은 범주 3에 포함할 것을 제안한다.

③ 범주 3: 학생 아이디어의 수용 및 사용

학생들의 아이디어를 수락하고 명확하게 하는 것도 사실 수업에서 빈번하게 발견되지는 않는다. 그러나 일부 교사들은 학생들의 생각을 수업에 활용하기 위해 폭넓게 적용한다. "수현이가 달은 스스로 빛을 내지 못한다고 말했어. 그러면 달에서 나오는 빛은 어디서 온 것일까?" 이러한 흐름은 범주 3-4로 이어지는 것으로 분석된다.

④ 범주 4: 질문

FIAC을 기반으로 개발된 다른 체계에서는 질문을 세분화하고 있다. 아래의 범주를 참고하여 수업에 대한 세부적인 분석을 할 수도 있다.

4a 사실적 자료의 회상과 관련된 질문
4b 학생에게 정보를 분류하도록 요구하는 질문
4c 평가와 관련된 질문
4d 학생들의 상상력을 유도하는 질문
관찰자는 또한 "수현아, 이것 좀 도와줄 수 있겠니?"와 같은 질문형태를 범주 4에 포함해서는 안 되고 범주 6에 포함해야 한다.

⑤ **범주 5: 강의 및 정보전달**

FIAC의 단점 중 하나는 여러 가지 종류의 정보를 구분할 수 없다는 것이다. 교사가 전달하는 정보의 특성이나 방법에 큰 차이가 있을 수 있기 때문에 연구자는 이를 고려하여 분석해야 한다. 이를 보완하기 위한 다른 체계에서는 올바른 정보, 잘못된 정보, 의견에 기반한 정보, 사실에 기반한 정보, 다른 유형의 사고를 촉진하는 정보, 고등사고를 촉진하는 정보 등으로 구분하기도 한다.

⑥ **범주 6: 지시하기**

지시하기는 수업에 따라 빈번하게 사용되기도 하고 그렇지 않기도 한다. 체육시간은 더 많은 지시하기를 확인할 수 있다. 따라서 범주 6 역시 해석하는 데 주의해야 하며 일반적인 수업 특성으로 해석하는 데 어려움이 있다.

⑦ **범주 7: 권위를 정당화하거나 비판하기**

교사가 일상적으로 칭찬하는 것과 마찬가지로 학생을 지적하고 비판하는 것 역시 매우 다양하다. 특히 비꼬는 듯 말하는 비판은 관찰자가 그 음색을 분명히 파악해야 한다. "정말 잘 하고 있구나!"가 칭찬이라면 2번 범주에 속할 것이고 빈정대는 표현이라면 7번 범주에 속할 것이다.

⑧ **범주 8~9: 학생의 발언**

FIAC는 학생 발언에 대해 두 가지 유형만 제공한다. 관찰자는 학생이 요청된 답변을 넘어서서 자신의 의견을 피력하면 범주 8에서 9로 연계하여 기록해야 한다.

교사: 화성의 날씨는 어떨까요?	4
학생: 건조할 것 같아요.	8
공기가 부족해서 대기현상이 많이 없을 것 같아요.	9

⑨ 범주 10: 침묵 또는 혼란

범주 10은 포괄적이지만 FIAC의 가장 큰 단점으로 지적된다. 학생의 불명확한 발언에 대해 세부적인 분석이나 비언어적인 측면을 고려하지 못하고 있다. 몇몇 연구에서는 이 범주를 세분화하여 특징적인 상황을 표시하기도 한다.

다음은 수업 상황을 어떻게 범주화하는지 예시한 것이다.

교사: 누가 곤충의 예를 들어 줄 수 있어요? 철수야?	4
철수: 알아요, 거미요.	8
영미: 거미는 곤충이 아니에요.	9
교사: 그래요, 영미 말이 맞아요.	2
(주의 산만)	10
교사: 거미는 곤충이 아니에요. 곤충과 다리 개수가 달라요.	5
거미는 다리가 8개인데, 곤충은 6개의 다리가 있어요.	5
현숙: 몸이 3부분이어야 해요.	9
교사: 현숙이 말이 맞아요. 곤충은 몸이 세 부분으로 구성되지요.	3
거미는 몸이 두 부분이고, 곤충은 몸이 세 부분입니다.	5

관찰자는 위의 수업을 다음과 같이 기록한다.

01	4	8	9	2	10	5	5	9	3	5
02										

Flanders는 일련의 사건들을 기록하기 위해 2차원 행렬 매트릭스를 고안했다. 가로, 세로 10칸씩 100개의 칸으로 구성되며, 사건들의 각 쌍이 입력된다. 예를 들어, 질문–답변–칭찬의 흐름이 있다면 4–8–2로 코딩되고, 첫 번째 쌍은 질문(4) 다음에 응답(8)이 오므로, 세로4–가로8 칸에 표시된다. 다음은 응답(8)에 이어지는 칭찬(2)이므로 세로8–가로2 칸에 표시된다.

위의 곤충 특성에 대한 수업에서 기록된 4–8–9–2–10–5–5–9–3–5로 FIAC 매트릭스에 입력하면 다음과 같다.

표 표기 예시

	1	2	3	4	5	6	7	8	9	10
1										
2										/
3					/					
4								/		
5					/				/	
6										
7										
8										
9		/	/							
10					/					

이러한 형식은 교사 및 학생이 수업에서 얼마나 발언했는지 뿐만 아니라 상호작용의 특성을 보여 준다. 정보–질문–답변–칭찬–정보 등으로 구상된 수업은 5–4–8– 2–5–4–8–2–5 등으로 구체화 될 수 있고, 5–4, 4–8, 8–2, 2–5 칸에 기록된다. 특히 음영으로 표시된 8–9행은 학생에 대해 교사가 어떻게 반응했는지를 보여 준다. 교사 칭찬(8–2, 9–2), 수용 또는 설명(8–3, 9–3), 즉각적인 질문(8–4, 9–4), 추가 정보(8–5, 9–5) 등 다양한 패턴을 확인할 수 있다. 다만, 전형적으로 좋은 패턴은 있을 수 없으므로 해석에 주의해야 한다.

그리고 예를 들어 교사가 "정말 좋구나!"라고 말할 때 관찰자는 그것을 칭찬으로 기록할지, 학생 생각의 수용으로 기록할지 불확실하다. 또 반복적인 대답을 범주화하는데 어려움이 있을 수 있다. 의견이 진정으로 받아들여지면 범주 3으로 볼 수 있지만, 교사의 기계적인 반복을 수용으로 보기는 애매하다. 명령(6)과 비판(7)을 구분하기가 곤란하다. 때문에 관찰자는 동일한 판단기준으로 명확하게 구분해야 하고, 필요한 경우 교사나 학생들과 면담을 통해 그 상황을 구체화해야 한다.

그러나 수업의 80~90% 이상은 여러 관찰자가 범주 구분에 동의할 수 있는 것으로 나타났다. 범주 할당에 15% 정도는 불일치가 있으며, 주로 2, 3, 8, 9에 해당되었다(Wragg, 2012).

표 분석 예시

	1	2	3	4	5	6	7	8	9	10	계
1											
2			1								1
3			1						1		2
4				1					1		2
5											0
6		1							1		2
7						1					1
8							7				7
9		1							2		3
10						1	1				2
계		2	2	1	0	9	1	0	3	2	20

위의 행렬표는 교사와 학생의 언어 상호작용을 100가지로 분류한 예시이다. 행이 선행행동이고 열이 곧 이어서 일어난 후속행동을 의미한다. 예를 들면, 8행 7열 칸에 빈도가 7개 있으면 이것은 학생의 단순답변(8) 직후에 교사가 야단친 것(7)이 3초를 기준으로 7회 있었음을 의미한다.

매트릭스에 표시된 빈도가 의미하는 바를 다음과 같이 해석할 수 있다(김종서 외, 1983; 김학수, 1996; 박외식, 2000).

아래 매트릭스에 표시된 음영부분은 '내용영역'이라고 부른다. 왜냐하면 이 영역의 빈도는 교사의 강의 및 질문, 즉 지식내용강조 정도를 나타내기 때문이다.

표 내용영역

	1	2	3	4	5	6	7	8	9	10
1				■	■					
2				■	■					
3				■	■					
4	■	■	■	■	■	■	■	■	■	■
5	■	■	■	■	■	■	■	■	■	■
6				■	■					
7				■	■					
8				■	■					
9				■	■					
10				■	■					

아래 매트릭스에 표시된 음영부분은 교사가 학생의 느낌을 받아들이고 학생들의 발언을 명백히 해 주며 칭찬하거나 권장을 하고 학생들의 생각을 이용하는 영역으로 교사에 의한 '계속적인 비지시적 영향'을 나타낸다.

표 계속적인 비지시적 영향

	1	2	3	4	5	6	7	8	9	10
1	■	■	■							
2	■	■	■							
3	■	■	■							
4										
5										
6										
7										
8										
9										
10										

아래 매트릭스에 표시된 음영부분은 교사가 계속적인 비판이나 지시를 나타내는 영역이다. 이 영역에 빈도수가 많으면 계속적으로 지시적인 영향을 학생에게 주며, 권위적인 교사의 자세가 있음을 의미한다.

표 계속적인 지시적 영향

	1	2	3	4	5	6	7	8	9	10
1										
2										
3										
4										
5										
6						▨	▨			
7						▨	▨			
8										
9										
10										

아래 매트릭스에 표시된 음영부분은 학생이 말하는 것에 대한 교사의 반응을 나타낸다. A부분은 학생이 말한 것에 대한 교사의 '비지시적인 영향'을 의미하며, B부분은 '지시적인 영향'을 의미한다.

표 학생응답에 대한 교사의 반응

	1	2	3	4	5	6	7	8	9	10
1										
2										
3										
4										
5										
6										
7										
8	A	A	A	A	B	B	B			
9	A	A	A	A	B	B	B			
10										

아래 매트릭스에 표시된 음영부분은 교사나 학생이 발언한 직후에 '학생들의 반응'을 나타낸다. A부분은 교사의 말이 학생에게 발언하도록 자극시켰음을 나타낸다. B부분은 두 가지로 해석할 수 있다. 한 학생이 길게 혼자서 이야기함을 나타내는 것, 또는 여러 학생이 계속적으로 말하는 것을 뜻한다.

표 교사발언에 대한 학생의 반응

	1	2	3	4	5	6	7	8	9	10
1										
2								A		
3										
4										
5										
6										
7										
8								B		
9										
10										

아래 매트릭스에 표시된 음영부분은 '항정상태(steady state)'를 나타낸다. 어떤 행동이든지 그것이 3초 이상에 걸쳐서 계속이 되면, 이 칸에 기록이 된다.

표 항정 상태

	1	2	3	4	5	6	7	8	9	10
1	■									
2		■								
3			■							
4				■						
5					■					
6						■				
7							■			
8								■		
9									■	
10										■

이밖의 모든 칸들은 한 행동에서 다른 행동으로 전이(transition)를 나타낸다.

수업에서 가장 자주 나타나는 패턴이나 주요한 흐름을 만드는 패턴을 찾을 수 있다. 이것을 각각 주패턴과 부패턴이라고 하고 주패턴과 부패턴에 포함된 셀을 이동칸(move)이라고 한다. 이러한 패턴은 다음과 같은 절차를 통해 도출할 수 있다(김종서 외, 1983; 김학수, 1996; 박외식, 2000).

① 매트릭스에서 빈도수가 가장 많이 나타난 칸을 찾는다. 이 칸은 전이 칸(a trasition cell)이어야 하며 항정상태 칸(a steady state cell)은 제외된다. 이것이 최초의 이동 칸(move)이 된다.

② 만일 빈도수가 가장 많은 칸이 둘 이상 있으면 최초의 이동 칸은 행의 총계가 가장 많은 칸으로 한다.

③ 행의 총계가 같은 경우는 열의 총계가 많은 칸을 최초의 이동 칸으로 한다.

④ 최초의 이동 칸의 열의 범주와 같은 범주를 행에서 찾는다. 이 행의 각 전이 칸 중에서 빈도수가 가장 많은 칸을 찾는다. 이것이 두 번째의 이동 칸이 된다. 이 때, 새로 찾은 전이 칸의 빈도수는 최초의 빈도수의 50% 이상이 되어야 한다.

⑤ 세 번째의 이동 칸의 발견은 ④와 같은 방법이다. 즉, 두 번째의 이동 칸의 열이 지시하는 범주를 행에서 찾고 그 행의 각 전이 칸 중 빈도수가 가장 많은 것을 세 번째 이동 칸으로 한다. 이 때에 세 번째 이동 칸의 빈도수는 두 번째 이동 칸의 50% 이상이 되어야 한다.

⑥ ①부터 ⑤와 같은 방법으로 이동 칸을 연결시키되 다음 칸의 빈도수가 전의 칸의 빈도수의 50%를 충족시킬 수 없을 때 주패턴은 종결된다. 따라서 두 번째 이동 칸의 빈도수가 최초의 이동 칸의 빈도수의 50% 이상을 충족시키지 못하면 주패턴은 없는 것이다.

	1	2	3	4	5	6	7	8	9	10	계
1											
2		10	12	18	10	5	2		1	10	68
3				9	6	2				1	18
4				6		2		32	2	12	54
5			2		7	43	2	1		10	65
6				1		6		2	3	22	34
7				3	2	3				1	9
8		30	4	6	2		1	22	3	25	93
9		4	5	3			1		3		16
10		20	1	10	5	18	4	19		205	282
계		64	24	56	32	79	10	76	12	286	639

위의 예시에서 나타난 범주 행렬은 5−6, 6−10, 10−2, 2−4, 4−8, 8−2 이므로, 주패턴은 5−6−10−2−4−8−2 가 된다.

⑦ 주패턴을 구성하고 있는 어떤 이동 칸의 빈도수와 같거나 많은 빈도수가 전이 칸에 있으면 이 전이 칸은 부패턴의 전이 칸이 될 수 있다. 이 때의 부패턴의 발견 절차는 주패턴 발견 절차와 같으나 부패턴에 있어서는 두 번째의 이동 칸이 주패턴과는 달리 50% 이상의 기준을 만족시킬 필요는 없다. 50%의 기준은 두 번째 이동칸에 한하여서는 적용시키지 않는다. 세 번째 이후의 이동 칸은 주패턴과 마찬가지로 그 빈도수가 앞의 이동 칸의 빈도수의 50% 이상이 되어야 한다.

	1	2	3	4	5	6	7	8	9	10	계
1											
2		10	12	(18)	10	5	2		1	10	68
3				9	6	2				1	18
4				6		2		(32)	2	12	54
5			2		7	(43)	2	1		10	65
6				1		6		2	3	(22)	34
7				3	2	3				1	9
8		(30)	4	6	2		1	22	3	△25	93
9		4	5	3			1		3		16
10		(20)	1	10	5	△18	4	19		205	282
계		64	24	56	32	79	10	76	12	286	639

위의 예시에서 나타난 범주 행렬은 8−10, 10−6이므로, 부패턴은 8−10 −6 이 된다.

⑧ 수업형태를 해석할 때는 행의 범주만을 기준으로 한다. 왜냐하면 행이 선행된 행동이고 열이 이에 후속하는 행동이기 때문이다.

⑨ 항정상태의 어떤 칸이 주패턴이나 부패턴의 어떤 이동 칸보다 빈도수가 많거나 같으면 점선으로 이동 칸에 연결하여 연장된 패턴을 나타낼 수 있다. 단 이 경우에 항정상태의 그 칸은 이동 칸과 같은 행이나 열에 있어야 한다.

⑩ 형태의 연장에 포함되지 않은 항정상태의 칸 중에서 이동 칸보다도 빈도수가 같거나 많은 칸이 있으면 이것은 매개 칸(a connected cell)이 되어 연장된 수업패턴을 나타낼 수 있다. 주패턴 및 부패턴에 연결될 가능성이 있는 칸이 많으면 빈도수가 많은 칸을 매개 칸으로 한다. 매개 칸 및 주패턴과 부패턴에 연결시키는 방법은 주패턴을 발견하는 ①부터 ⑥까지와 같다.

관찰 결과에 대한 신뢰도를 확보하기 위해 신뢰도계수를 산출할 수 있다. 이것은 2인의 관찰자간, 또는 동일수업을 2회 기록하였을 때의 범주별 빈도수의 일치 정도를 말한다. 즉 관찰자신뢰도이다. 신뢰도계수는 스콧계수라고 하며 0.85이상이 되면 관찰기록은 모두 믿을 수 있다고 본다. 스콧계수의 산출방법의 예를 들면 다음과 같다 (변영계 외, 2011).

표 관찰자 신뢰도 산출

범주	관찰자 A 관측 빈도	관찰자 B 관측 빈도	관찰자 A 관측%	관찰자 B 관측%	비율차이 D%	M^2 %
1	15	10	4.2	2.7	1.6	0.120
2	2	6	0.6	1.6	1.0	0.012
3	24	30	6.8	8.0	1.2	0.548
4	28	22	7.9	5.9	2.1	0.476
5	70	94	19.8	25.1	5.2	5.039
6	4	5	1.1	1.3	0.2	0.015
7	2	5	0.6	1.3	0.8	0.009
8	150	128	42.5	34.1	8.4	14.679
9	42	55	11.9	14.7	2.8	1.764
10	16	20	4.5	5.3	0.8	0.243
계	353	375	100.0	100.0	24.1	22.905

※ D%는 관찰자A 관측비율과 관찰자B 관측비율 차이의 절대값: |%A~%B|

※ $M^2\% = \{(\%A + \%B) \div 2\}^2$을 비율로 환산

스콧계수(Scott's coefficient)를 π라고 하면, 이를 산출하기 위한 공식은 다음과 같다.

$$\pi = \frac{P_O - P_e}{100 - P_e}$$

$$P_e = \Sigma M^2\%$$

$$P_O = 100 - \Sigma D\%$$

위에 제시된 관찰 예시 자료에서 관찰자A와 관찰자B의 관찰 결과의 신뢰도 계수를 산출하면 다음과 같다. 따라서 위의 관찰결과는 신뢰할 수 없기 때문에 추가적인 분석이나, 제3자의 관찰이 이루어질 필요가 있다.

$$\pi = \frac{(100 - 24.1) - 22.905}{100 - 22.905} = 0.69$$

마. 수업평가측정시스템(Classroom Assessment Scoring System, CLASS)

교사의 성과를 측정하는 양적 측정 도구로서 Pianta 등(2008)이 고안한 CLASS(Class room Assessment Scoring System)가 있다. CLASS는 아동교육에 사용하기 위해 개발된 표준화 관찰 도구이다. 수업평가측정시스템(Classroom Assessment Scoring System, CLASS)은 수업의 질을 평가하기 위해 개발되었다. CLASS 시스템은 유아 발달에 관한 국가 연구의 일환으로 시작되었다. 교육 정책이 교사의 책무성을 강조하는 방향으로 흘러감에 따라 이러한 접근은 미국 전역에서 활용되었다.

CLASS는 수업에서 교사와 학생의 상호 작용을 측정하고 주제 영역 및 학생연령별로 상호 작용을 확인하는 도구이다. CLASS는 다양한 버전을 통해 유치원에서부터 고등학교 수업에 이르기까지 적용할 수 있는 평가도구이다.

CLASS는 교실 상호 작용을 범주화하기 위한 개념적 틀과 세 가지 질적 영역, 즉, 정서적 지원, 학급 조직, 교육지원 등으로 구성된다(Pianta and Hamre, 2009 : 111).

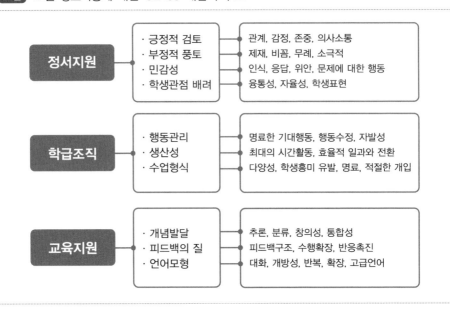

CLASS(Classroom Assessment Scoring System)는 학생들의 학습을 위한 핵심으로 교사와 학생들 간의 상호 작용 패턴에 중점을 두었다(Bell et al. 2012, Hafen et al., 2015, Hamre et al., 2013). 미국에서의 다양한 연구를 통해 효과성에 대한 경험적 및 이론적 근거가 형성되었다(Pressley et al., 2003; Allen et al., 2013; Sandilos & DiPerna, 2014).

CLASS는 교실 상호 작용을 정서적, 조직적, 교육적 영역으로 제시한다(Pianta & Hamre, 2009).

첫 번째 영역인 정서적 지원은 개인에게 관련된 필요를 충족시키는 것이 중요하다는 애착이론(Bowlby, 1979)과 자기 결정 이론(Connell & Wellborn, 1991)에서 추출한 것이다(Deci & Ryan, 2000). CLASS는 정서적인 지원 영역을 교실에서 따뜻하게 돌보는 관계, 학생의 학업·행동·정서적 필요에 대한 교사의 감각, 그리고 교사 및 학생의 관점과 생각으로 특징짓는다(Hamre et al., 2013). 최근의 연구에 따르면 높은 수준의 조직 및 교육 지원은 높은 수준의 정서적 지원에 달려 있다고 밝혀졌다

(Hagelskamp, Brackett, Rivers, & Salovey, 2013).

두 번째 영역인 조직 지원은 학생을 학습 활동에 참여시키는 것을 목표로 교실에서 이루어지는 예측 가능하고 효율적이며 목표 지향적인 활동과 훈육을 말한다(Hamre, Pianta, Mashburn, & Downer, 2007). 조직 지원 영역에는 명확한 기대, 일과, 긍정적으로 강화된 규칙(Gettinger & Walter, 2012), 바람직한 행동을 장려하고 잘못된 행동의 방지 및 전환하여 학습 시간을 극대화하는 교사의 전략적 행동 관리가 포함된다(Pianta et al., 2012). 조직 지원 수준이 높은 수업은 학생들이 무례한 말이나 문제 행동 없이 한 활동에서 다른 활동으로 원활히 전환된다(Pianta, et al., 2012). 명확한 구조를 가진 교실은 학생들의 자기조절 능력을 지원하는 것으로 밝혀졌으며, 이는 다시 학습에 긍정적인 기여를 한다(Paris & Paris, 2001).

세 번째 영역인 학습 지원은 인지학습 이론(Yilmaz, 2011)에서 유추되었으며, 학생들의 적극적인 참여와 학생들의 사고를 이해하는 데 초점을 맞춘 효과적인 교육을 지원한다. 효과적인 교육지원은 교사가 학생들이 일반적으로 잘못 이해하는 측면을 인식하고, 학생들이 쉽게 접근할 수 있도록 내용을 변형하고, 은유, 유추, 문제 등을 활용한 다양한 활동을 제시한다(Gibbs & Poskitt, 2010). 수준 높은 학습지원을 받는 교실은 수업을 흥미롭게 유지함으로써 고차원적 사고를 적극적으로 촉진하고, 학습 및 이해를 넓히는 피드백을 제공한다(Pianta, et al., 2012). 인지적으로 자극하는 교실 환경은 학생들의 고차원적 사고 능력을 향상시키고 인지 발달을 강화하는 것으로 나타났다(Hamre et al., 2007).

CLASS의 다양한 버전은 교실 상호 작용을 평가하기 위해 널리 사용되어 왔고 여러 국가적, 문화적 맥락에서 검증되었다(Leyva et al., 2015, Pakarinen et al., 2010, Reyes, Brackett, Rivers, White, & Salovey, 2012).

CLASS는 관찰자가 교사와 학생을 10분~15분 동안 3~4번 관찰하며, 관찰은 행동과 반응의 유형에 따라 평가된다. 그러나 이것은 측정에 목적이 있기보다는 교사와 학생 간의 전반적인 관계를 향상시키기 위한 기초자료로서 관찰된다. 다음은 각 영역별 측정 기준이다(Pianta, et al., 2009).

긍정적 풍토(Positive Climate)		
	Low(1, 2)	Middle(3, 4, 5)	High(6, 7)
관계 • 물리적 근접성 • 활동 공유 • 동료 간의 지원 • 영향을 미침 • 사회적 대화	교사와 학생들이 따뜻하고 서로 지지하는 관계를 보이는 징후가 거의 없다.	교사와 학생들이 서로 따뜻하고 지지하는 관계를 보이는 징후가 있다.	교사와 학생들이 서로 따뜻하고 지지하는 관계를 보이는 많은 징후가 있다.
긍정적인 영향 • 미소 짓기 • 웃음 • 열정	교사 또는 학생의 긍정적인 영향에 대한 표시가 거의 없다.	교사 또는 학생의 긍정적인 영향이 종종 드러난다.	교사 또는 학생의 긍정적인 영향이 자주 드러난다.
긍정적 커뮤니케이션 • 언어적 애정 • 신체적 애정 • 긍정적인 기대	교사와 학생 간에 구두 또는 신체적인 긍정적 의사소통이 거의 일어나지 않는다.	교사와 학생 간에 구두 또는 육체적인 긍정적 의사소통이 종종 있다.	교사와 학생 간에 구두 또는 신체적인 긍정적 의사소통이 자주 있다.
존중 • 눈맞춤 • 따뜻하고 차분한 목소리 • 존중하는 언어 • 협력 및 공유	교사와 학생들은 존경심을 표하는 경우가 거의 없다.	교사와 학생들은 서로에 대한 존경심을 종종 나타낸다.	교사와 학생들은 지속적으로 서로에 대한 존경심을 나타낸다.

	Low(1, 2)	Middle(3, 4, 5)	High(6, 7)
부정적 영향 • 과민 반응 • 분노 • 거친 목소리 • 동료 간 공격성 • 단절 또는 부정성의 증대	교사와 학생들은 부정적인 영향을 미치는 경우가 거의 없다.	교실은 교사 또는 학생의 과민성, 분노, 기타 부정적인 영향이 경미하게 나타난다.	교실은 교사 또는 학생의 지속적인 과민성, 분노, 기타 부정적인 영향을 나타낸다.
처벌적 관리 • 고함 • 위협 • 물리적 통제 • 가혹한 처벌	교사는 학급 관리를 위해 위협을 하거나 고함을 지르지 않는다.	교사는 학급 관리를 위해 때로는 위협이나 고함과 같은 부정적 표현을 사용한다.	교사는 학급 관리를 위해 학생들에게 반복적으로 소리치거나 위협한다.
빈정거림이나 무례함 • 비꼬는 목소리나 발언 • 놀리는 행위 • 창피주기	선생님과 학생들은 비꼬거나 무례하지 않다.	교사 또는 학생은 때로 빈정거리거나 불손하다.	교사 또는 학생들은 반복적으로 비꼬거나 무례하다.
심각한 부정성 • 희생양 • 괴롭힘 • 신체적 처벌	교사와 학생 간에 심각한 부정적 사례는 없다.	교사와 학생 간에 심각한 부정적인 사례의 징후가 있다.	교사와 학생 또는 학생 간에 심각한 부정적 사례가 있다.

민감성(Teacher Sensitivity)			
	Low(1, 2)	Middle(3, 4, 5)	High(6, 7)
인식 • 문제를 예상하고 적절하게 계획 • 이해 부족 또는 어려움에 대한 인지	교사는 추가 지원, 도움, 주의가 필요한 학생을 지속적으로 인식하지 못한다.	교사는 때때로 추가 지원, 도움, 주의가 필요한 학생을 알고 있다.	교사는 추가 지원, 도움, 주의가 필요한 학생들을 지속적으로 알고 있다.
민감도 • 감정의 수용 • 편안함과 도움 제공 • 개별화된 지원 제공	교사는 학생에게 반응이 없거나 거부하며, 학생 개인의 필요에 상관없이 모든 학생들에게 동일한 수준의 지원을 제공한다.	교사는 학생들에게 종종 반응하지만 더 높은 빈도로 무시하거나 반응이 없으며, 일부 학생들의 필요와 능력에 따른 지원이 다른 학생들에게는 맞지 않는다.	교사는 학생들에게 일관되게 반응하고 학생의 필요와 능력에 대한 지원을 한다.
문제처리 • 효과적이고 시기적절한 방법으로 도움을 줌 • 문제 해결에 도움	교사는 학생들의 문제와 걱정을 해결하는 데 효과적이지 않다.	교사는 종종 학생들의 문제와 걱정을 효과적으로 해결해 준다.	교사는 학생들의 문제와 관심사를 지속적이고 효과적으로 대처한다.
학생 지원 • 지원 및 안내 • 자유로운 참여 • 도전	학생들은 교사의 질문에 대한 답변이나 지원, 아이디어 공유를 거의 하지 않는다.	학생들은 교사의 질문에 대한 답변, 지원, 아이디어 공유를 종종 한다.	학생들은 교사에게 자유롭게 응답하고 생각을 공유하며, 지원을 구한다.

학생관점 배려(Regard for Student Perspectives)			
	Low(1, 2)	Middle(3, 4, 5)	High(6, 7)
유연성 및 학생 중심 • 유연성 • 학생의 아이디어 반영 • 학생 중심	교사는 엄격하고 융통성이 없으며 계획을 통제하고 학생의 아이디어를 수용하지 않으며, 대부분의 교실 활동은 교사 중심이다.	교사는 일정 부분 학생이 주도하는 것에 따르지만 더 많은 빈도로 교사 중심적이다.	교사는 계획에 융통성이 있고 학생들의 아이디어와 함께 진행되며 학생들의 관심사에 대한 교육을 한다.
자율성 및 리더십 지원 • 선택 허용 • 학생들이 수업을 주도 • 학생들에게 책임감 부여	교사는 학생 자율성과 리더십을 지원하지 않는다.	교사는 종종 학생의 자율성과 리더십을 지원한다.	교사는 학생 자율성과 리더십을 지속적으로 지원한다.
학생 표현 • 학생의 발언을 장려 • 생각 또는 관점을 유도	학생의 말과 표현을 위한 기회는 거의 없다.	학생 발언과 표현이 많이 있지만, 교사 발언이 주도적이다.	학생의 발언과 표현을 위한 많은 기회가 있다.
움직임 제한 • 움직임 허용 • 비엄격성	교사는 활동 중 학생의 움직임 및 위치를 통제한다.	교사는 활동 중 학생들의 움직임과 위치를 다소 통제한다.	학생들은 활동 중에 자유롭게 움직이고 위치할 수 있다.

행동관리(Behavior Management)			
	Low(1, 2)	Middle(3, 4, 5)	High(6, 7)
명확한 행동 기대 • 명확한 기대치 • 일관성 • 규칙의 명확성	규칙과 기대치가 없거나 명확하지 않고, 일관성이 없다.	규칙과 기대는 명확하게 기술되지만 일관성이 없다.	행동에 대한 규칙과 기대는 명확하고 일관되게 지켜진다.
사전 행동 • 문제 행동 예측 • 낮은 반응성 • 감독	교사는 반응이 없으며 감독이 부재하거나 효과가 없다.	교사는 사전 대책과 사후 대응을 혼합하여 사용한다. 문제 행동의 초기증상을 감독하고 반응하지만 종종 놓치거나 무시한다.	교사는 지속적으로 사전 대책을 세우고 문제가 발생하지 않도록 효과적으로 교실을 감독한다.
잘못된 행동의 전환 • 잘못된 행동의 효과적 감소 • 긍정성 부각 • 행동전환 유도 • 효율적인 전환	잘못 행동을 전환하려는 시도가 효과가 없다. 교사는 긍정적인 행동을 부각하지 않는다. 결과적으로 잘못된 행동은 계속되고 확대되어 학습에 지장을 초래한다.	잘못된 행동을 전환하고 긍정적인 행동을 부각하는 교사의 일부 시도는 효과적이다. 결과적으로 잘못된 행동은 종종 발생하고 학습에 지장을 초래한다.	교사는 긍정적인 행동을 부각하여 잘못된 행동을 효과적으로 전환한다. 행동 통제를 위해 학습시간이 침해받지 않는다.
학생 행동 • 규칙 준수 • 공격성과 저항이 없음	교실에서 잘못된 행동이 빈번하게 발생한다.	교실에 잘못된 행동과 관련된 이야깃거리가 일부 발생한다.	교실에서 학생의 잘못된 행동과 관련된 문제가 거의 없다.

생산성(Productivity)			
	Low(1, 2)	Middle(3, 4, 5)	High(6, 7)
학습 시간 극대화 • 활동 제공 • 학습종료 시기의 선택 • 방해요소의 최소화 • 과업관리의 효과성 • 학습 페이스	학생들에게 활동이 거의 제공되지 않고 방해요소 관리 및 과업관리에 많은 시간을 소비한다.	교사는 학생들을 위한 활동에 대부분의 시간이 제공되지만, 방해요소 관리와 과업관리에 일부 학습 시간이 손실된다.	교사는 학생을 위한 활동을 제공하고 과업관리 및 방해요소를 효율적으로 처리한다.
일과 • 학생들은 해야 할 일을 알고 있음 • 명확한 지시 • 방황하는 정도	교실 일과는 불분명하다. 대부분의 학생들은 기대되는 행동을 모른다.	학생들이게 기대되는 사항을 알려주는 일과와 관련된 몇 가지 자료가 있다.	학생들은 무슨 행동이 기대되는지, 어떻게 해야 하는지 잘 알고 있다.
전환 • 간결성 • 명확한 후속 조치 • 학습 기회	전환이 너무 오래 걸리고, 빈번하고, 비효율적이다.	전환이 너무 오래 걸리거나 빈번하고 비효율적인 경우가 있다.	전환은 빠르고 효율적이다.
수업준비 • 자료의 준비와 접 근성 • 수업내용의 파악	교사는 학생들을 위한 준비된 활동이 없고, 수업준비가 이루어지지 않는다.	교사는 대부분의 활동을 준비하지만 일부 활동에 미흡하다.	교사는 활동과 수업을 위한 준비가 되어 있다.

	수업형식(Instructional Learning Formats)		
	Low(1, 2)	Middle(3, 4, 5)	High(6, 7)
효과적인 학습촉진 • 교사 개입 • 효과적인 질문 • 학생 참여 확대	교사는 학생들의 관심을 유발하고 참여를 장려하는 활동과 수업을 적극적으로 하지 않는다.	때때로 교사는 학생들의 관심과 참여를 위한 활동과 수업을 적극적으로 한다.	교사는 학생들의 참여를 확대하는 활동과 수업을 적극적으로 한다.
다양한 수업과 자료 • 청각, 시각, 운동 기회의 범위 • 흥미롭고 창의적인 자료 • 실습 기회	교사는 활동과 수업 중에 학생들의 흥미와 참여를 얻기 위해 다양한 수업형태나 자료를 사용하지 않는다.	교사는 활동과 수업 중에 학생들의 관심과 참여를 얻기 위해 다양한 양식과 자료를 사용하는데 일관성이 없다.	교사는 청각, 시각, 운동 등 다양한 방식을 사용하고 학생들에게 효과적으로 관심을 표하며 활동 및 수업 중에 적극적인 참여를 위해 다양한 자료를 사용한다.
학생 흥미 • 적극적인 참여 • 경청 • 주의집중	학생들은 수업이나 활동에 관심이 없거나 참여하지 않는다.	학생들은 일정 부분 관심과 참여를 보이지만, 지속적이지 않다.	학생들은 지속적으로 관심을 갖고 활동과 수업에 참여한다.
학습 목표의 명확성 • 선행조직자 • 요약 • 반복안내	교사는 학습 목표로 학생들을 지도하고 안내하는 것을 시도하지 않거나 실패한다.	교사는 학생들에게 어느 정도 학습 목표를 명확하게 안내하고 지도한다.	교사는 학습 목표에 대한 학생들의 주의를 효과적으로 집중시킨다.

	개념 발달(Concept Development)		
	Low(1, 2)	Middle(3, 4, 5)	High(6, 7)
분석과 추론 • '왜' 또는 '어떻게' 질문 • 문제 해결 • 예측 / 실험 • 분류 / 비교 • 평가	교사는 분석과 추론을 장려하는 토론과 활동을 거의 사용하지 않는다.	교사는 때때로 분석과 추론을 장려하는 토론과 활동을 사용한다.	교사는 분석과 추론을 장려하는 토론과 활동을 자주 사용한다.
창조성 • 브레인스토밍 • 계획 • 생산	교사는 학생들이 창의적인 생각과 결과를 만들 수 있는 기회를 거의 제공하지 않는다.	교사는 때때로 학생들이 창의적인 생각과 결과를 만들 수 있는 기회를 제공한다.	교사는 학생들이 창의적인 생각과 결과를 만들 수 있는 기회를 자주 제공한다.
통합 • 개념 연계 • 선행 지식과 통합	개념과 활동이 서로 독립적으로 제시되며 학생들은 이전 학습을 적용할 기회가 없다.	교사는 때때로 개념과 활동을 연결하고, 이전 학습에 통합한다.	교사는 지속적으로 개념과 활동을 연결하고, 이전 학습에 통합한다.
실생활과의 연결 • 실생활 응용 • 학생들의 삶과 연계	교사는 개념을 학생들의 실제 삶과 관련짓지 않는다.	교사는 개념을 학생들의 실제 삶과 관련시키는 시도를 한다.	교사는 개념을 학생들의 실제 삶과 관련시키는 시도를 지속적으로 한다.

	피드백의 질(Quality of Feedback)		
	Low(1, 2)	Middle(3, 4, 5)	High(6, 7)
비계 • 힌트 • 지원	교사는 학생들에게 비계를 제공하는 경우는 거의 없고, 반응이나 행동을 부정확하게 하고 이해하도록 지원하지 않는다.	교사는 때로는 학생들에게 비계를 제공하지만 응답을 부정확하게 하거나 이해하도록 지원하지 않는다.	교사는 학생들이 개념을 이해하고, 질문에 답하거나, 활동을 완료하는 데 어려움을 겪는 학생들을 위해 비계를 제공한다.
피드백 • 주고받기식의 피드백 • 교사의 지속성 • 후속 질문	교사는 학생들에게 형식적인 피드백만 준다.	교사와 학생 사이에 종종 피드백 절차가 있다. 그러나 일부 피드백이 형식적이다.	교사와 학생 사이에 피드백 절차가 자주 반복된다.
일련의 사고 절차 격려 • 학생들에게 생각한 것을 설명하도록 요구 • 질문에 대한 응답 및 행동	교사는 학생들에게 거의 질문하지 않거나 학생들에게 반응과 행동에 대한 생각과 근거를 설명하도록 하지 않는다.	교사는 때때로 학생들에게 질문하거나 학생들에게 반응과 행동에 대한 생각과 근거를 설명하도록 한다.	교사는 자주 학생들에게 질문하거나 학생들에게 반응과 행동에 대한 생각과 근거를 설명하도록 한다.
정보 제공 • 확장 • 명확화 • 구체적인 피드백	교사는 학생들의 이해나 행동을 확장하기 위한 정보를 거의 제공하지 않는다.	교사는 때때로 학생들의 이해 또는 행동을 확장하기 위해 추가 정보를 제공한다.	교사는 자주 학생들의 이해 또는 행동을 확장하기 위해 추가 정보를 제공한다.
격려와 긍정 • 인정 • 강화 • 학생 지속성	교사는 학생들의 참여와 지속성을 높이기 위해 학생들의 노력을 격려하지 않는다.	교사는 때때로 학생들의 참여와 지속성을 높이기 위해 학생들의 노력을 격려한다.	교사는 자주 학생들의 참여와 지속성을 높이기 위해 학생들의 노력을 격려한다.

언어모형(Language Modeling)		
Low(1, 2)	Middle(3, 4, 5)	High(6, 7)
빈번한 대화 • 주고받기식의 대화 • 연계 반응 • 동료 대화 교실에 대화가 있는 경우는 거의 없다.	교실에는 대화가 제한되어 있다.	교실에서 자주 대화하고 있다.
개방형 질문 • 질문에 한 단어 이상의 응답이 필요 • 학생 응답 교사의 질문은 대다수가 폐쇄형 질문이다.	교사는 개방형, 폐쇄형 질문을 혼합하여 질문한다.	교사는 많은 개방형 질문을 한다.
반복 및 확장 • 반복 • 확장 / 정교화 교사가 학생의 반응을 반복하거나 확장하는 경우가 거의 없다.	교사는 때때로 학생들의 반응을 반복하거나 확장한다.	교사는 자주 학생들의 반응을 반복하거나 확장한다.
교사 및 학생에 대한 발언 • 언어로 자신 행동을 구조화(map) • 언어로 학생 행동을 구조화(map) 교사는 설명을 통해 자신의 행동과 학생의 행동을 거의 구조화하지 않는다.	교사는 때때로 자신의 행동과 학생의 행동을 설명을 통해 구조화 한다.	교사는 설명을 통해 자신의 행동과 학생의 행동을 일관되게 구조화한다.
고급 언어 • 다양한 단어 • 친숙한 단어 또는 사고에 연결 교사는 학생들에게 고급 언어를 사용하지 않는다.	교사는 때때로 학생들에게 고급 언어를 사용하기도 한다.	교사는 자주 학생들에게 고급 언어를 사용한다.

측정은 1에서 7사이의 연속된 등급 척도(1-2 낮은 수준, 3-5 중간 수준, 6-7 높은 수준)로 이루어진다. 수업은 2회 이상 관찰될 필요가 있고, 이를 통해 측정 결과의 검사-재검사 신뢰도를 확인해야 한다.

영상 녹화는 교사와 학생들을 담을 수 있어야 한다. 수업을 코딩하기 위해서 전체 수업을 10분~15분 정도의 3개 사이클로 분리한다(30분~45분 수업 기준). 한 사이클 내에서 상호작용에 주의하면서 기준에 따라 코딩을 한다. 각 사이클마다 평가기준에 따른 분리된 측정지를 사용한다. 코딩을 하는 사람은 CLASS를 잘 이해한 숙련자가 해야 한다. 코딩은 2명 이상이 수행해야 하며, 최종적으로 코딩한 결과에 대한 일치도가 80% 이상이 되어야 한다. 따라서 코딩과정에서 상호 피드백을 주어야 하고, 불일치 사항에 대해 논의해야 하며, 코딩 기준이 명확하게 적용되어야 한다.

Pianta와 Hamre(2009 : 113)는 CLASS의 개념적 틀에 대한 개괄적인 내용과 그것이 실제로 어떻게 작동하는지를 설명하였다.

> CLASS 구조는 발달적 변화(developmental change)의 본질(nature)과 조정 (regulator)에 대한 이해로 시작하여, 교실 환경과 교사-학생 상호작용의 분석에 그 이해를 적용하고, 수업 및 교육 효과에 대한 문헌과 그 이해를 다시 연관시킨다. 그리고 측정(measurement)된 결과를 드러낼 수 있도록 분석결과를 조직한다. … CLASS 모델은 기본 발달 과정과 연결된 행동의 의미 있는 패턴에 관한 분명한 가설을 제기해 준다. 패턴에 의해 교사-학생 상호작용의 의미 있는 단위가 조직되며, 그것은 측정 가능한 상호 작용 유형의 토대가 된다.

CLASS와 같은 양적인 관찰 도구는 효과적인 교사 행동, 교사-학생 상호 작용을 측정하려고 한다. 즉, 교실에서 교사가 학습 과정에 긍정적인 영향을 미치는 행동은 무엇인가, 그리고 이것을 어떻게 확산할 수 있는지에 관심을 갖는다.

이러한 접근은 교사와 학습자의 행동이 모호하지 않고 투명하게 관찰될 수 있다는 관점에 따라 교실에서 일어나는 일을 계량화하는 실증주의(positivist philosophy)에 뿌리를 둔다.

CLASS를 사용에 대한 교실의 표집 규모는 약 2,500개이다. 따라서 교사 행동 관찰에 대한 양적 접근 방식이 신뢰도와 타당도를 갖는다는 주장에 무게를 더했다(Pianta and Hamre 2009).

CLASS와 같은 관찰 도구는 교실에서 어떤 유형의 행동과 상호 작용이 발생하는지를 기록하는 데 유용할 수 있지만, 왜 그것들이 발생하는지를 기록하는 데에는 한계가 있다. 교사 및 학습자가 데이터 수집에 적극적인 참여자가 아니고, 교실 사건들을 설명할 수 있는 기회가 주어지지 않는다면, 오로지 관찰자의 설명에 의존해야 하며 이는 신뢰성 및 타당성을 훼손할 수 있다(O'Leary, 2014).

바. 엑서터 수업관리 기법(Exeter Primary Class Management Schedule -Exeter schedule)

Exeter University의 교수인 Wragg는 교사가 학생 행동을 관리하는지를 관찰하기 위해 고안한 기호 체계를 소개하였다. 이를 엑서터 수업관리 기법(Exeter Primary Class Management Schedule-Exeter schedule)이라고 하며 구체적으로 소개하면 다음과 같다(Wragg, 2012, pp 44-48).

이것은 두 부분으로 구분되는데, 첫 번째는 학생들의 잘못된 행동에 대한 것으로 교사는 그것에 어떻게 반응하는지, 아니면 반응하지 않는지를 다룬다. 두 번째는 관찰자가 학생들이 과업에 얼마나 참여하는지, 그리고 그들이 잘못된 행동을 하는지를 분석하는 개별 학생 연구로 구성된다.

전체 절차의 축약된 형태를 제시하면 아래와 같다.

관찰자가 매 1.5분에 기록하는 일련의 범주로 구성된다. 숙련된 관찰자라면 해당 시간 단위(1.5분)의 범주를 확인하는 데 약 30~40초면 충분할 것이다. 굵은 선은 처음 3개의 시간 단위와 나머지의 구분을 용이하게 하기 위한 것이다(Wragg, 2012).

표 잘못된 행동 유형

내용	시간				
	1분 30초	1분 30초	1분 30초	1분 30초	1분 30초
시끄럽거나 부적절한 발언	/				
부적절한 움직임	/				
자료의 부적절한 사용					
자료 / 장비 손상					
허락 없이 어떤 것을 다루기	/				
다른 학생에게 신체적 공격					
교사에 대한 반항	/				
행동 거부					

위에 표시된 교실은 시끄럽거나 부절적한 잡담, 부적절한 움직임, 허락 없이 다른 학생으로부터 무언가를 가져온 다음 교사의 말을 무시하는 수업 상황을 나타낸다.

보통 관찰자가 수업의 여러 상황을 한 범주에만 기록하게 된다. 관찰자는 그 관찰 시간 동안 가장 우세한 활동 유형을 결정해야 한다. 각 1분 30초의 시간 단위에서 단 하나의 선택만이 체크된다.

다음은 수업의 연속적인 상황을 표시한 것이다.

표 수업활동

내용	시간				
	1분 30초	1분 30초	1분 30초	1분 30초	1분 30초
교사 단독 활동	/				
교사–학생 상호작용		/	/		
학생 활동, 교사 감독					/
학생 활동, 교사는 감독하지 않음					
이동 없는 전환				/	
이동과 함께 전환					

위에 표시된 수업활동을 해석해 보면, 처음 수업의 시작은 교사가 전체 학생들에게 이야기를 하였고, 두 번째와 세 번째 부분에서는 교사와 학생의 상호작용이 있었고, 네 번째 부분에서는 전환이 발생하여 학생들이 그룹 활동을 하였고, 다섯 번째 부분에서는 교사가 학생들의 활동을 모니터하면서 주위를 돌아다닌 것을 알 수 있다.

엑서터 수업관리 기법은 학생의 잘못된 행동을 다루면서, 잘못 행동하는 학생이 전혀 없었는지, 잘못된 행동을 하는 학생이 몇 명인지 기록한다. 잘못된 행동이 발생하면, 관찰자는 교사의 반응을 더불어 기록한다. 그 교사의 반응이 학급 전체에게 이루어지는지, 소집단인지, 개인인지를 구분하며, 잘못된 행동이 확대되기 전에 반응하는지 확대된 후에 반응하는지도 기록한다.

다음은 교사의 반응을 설명하는 일련의 범주이다.

표 교사 반응

내용	시간				
	1분 30초	1분 30초	1분 30초	1분 30초	1분 30초
중단할 것을 명령					
학생 이름 호명					
꾸짖음					
학생을 과업에 참여시킴					
접근하기(학생에게로 가기)					
접촉					
유머					
칭찬 / 격려					

그 다음은 학생 반응을 기록한다. 학생들이 침묵했는지, 언쟁을 벌였는지, 항의했는지, 그리고 그 잘못된 행동이 중지되었는지, 줄었는지, 동일하게 유지되었는지, 증가했는지 등을 기록한다. 관찰자는 발생한 범주를 체크한다. 이런 방식으로 여러 개의 수업 과정이 관찰된 후에, 관찰자는 수업의 분석표를 작성할 수 있다.

엑서터 기법의 첫 번째 섹션에서는 체크리스트 방식을 사용하여 전반적인 교실 사건들을 기록한다. 두 번째 섹션에서는 개별 학생에 관한 정보를 보충하기 위해, 학생을 한 명씩 연구한다. 이를 위해서는 개별 학생을 표현할 수 있는 다른 종류의 기록지가 필요하다. 관찰자는 20초 동안 한 학생에게 집중해야 하며, 이런 식으로 모든 학생을 관찰한다.

각각의 경우 관찰자는 두 가지 결정을 내린다. 즉, 주어진 과업에 대한 참여 차원에서 상중하 수준을 결정하고, 그 학생이 잘못 행동하지 않았는지를 상중하 수준으로 결정한다. 아래 기록지는 20초 관찰시간을 기준으로 6명의 학생들을 기록하기 위한 기록지이다.

학생의 과업 참여 수준을 결정하는 기준은 그 학생이 그 과제에 참여한 것으로 보이는 시간이다. 하 수준은 0−6초, 중 수준은 7−13, 상 수준은 14−20초이다. 잘못된 행동은 '없음', 시끄럽거나 부적절한 잡담과 같은 사소한 문제인 경우는 '경미'로, 신체적 공격, 교사 위협, 기물파손 등은 '심각'으로 코딩된다. 이러한 모든 기준은 관찰자가 미리 숙지해야 한다.

표 개별 학생의 참여 및 일탈

학생	참여 수준			일탈 수준		
	하	중	상	없음	경미	심각
01	/			/		
02			/	/		
03		/			/	
04		/		/		
05			/	/		
06	/					/

이 기록지에서 학생 1은 그 과업에 참여하지는 않지만 잘못된 행동을 하지는 않고 있음을 보여 주고, 학생 6은 과업에 참여하지 않고 심각한 잘못된 행동을 하고 있음을 보여 준다. 참여도가 높은 학생들은 일반적으로 잘못된 행동을 하지 않는 경향이 있지만, 이 기록지를 통해 그 양상을 확인할 수 있다. 학생들이 잘못된 행동을 하는 게 아니라 단순히 조용히 앉아있을 때가 있는데 이 역시 주목해야 한다. 그러나 이러한 양적 분석에서는 제한적일 수밖에 없다(Wragg, 2012). 문제를 일으키는 학생과 더불어 학생 1과 같은 상황에 교사는 더 관심을 기울일 필요가 있다.

사. TIMSS 비디오 연구

국제 교육성취도 평가 협회(The International Association for the Educational Achievement; IEA)의 수학·과학 성취도 추이 변화 국제 비교 연구(Trends in International Mathematics and Science Study, TIMSS)는 전 세계 학생들의 수학과 과학 역량을 평가한다. 참여 학생은 경제 개발 수준, 지리적 위치, 인구 규모 등에서 차별화되는 다양한 교육 시스템을 배경으로 한다. 참여하는 각 교육 시스템에서 최소 4,500~5,000명의 학생이 평가된다. 학생들이 수학, 과학을 배우는 상황이 다르기 때문에 이에 대한 추가적인 설문 조사도 이루어졌다.

TIMSS는 전 세계 학생들의 교육적 성취를 비교하고 효과적인 교육 정책을 수립할 수 있도록 각국의 경험을 배우도록 하는 것을 목표로 한 IEA의 연구 활동이다. 이 평가는 1995년에 처음 실시되었으며 이후 4년마다 시행되었다. 현재 1995년부터 2015년의 평가 자료가 누적되어 있다. TIMSS는 4학년과 8학년 학생을 평가하고, TIMSS Advanced는 고등 수학 및 물리학을 중등학교 마지막 학년 학생에게 평가한다.

특히, 수업관찰이 이루어진 TIMSS 1999 Video Study는 7개국에서 8학년 수학과 과학 교육을 연구하였다. 이 연구는 1천 개가 넘는 교실에서 수업을 비디오 촬영하고 분석하였는데, IEA와 함께 미국 교육 통계 센터와 미 교육부에서 수행했다(https://en.wik ipedia.org). 참가국은 호주, 체코 공화국, 홍콩, 네덜란드, 스위스, 미국이었다. 과학 부분에 참여한 국가는 호주, 체코, 일본, 네덜란드, 미국이었다. 국제 수학 보고서는 2003년에 발표되었고, 국제 과학 보고서는 2006년에 발표되었다.

TIMSS 1999 비디오 연구의 목표는 다음과 같다(http://www.timssvideo.com).

- 교실에서 수학 및 과학 교육의 실제를 조사한다.
- 성취도가 높은 국가와 다른 국가의 교수법을 비교한다.
- 수학 및 과학 교육에 대한 새로운 아이디어를 발견한다.
- 교사의 전문성 개발을 위한 새로운 교수법을 연구하고 도구를 개발한다.
- 교육자, 정책 입안자 및 대중 사이에 수업에 대한 토론을 활성화한다.

연구절차를 살펴보면, 먼저 각 나라마다 적어도 100개의 학교가 무작위로 선정되었다. 참여에 동의한 각 학교에서 수학 수업 1회, 과학 수업 1회가 녹화되었다. 교사와 학생 설문지, 수업에 사용된 활동지, 교과서 등이 녹화된 수업의 보완자료로 활용되었다. 두 개의 디지털 비디오 캠코더가 각 수업 촬영에 사용된다. 한 카메라는 교사에게 고정되고, 다른 카메라는 주로 학생들에게 고정된다. 비디오 데이터는 각 국의 수학 및 과학 교육을 설명하기 위해 강의의 다양한 측면을 코딩하며, 각 연구 그룹에 의해 검토된다. 코딩 결과는 통계적으로 분석되어 보고된다.

특히 카메라 위치를 표준화하기 위해 노력했는데, 언제든지 교사, 학생 또는 칠판에 집중할 수 있도록 표준화된 방식을 사용하였다. 표준 절차를 따르지 않으면 수업에서 일어나는 일에 대한 견해가 왜곡될 수 있고, 검토하지 못하는 부분이 생길 수 있기 때문이다.

다음은 TIMSS 비디오와 관련된 연구를 수행한 UCLA 프로젝트 사이트에 수록된 카메라 배치 및 촬영방법에 대한 매뉴얼의 내용 일부를 정리한 것이다(http://www.timssvideo.com).

① 카메라 배치

몇 가지 예시적인 상황을 통해 다양한 교실 환경에서 카메라를 배치할 위치를 설명하고 있다.

가) 상황 1: 문 반대편의 창, 앞쪽의 칠판, 정면을 마주하고 움직일 수 있는 학생용 책상

이 상황은 아마도 가장 일반적인 교실환경일 것이다. 교사용 카메라를 창가 쪽에서 정면의 1/3 위치에, 학생용 카메라를 바로 앞에 배치하여 뒤쪽 학생들을 촬영한다. 교사와 학생들이 하는 활동을 녹화할 수 있는 위치로 삼각대를 활용한다.

그림 상황 1의 카메라 배치

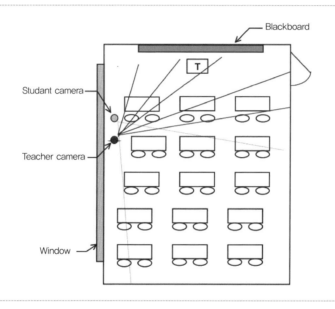

출처: http://www.timssvideo.com

나) 상황 2: 정면의 칠판, 한쪽 면의 창, U자 모양으로 배열된 학생 책상

이 상황에서는 1/3 시야 원칙을 적용할 수 없다. 교사용 카메라를 교사와 칠판을 잘 볼 수 있는 위치에 놓아야하며, 학생들의 시선을 가리지 않아야 한다. 학생용 카메라를 교사용 카메라가 보이지 않는 앞쪽 구석에 놓는다. 학생들의 머리가 시야를 가리지 않도록 학생용 카메라를 최대한 높게 설치해야 한다.

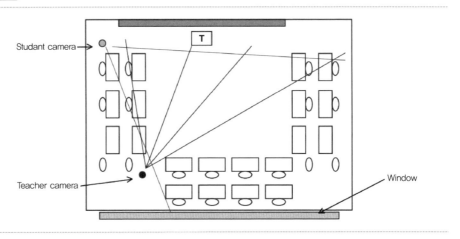

출처: http://www.timssvideo.com

다) 상황 3: 학생들이 그룹으로 앉아 있고, 양 측면에 창문

이 상황에서는 1/3의 시야가 적용될 수 있다. 교사를 잘 볼 수 있도록 교사용 카메라를 놓는다. 역광 상황에 주의하여, 커튼으로 창을 가린다.

그림 상황 3의 카메라 배치

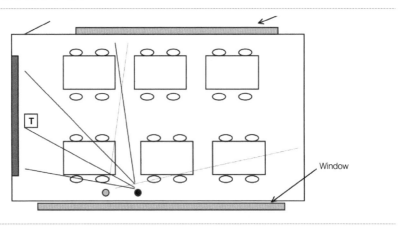

출처: http://www.timssvideo.com

라) 상황 4: 대형 실습실, 실험실, 움직일 수 없는 학생 책상

보통 실험실, 실습실 등은 일반 교실보다 크고, 학생 책상은 이동할 수 없도록 되어 있다. 학생들이 분산될 수 있는 충분한 공간이 있다. 모둠 활동이 시작되면 학생용 카메라의 각도를 약간 낮추어, 배경으로 다른 모둠의 활동도 기록하면서 카메라 앞에 있는 모둠을 촬영한다.

그림 상황 4의 카메라 배치

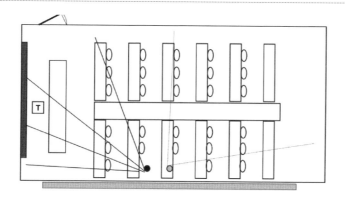

출처: http://www.timssvideo.com

② 카메라의 근접 촬영

가) 상호작용 영역(The Zone of Interaction, ZOI)

교사와 학생의 상호작용이 일어나는 공간을 상호작용 영역(ZOI)이라고 한다.

ZOI에는 중앙형(central)과 분할형(split)의 두 가지 유형이 있다. ZOI가 단독 샷 내에서 촬영될 수 있을 때 중앙형이라고 한다. 단독 샷으로 상호작용을 촬영할 수 없는 경우를 분할형이라고 한다. ZOI로 촬영하는 것과 전체적으로 촬영하는 것은 전혀 다른 느낌을 줄 수 있으므로 활용에 유의해야 한다.

출처: http://www.timssvideo.com

나) 마스터 샷(Master Shot)

일반적으로 많은 정보를 제공해 줄 수 있는 넓은 샷을 원한다. 이것을 장면 마스터(Master of Scene, MOS) 또는 마스터 샷(master shot)이라고 한다. 마스터 샷은 렌즈를 완전히 축소하여 전체 장면을 광범위하게 볼 수 있도록 한다. 마스터 샷을 통해 수업에서 진행되는 활동을 전체적으로 볼 수 있다. 수업의 어떤 부분에 인위적으로 초점을 맞추지 않기 때문에 편향적인 판단에서 벗어날 수 있다.

그림 마스터 샷

출처: http://www.timssvideo.com

다) 중간 샷(Medium Shot)

이것은 개인 또는 넓은 대상을 촬영한다. 중간 샷은 클로즈업이 아니며 매우 넓지도 않다. 대상의 허벅지 또는 허리에서 머리 위로 6인치가량 촬영하는 것을 중간 샷이라고 한다.

그림 중간 샷

출처: http://www.timssvideo.com

라) 클로즈 업(Close Up)

이것은 특정 대상이나 인물을 근접 촬영하는 것이다. 교사가 세부적인 작업을 하거나 작은 대상을 설명할 때, 자세히 보아야 하는 대상이 있을 경우 활용할 수 있다. 학생의 책상이나 칠판을 클로즈 업 해야 할 수도 있다.

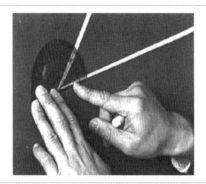

출처: http://www.timssvideo.com

마) 그룹 샷

이것은 교사와 학생 또는 개별 그룹을 촬영한다. 가능한 한 렌즈를 넓게 유지하는 것이 좋다.

그림 그룹 샷

출처: http://www.timssvideo.com

바) 투 샷(Two Shot)

두 명의 개인, 가장 일반적으로 교사와 학생을 촬영하는 것이다.

그림 투 샷

출처: http://www.timssvideo.com

③ 수업 분석을 위한 코드 체계 정립

TIMSS 비디오 연구에서는 수업 분석을 위하여 4개의 범주인 수업내용, 수업조직, 수업과정, 발언으로 나누고 각각의 영역은 코드로 다시 세분화하여 분석하였다(배형택, 2004).

가) 수업내용

수업 중에 전개되는 수업내용은 전개되는 방식과 수업내용에 따라 크게 두 부분으로 나누어진다. 전개되는 방식에 따라서는 교사가 풀이방법을 제시하는 경우[TASM]와 학생이 풀이방법을 제시하는 경우[SGSM], 수학적 정보(정의, 공식, 특징, 성질)를 직접적으로 제공[PPD]하는 경우로 나눈다.

전개되는 수업 내용에 따라서 수학적 지식이나 개념을 전달할 때, 설명되거나 유도되지 않고 교사나 학생에 의해 간단히 진술되는 형태[CS], 개념 이해를 돕기 위해 증명이나 실험에 의해 개념이 유도[CD]되는 것으로 구분하였다. 전개되는 수업 내용이 문제풀이기술에 중점을 두는 적용 범주에서는 하나의 문제에 새로운 수학적 내용이나 개념이 추가되어 적용되는 형태[AIN], 비슷하거나 수준이 더 낮은 문제가 적용되는 형태[ASD], 개념 설명과 적용, 문제풀이가 동시에 발생하는 형태[B]로 구분하였다.

표 수업내용 코드(배형택, 2004)

수업내용			
조건상황(S)	과제, 문제가 실행되는 수학적 조건(상황) 제시		
과제(T)	제시된 조건하에서 수학적 목표에 맞게 조작을 실행	교사풀이 제시(TASM)	교사가 풀이방법을 제시
		학생풀이 제시(SGSM)	학생이 풀이방법을 제시
정의, 공식, 특징(PPD)	과제나 조건을 통하지 않고 수학적 정보 (정의, 공식, 특징, 성질)를 제공		
개념(C)	수학적 정의, 공식, 성질이나 문제 해결방법을 통한 수학적 정보를 제공	개념진술 (CS)	설명되거나 유도되지 않고 교사나 학생에 의해 간단히 진술됨
		개념개발 (CD)	학생들의 개념 이해를 돕기 위해 교사나 교사와 학생이 협력하여 증명이나 실험에 의해 개념이 유도되어지거나 설명됨
적용(A)	개념을 명백히 설명하거나 논의하지 않고 특정한 수학문제를 풀기 위해 적용하여 특정한 형태의 문제풀이기술을 개발하는 데 중점을 둠	심화적용 (AIN)	하나의 문제에 새로운 수학적 내용이나 개념이 추가되어 적용
		유사적용 (ASD)	비슷하거나 수준이 더 낮은 문제 적용
개념/적용(B)	개념설명과 적용, 문제풀이가 동시에 발생		

나) 수업조직

수업 조직적인 면에서는 먼저 교사가 주도하는 활동[CW], 학생이 주도하는 활동 [SW]에 따라 분류하고, 학생 활동은 형태에 따라 개인별[SWI], 집단별[SWG], 개인/ 집단 혼합[SWB]으로 구분한다. 학습활동 준비단계에서 수업내용으로 학습활동을 준비하는 형태[SM]와 책상을 옮기거나 인쇄물을 나누어주고 문제를 필기하게 하는 등의 물리적 활동으로 준비하는 형태[SP]로 분류하였다. 학습활동단계에서 과제 해결의 유형에 따라 숙제를 통한 학습활동[WH], 시험을 통한 학습활동[WT], 수업 중 문제 제시와 풀이를 통한 학습활동[WTS]으로 분류하고, 공유단계의 형태에 따라 숙제[SHH], 시험[SHT], 과제해결을 통한 수업내용의 공유활동[SHTS]으로 분류하였다. 또한 교사가 개념, 아이디어, 해결전략이나 방법, 풀이에 대하여 이야기하고 학생들은 듣기만 하는 수업활동[TTD], 학생들의 주의를 끌기 위해 농담하거나 수업과 관련없는 이야기를 하는 상황[O], 위에서의 활동 중 2가지 이상을 포함하는 경우[MIX]를 분류하였다.

표 수업조직 코드(배형택, 2004)

수업조직			
전체대상 교사활동(CW)	교사가 전체학생을 대상으로 수업을 진행하며 학생은 주로 교사의 수업을 들으며, 새로운 개념이나 전에 배운 개념의 복습 또는 수학 문제를 같이 해결하거나 풀이법을 같이 공유		
학생활동(SW)	학생들이 학습하는 것으로 대화형태는 주로 개인적임	개인별 (SWI)	학생들이 개인별로 학습
		집단별 (SWG)	학생들이 집단별로 학습
		개인/집단 (SWB)	학생들의 학습조직이 개인과 집단이 혼합
교사/학생활동 (CW/SW)	교사가 몇몇 학생에게 어떠한 상황에서 특별한 과제를 독립적으로 내주고 나머지 학생들은 교사와 같이 수업을 하는 것으로 매우 드문 경우		
학습준비활동(S)	교사가 주도하는 활동으로 수업을 준비	수업내용 (SM)	교사가 학생들에게 설명이나 논의를 통하여 과제나 조건을 제시

		물리적 행동 (SP)	책상을 배치하거나 교사가 인쇄물을 나누어주거나 과제를 적도록 함
학습활동(W)	과제해결을 통한 수업의 진행	과제/상황 (WTS)	교사나 학생의 활동이 아래 3가지 범주에 속하지 않는 경우
		숙제제시 (WH)	수업 중에 제시된 숙제 실행
		시험(WT)	수업 중 시험 실시
		다양한 활동 (WMA)	두 가지 이상의 활동 포함(숙제검사, 연습문제…)
공유활동(SH)	교사가 내용을 다시 설명해주거나 학생이 자신이 푼 문제를 설명하면서 수업 내용의 이해를 확인	과제/상황 (SHTS)	교사나 학생의 활동이 아래 2가지 범주에 속하지 않는 경우
		숙제 공유 (SHH)	숙제를 수업 중 교사의 풀이를 보면서 확인
		시험(SHT)	시험을 치른 후 수업 중 교사의 설명과 풀이를 들으며 확인
설명/요약(TTD)	교사가 개념, 아이디어, 해결전략이나 방법, 수업목표, 요약된 풀이단계에 대하여 이야기하고 학생들은 듣기만 한다.		
기타(O)	학생들의 주의를 끌기 위해 농담하거나 수업과 관련 없는 이야기를 함		
복합(MIX)	위에서의 활동 중 2가지 이상을 포함		

다) 수업과정

수업이 진행되는 과정은 제시되는 과제의 조건과 해결 다양성에 따른 문제의 종류에 따라 크게 두 개의 범주로 나눈다. 하나의 문제에 대한 하나의 풀이를 제시하는 경우[OT/OS], 하나의 문제에 대한 다양한 풀이를 제시하는 경우[OT/MS], 문제의 문항 수는 많지만 일부분만(숫자, 부호) 바꾸는 것으로 문제를 제시하는 경우[MT/OS], 여러 유형의 문제와 다양한 풀이가 제공되는 경우[MT/MS]로 분류한다.

과제의 수준에 따라서는 교사의 설명을 듣고 배운 방법을 적용하여 해결할 수 있는 과제[PRP], 다양한 접근 방법이나 해법을 학생들 자신만의 과정을 통하여 생각해

내는 과제[INS/T], 새로운 형태의 문제에 알고 있는 개념이나 해결 방법을 적용하여
해결전략을 찾아내는 과제[ACNS]로 분류하였다.

표 수업과정 코드(배형택, 2004)

수업과정			
과제/상황 (조건)	과제나 문제가 어떠한 수학적 조건하에 제시	하나의 과제/ 하나의 조건 (OT/OS)	가장 일반적이며 교사가 학생에게 하나의 예를 제시하고 그것에 대하여 논의
		다양한 과제/ 하나의 조건 (MT/OS)	하나의 수학적 조건이 주어져 있고 다양한 과제를 수행함으로써 다양한 관점으로부터 연구하도록 요구 예) 이차방정식의 풀이에서 완전제곱식에 의한 풀 이법과 근의 공식에 의한 풀이법
		하나의 과제/ 다양한 조건 (OT/MS)	방금 특별한 과제를 수행하는 방법을 배웠을 때 일반적으로 발생할 수 있는 여러 개의 연습문제를 풀도록 제시 예) 계수가 다른 방정식의 풀이
		다양한 과제/ 다양한 조건 (MT/MS)	학생이 다양한 연습문제를 풀도록 되어있는 교과서의 문제나 활동지를 제시
과제의 종류	문제를 해결한 후 실행하는 과제	배운방법대로 실행(PRP)	수업시간에 배운 방법대로 적용하여 해결할 수 있는 과제
		새로운 방법이나 생각을 발견 (INS/T)	학생들의 다양한 해법이나 그들 자신만의 과정이나 증명법을 생각해낼 수 있는 과제
		새로운 상황에 개념 적용하기 (ACNS)	새로운 문제상황에 알려진 개념이나 과정을 적용하여 해결할 수 있는 과제

라) 발언

발언은 크게 교사발언과 학생발언으로 나누고, 교사의 발언은 반응을 유도하는 발
언[E], 정보제공을 위한 발언[I], 방향을 제시하는 발언[D], 학생의 반응에 대한 반
응으로써 발언[U], 학생의 질문에 대한 교사의 대답[TR], 교사가 제시한 질문에 교

사가 대답[PA]하는 것의 6개의 범주로 분류하였다.

학생발언은 교사의 유도나 지시에 의한 대답[R], 다른 학생에 의해 의사소통적 반응을 유도하기 위한 발언[SE], 학생이 정보제공을 하는 발언[SI], 방향제시를 하는 발언[SD], 다른 학생의 반응에 대한 반응으로써의 발언[SU] 등 5개 항목으로 분류하였다.

교사 발언 중 학생의 언어적/비언어적 반응을 포함한 의사소통적 반응을 유도하기 위한 발언은 수학적 내용을 유도하는 발언[EC], 학생의 이해 정도를 파악하기 위하여 반응을 유도하는 발언[EM], 학생의 참여를 유도하기 위한 발언[EI], 동료학생의 반응에 대한 평가를 유도하기 위한 발언[EE]으로 분류했다.

수학적 내용을 유도하는 발언은 진위형[YN], 단답형[NS], 수학 내용에 대한 설명을 유도[DE]하는 발언으로 세분화하고, 정보제공을 위한 발언도 내용 정보 제공[IC], 활동·경험에 대한 정보를 제공하여 실제 활동을 하도록 요구하는 발언[IM], 성질이나 공식에 대한 정보제공[ID]으로 분류하였고, 방향제시를 위한 발언은 수학적 내용에 대한 방향을 지시하는 발언[DC], '자, 여기를 보자'와 같은 활동에 대한 방향을 제시하는 발언[DM], 수학적 성질이나 공식에 대한 방향을 제시하는 발언[DD]으로 분류하였다.

표 교사 및 학생 발언 코드(배형택, 2004)

교사발언			
반응유도(E)	학생의 언어적/비언어적 반응을 포함한 의사소통적 반응을 유도하기 위한 발언	수학적 내용 유도(EC)	진위형(YN)
			단답형(NS)
			수학내용에 대한 설명유도(DE)
		학생의 이해정도를 파악(EM)	
		학생의 참여를 유도(EI)	
		동료학생의 반응에 대한 평가를 유도(EE)	
정보 제공(I)	학생에게 정보를 제공	내용 정보 제공(IC)	
		활동, 경험에 대한 정보제공, 실제활동하도록 요구(IM)	
		성질이나 공식에 대한 정보제공(ID)	

방향제시(D)	학생이 신체적, 정신적 활동을 할 수 있도록 방향제시	수학적 내용에 대한 방향을 지시(DC) (예) 자, y값을 구해 보자…
		활동, 경험에 대한 방향제시(DM) (예) 시작해 보자, 70쪽을 펴 봐…
		성질이나 공실에 대한 방향제시(DD)
학생의 반응에 대한 반응(U)	학생의 언어적, 신체적 반응을 이끌어내기 위해 하는 발언 말이나 행동에 대한 평가적인 말 (예) 잘했어, 좋았어…	
교사의 대답 (TR)	학생의 질문에 대한 교사의 대답	
해답 제공(PA)	교사가 제시한 질문에 교사가 대답	

학생발언	
대답(R)	교사의 유도나 지시에 의한 대답
학생 유도(SE)	다른 학생에 의해 언어적/비언어적 반응을 포함한 의사소통적 반응을 유도하기 위한 발언
학생의 정보제시(SI)	교사가 학생의 대답에 대하여 즉각적으로 반응을 하지 않아 학생이 정보 제공
학생의 방향제시(SD)	학생이 다른 학생이나 교사에게 즉각적인 정신적/신체적 활동을 하도록 원인 제공
동료 학생의 반응에 대한 반응(SU)	다른 학생의 반응에 동의하거나 평가

이상의 코드에 따른 코딩 예시는 다음과 같다.

표 코딩 예시(신민아, 2002)

시간	수업 내용	수업 조직	수업 과정	발언	내용설명
03:03		CW		NS	T : 이건 무슨 도형이야?
03:04				R	S : 원
03:07		CW		NS	T : 원의 내부야 외부야?
03:09				R	S : 내부요.
03:11		CW		U	T : 그렇지. 작거나 같다, 내부. 이미 다 알고 있어요. 이것만 체크하면 그림표시하는 건 어렵지 않겠지. 두 번째는 y>x

03:22			NS	T : 이건 어떤 도형이 나와?
03:24			R	S : 직선
03:25	SHTS		U NS	T : 그렇지. 직선의 위? 아래?
03:26			R	S : 위.

이상에서 TIMSS 비디오 연구에서 적용된 촬영방법 및 분석방법을 살펴보았다. TIMSS 에서 비디오 분석을 선택한 이유는 교실수업을 문화적으로 분석할 수 있다는 점에서 연구자가 교실을 질적이면서도 양적으로 분석 가능하게 한다는 점이다. 비록 수학, 과학 영역에 대한 연구로 마련된 체계이지만, 소개된 촬영기법 및 코딩기법은 다양 한 교과 및 수업 상황에 응용하여 적용할 수 있을 것이다.

아. COLT 분석법

외국어 수업관찰에서 널리 활용되는 COLT(Communicative Orientation of Language Teaching) 분석법이 있다. 이 분석법은 1984년 Allen, Fröhlich, Spada에 의해서 제 작되었다(Spada & Fröhlich, 1995). 1, 2부로 구성되어 있으며 수업의 모든 상호작용 을 관찰하여 수업 내용과 언어적 특성을 관찰할 수 있다.

COLT 1부는 수업에서의 활동, 학생 및 교사의 행동을 관찰하며, 2부는 수업에서 일어나는 의사소통을 관찰한다. COLT의 관찰 기준을 바탕으로 수업에서의 상호작 용을 증진할 수 있으며, 수업에 대한 양적 분석이 가능하다. COLT의 구체적인 내용 은 다음과 같다(이진경, 2006, pp. 34−36).

① COLT 1부

COLT 1부는 수업에서의 활동, 학생 및 교사의 행동을 관찰하기 위해 5개 범주의 세부항목이 의미하는 바를 잘 이해해야 한다. COLT 1부는 수업을 관찰하면서 바로 기록할 수 있는데, 기록방법은 다음과 같다.

첫째, 각 활동의 시간을 표기한 후, 활동의 내용을 기록한다. 이때, 한 가지 주제나 목적을 가지고 1분 이상 지속되는 것을 하나의 활동으로 본다.

둘째, 각 활동이 진행되는 동안 활동의 내용, 사용되는 학습자료, 학생들의 행동 양상 등을 각 항목에 따라 체크한다.

셋째, 기록이 끝나면 각 항목이 차지하는 시간의 비율을 산출하여 활동과 학생 및 교사의 행동을 분석한다.

- 시간

  각 활동이 시작되는 시각을 기록한다.

- 활동

  수업에서 일어나는 활동을 자유 기술한다. 연습하기, 토론하기, 게임 등 수업 중에 일어나는 활동들을 기록하는 것으로서, 일정한 항목에 따르지 않고 관찰하면서 직접 기술한다.

- 참여조직

  활동의 조직 유형을 말하며, 학급 전체, 그룹, 개별, 그룹/개별의 네 가지 주요 조직으로 나누어 기술한다.

- 내용

  교사와 학생들이 참여하고 있는 활동의 주제를 기술하는데, 교사와 학생들이 무엇을 이야기하고, 읽고, 쓰고, 듣고 있는가에 관한 것을 표시한다. 경영, 언어, 기타주제, 주제통제 등으로 구분한다.

  a. 경영: 활동의 순서와 방법을 설명하는 것은 절차에 해당하고, 학생들을 통제하고 수업 분위기를 환기시키는 데 필요한 내용들은 규칙에 해당한다.

  b. 언어: 내용이 언어의 형식, 의사소통 행위 또는 담화, 사회 언어학 중 어느 곳에 초점을 맞추느냐에 따라 구분한다.

  c. 기타주제: 이 항목은 실제적인 수업 운영이나 언어기능에 초점을 맞춘 것은 아니지만, 수업에서 다루어질 수 있는 내용을 기록한다. 기타주제는 그 범위에 따라 협의적 주제, 제한적 주제, 광의적 주제로 분류한다.

시간	활동	참여 조직						내용											수행기능					유형		교수자료						
		학급 전체			**그룹**		**개별**		**훈련 경영**		**언어**				**기타주제**			**주제의 통제**			듣기	말하기	읽기	쓰기	기타	교재 최소	교재 확장	**출처**				**이용**			
		교사와 학생	학생과 학생	합창	①	②	①	②	정규절차	훈육	형식	기능	담화	사회언어	한정적	제한적	광범위	교사·교재	교사·교재·학생	학생								청각	시각	교육적	비교육적	①	②	③	④
09:07 인사하기		√										√						√			√	√													
09:08 배운 노래 확인			√									√						√			√	√						√					√		
09:09 노래 부르기		√										√			√			√			√	√						√	√				√		
09:12 학습목표 안내		√																√												√					
⋮	⋮																																		
계		20	15	5	2	0	2	3	4	0	0	25	0	0	5	0	2	25	0	1	18	19	2	1	3	8	7	22	7	25	2	1	2	2	1

140   Ⅲ. 수업관찰 방법

협의적 주제는 "안녕", "어떻게 지냈니?"와 같이 매우 형식적인 대화를 의미한다. 제한적 주제는 취미, 학생들의 가족사 등의 수업을 벗어나는 범위의 내용이다. 광의적 주제는 사회 이슈, 추상적인 아이디어 등이 해당한다.

d. **주제의 통제**: 활동주제를 누가 선택하고 주도하는가에 관한 항목으로 교사, 교사와 학생, 학생 등으로 구분한다.

- 수행기능

수행기능은 학생들의 양상으로서 수업에서 일어나는 다양한 활동에 수반되는 기능을 학습자에 초점을 맞춰 듣기, 말하기, 읽기, 쓰기 기능으로 기록한다.

- **교수자료**: 활동에 사용되고 있는 자료의 종류, 자료가 원래 교육용으로 제작된 것인지의 여부, 자료를 교사가 통제하는 정도 등을 기술한다. 자료는 유형, 출처, 이용으로 크게 나뉜다.

② COLT 2부

COLT 2부는 목표어의 사용, 정보 차이, 담화가 지속되는지 여부, 앞서 입수한 내용을 화자나 청자가 자신의 발화에 활용하는지 여부, 담화의 시작을 학습자가 할 기회가 있는지 여부, 교사가 학습자의 발화의 형태를 제한하는지 여부 등을 관찰한다.

- 의사소통요소

침묵, 과업, 비과업으로 구분되는데, 이 중 과업은 학습자가 주도하여 유의미한 결과를 창출하는 활동을 지칭하고, 교사의 설명이나 안내, 반복연습 등 과업을 제외한 모든 의사소통은 비과업에 해당한다.

- 사용 언어

수업에서 사용되는 언어가 모국어인지 다루는 교과와 관련된 언어인지 구분한다.

- 정보 차이

교사와 학생 간에 정보 차이가 존재하는지를 기준으로, 정보를 요구하는 질문 형태와 정보를 주는 형태의 발화가 진정성이 있는지 살펴본다. 이 항목은 교사와 학습자가 서로 제공 또는 요구하는 정보의 예측할 수 없는 정도, 즉 사전에 알지 못하는 정도를 말한다.

표 **COLT 2부 기록양식**

시간	의사소통 요소			교사 언어 분석												학생 언어 분석													
	형태	주제	과업	사용 언어		정보차이				발화 지속성	반응	발화연계성				전체 개별 독자	사용 언어		정보차이				발화의 지속성	언어 형태제한	반응		발화연계성			
				모국어	외국어	정보제공		정보요구		반응 지속성							사용 언어		정보제공		정보요구		발화의 지속성							
						예상 가능한 정보	예상이 어려운 정보	예상 가능한 것	예상이 어려운 것	발화 속도	무 반 시 부 시	반 응 시 통 합 않 오 시	무 반 시 부 적 발 언	활 성 화	정 상 화		모국어	외국어	예상 가능한 정보	예상이 어려운 정보	예상 가능한 것	예상이 어려운 것	발화 속도	제한 제한	무 반 시 부 시	반 응 시 통 합 않 오 시	무 반 시 부 적 발 언	활 성 화	정 상 화
09:07																													
09:08																													
09:09																													
09:12																													
⋯																													
계																													

- 발화의 지속성

담화의 길이가 어느 정도 지속성이 있는지 본다. 학생은 한 단어에서부터 한 문장, 두 문장 이상 등으로 나뉘고, 교사는 짧은 형태와 긴 발화로 구분한다. 학생이 한 단어로 구성된 발화를 하면 최소, 하나의 절이나 문장으로 구성된 발화를 하면 짧음, 교사인 경우에는 한 단어일지라도 짧음에 표시한다. 한 문장보다 길거나 최소한 2개 이상의 주절로 구성된 발화는 지속에 해당한다.

- 언어 형태/내용에 대한 반응

발화의 언어학적 형태에 초점을 두고 교정하거나 명시적인 언급을 하는지의 여부를 체크한다.

- 발화의 연계성

이전 발화와의 연계가 어떠한 방식으로 이루어지는지 보는 것으로 피드백이나 반응이 주어지지 않는 것에서부터, 이전 발화의 반복, 이전 발화에 대한 재현, 긍정적 또는 부정적 코멘트, 내용의 확장, 구체 정보 요구 등으로 나누어 기술한다. 무시, 반복, 바꿔 말하기, 첨언, 확장, 상세화가 여기에 해당되는데, 바꿔 말하기는 이전의 발화를 완성하거나 재형성하는 것을 말한다. 첨언은 "좋아", "잘했어" 등과 같은 이전 발화에 대한 긍정적 혹은 부정적인 조언을 뜻하며 교정은 아니다.

- 발화 시작

학습자가 자발적으로 의사소통을 시작하는 경우의 빈도수를 측정하기 위해 표시한다. 이 항목에 표시되지 않은 시간은 교사가 발화를 시작하였음을 의미한다.

- 언어 형태에 대한 제한

언어 형태적인 제한을 보기 위한 것으로 매우 제한된 형태로서 반복 연습, 좁은 범위의 발화, 일상대화와 같은 비제한 발화로 구분한다. 반복연습과 같이 특정한 한 가지 형태만이 제시되는 경우는 금지/제지에 해당한다. Yes/No question처럼 하나 이상을 선택할 수 있으나 그 선택의 폭이 좁은 경우는 제한됨에 해당하고, 허용은 특정한 언어적 형태가 요구되거나 예상되지 않음을 의미한다.

COLT 2부는 수업 중 교사와 학생의 발화를 녹음한 뒤 수업이 끝난 이후에 기록한다. 전체 발화의 내용은 문장 단위로 나누고, 접속사로 연결된 문장은 하나로 인식한다. 기록에 참고할 사항은 다음과 같다.

첫째, 날씨나 인사에 대한 대답은 교실에서 사용되는 것이 한정되어 있기 때문에 제한됨으로 간주한다.

둘째, 통제를 위한 말은 '정보요구' 중에서 확인 질문으로 간주한다.

셋째, 교사의 발화 중 활동에 관한 청유문은 '정보요구' 중에서 정보 질문으로 간주하지만, 노래나 챈트를 하자는 발언은 반응이 정해져 있으므로 확인 질문으로 간주한다.

넷째, 노래, 책 읽어주기, 반복적인 학습내용 확인(학생들이 따라 읽지 않을 경우) 등 의미 전달이나 학생의 직접적인 반응을 요구하지 않는 발화의 경우에는 기록하지 않는다.

다섯째, 교사 발화의 경우 '주어＋동사' 이상의 문장만 '지속'으로 간주한다.

여섯째, 교사의 발화 중 발음의 교정이나 어휘 학습은 '교정'으로, 학습자가 알아듣지 못할 때 잘 알아듣게 하기 위한 되풀이 발화는 '반복'으로 간주한다.

일곱째, 이전 발화를 되풀이 또는 반복하는 말은 정보차이가 없으므로 정보차이 항목에는 표시하지 않는다.

여덟째, 교사가 학생에게 질문해보라고 시켜서 질문하는 것도 학생 발화의 시작에 포함한다.

아홉째, 교과언어로 말한 내용을 이해를 돕기 위해 모국어로 다시 설명할 때는 정보제공에서 '예상 가능 정보'이며, 발화 지속의 양상에서는 '바꿔 말하기'로 간주한다.

이와 같은 방법으로 전체 문장의 표기가 끝나면 항목마다 전체 수를 합산한 후에 대항목별로 비율을 내어 결과를 해석하도록 한다.

COLT가 주로 외국어 교육에 대한 분석도구로 제작된 것이기 때문에 보편적으로 적용하는 데에는 한계가 있다. 이상의 내용을 참고하여 필요에 따라 충분히 각색하여 활용할 수 있을 것이다. 그 예로서 신효원(2006)은 한국어 교육에 적용할 수 있는 수업관찰 도구로서 K−COLT를 제안하였고, 그 적용 가능성을 확인하였다. COLT에 비해 보다 간명해졌고, 한국적 수업상황을 반영하였다.

　관찰양식을 소개하면 다음과 같다.

표　K−COLT 1부 기록양식

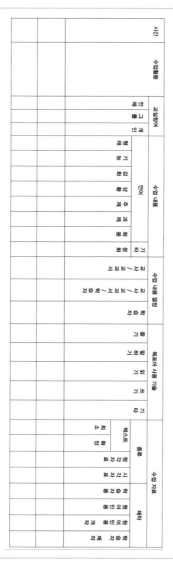

표　K−COLT 2부 기록양식

자. RTOP 분석법

탐구 수업 관찰 프로토콜(RTOP, Reformed Teaching Observation Protocol)은 탐구 기반 수업을 효과적으로 분석하고 해당 수업을 교수 실행에 옮기는데 도움을 주려는 목적하에 개발되었다. 특히, 구성주의 학습 이론이 적용된 수업 관찰 분석지이다. 초등학교에서 대학교에 이르기까지 모두 적용할 수 있는 분석방법이며, 관찰자는 실제 수업을 방문하거나 촬영된 수업을 바탕으로 분석할 수 있다(Piburn & Sawada, 2000). RTOP의 초안은 과학교과 교수방법에 근거하여 개발되었으나, 이후 개발 과정에서 수학적 사고방식을 반영하고, 과학에서만 사용되는 용어를 배제하기 위하여 수학자 및 수학 교사들의 조언을 받아 현재의 RTOP이 완성되었다. 현재 RTOP은 주로 미국에서 수업 개선을 위한 수업 분석 방법 중 하나로 널리 사용되고 있으며, 특히 교사의 수업을 탐구 중심으로 측정하고 평가하여 향후 교수 계획에 반영하는 방식으로 사용되고 있다(곽문영 외, 2015). RTOP 매뉴얼에 의하면 RTOP의 신뢰도는 수업 분석 도구로써는 상당히 높은 0.954를 얻었다(Piburn et al., 2000).

RTOP은 25개 문항으로 구성되어 있으며 이는 각각 수업 설계 및 적용(5문항), 내용(명제적 지식 5문항, 절차적 지식 5문항), 교실 문화(교실 상호작용 5문항, 학생-교사 상호작용 5문항)으로 이루어져 있다.

첫 번째 요소인 '수업 설계 및 적용'에서는 RTOP에 제시된 항목을 통해 교사는 수업 시작 시 학습자의 선지식과 선개념을 고려하고, 학습자를 학습 공동체의 구성원으로 참여시키고, 수업 내 학습자의 다양한 문제 해결 방법에 가치를 두며, 학습자의 생각에 따라 진행 방향이 결정되는 수업을 진행하는지 평가한다. 두 번째 '내용' 요소는 수업 내용에 대한 것을 측정하며, 명제적 지식 문항은 수업 내용의 질적 측면을 평가하며, 절차적 지식 문항은 탐구 과정을 평가한다. 세 번째 '교실 문화'는 교실 상호작용과 학생-교사 상호작용을 측정한다.

각 문항은 0-4점의 리커트 척도를 이용하여 평가를 하도록 구성되어 있으며 총점은 100점이다.

표 RTOP 측정 양식

<table>
<tr><td colspan="2">Ⅰ. 배경정보</td></tr>
<tr><td>교사명: _____</td><td>수업관찰에 대한 공지 여부: _____</td></tr>
<tr><td>교실(학교) 위치: _____</td><td>교사자격: _____</td></tr>
<tr><td>교사경력: _____</td><td>학년: _____</td></tr>
<tr><td>교과명: _____</td><td>관찰일자: _____</td></tr>
<tr><td>관찰자: _____</td><td>시작시간: _____ 종료시간: _____</td></tr>
</table>

Ⅱ. 상황 배경

아래 공란에 관찰된 수업, 수업 환경(공간, 좌석 배치 등), 학생(명수, 성별, 인종), 교사에 관한 사항 등 중요하다고 생각되는 모든 관련 세부 사항에 대한 간략한 설명을 기술하시오. 필요한 경우 도표를 활용하시오.

시간	내용 기술

Ⅲ. 수업설계 및 적용	전혀 아니다	↔			매우 그렇다
1. 수업 전략과 활동이 학생들의 선행지식과 개념을 반영하였다.	0	1	2	3	4
2. 학습 공동체로서 학생들이 참여할 수 있도록 수업이 설계되었다.	0	1	2	3	4
3. 수업은 형식적인 설명보다 학생들의 탐구가 먼저 이루어졌다.	0	1	2	3	4
4. 수업은 학생들이 대안적인 조사 방법이나 문제 해결 방법을 탐색할 수 있도록 하였다.	0	1	2	3	4
5. 수업의 초점과 방향은 학생들의 생각에 따라 결정되었다.	0	1	2	3	4

IV. 내용

명제적 지식(Propositional knowledge)

6. 수업에는 주제에 대한 기본 개념이 포함되었다.	0	1	2	3	4
7. 수업은 매우 일관된 개념적 이해를 촉진했다.	0	1	2	3	4
8. 교사는 수업에 내재된 주제 내용을 확실하게 파악했다.	0	1	2	3	4
9. 개념화(즉, 상징적 표현, 이론 구축) 하는 것이 필요할 경우 적절히 활용되었다.	0	1	2	3	4
10. 다른 교과 분야 및 실제 현상과 연결할 수 있도록 탐구가 이루어졌다.	0	1	2	3	4

절차적 지식(Procedural Knowledge)

11. 학생들은 현상을 나타내기 위해 다양한 수단 (모형, 그림, 그래프, 구체물, 조작 등)을 사용했다.	0	1	2	3	4
12. 학생들은 예상, 추측 또는 가설을 세우고 이를 검증하기 위한 방안을 마련하였다.	0	1	2	3	4
13. 학생들은 절차에 대한 비판적인 평가를 포함하여, 사고를 자극하는 활동에 적극적으로 참여했다.	0	1	2	3	4
14. 학생들은 학습에 대해 반성적(reflective)이었다.	0	1	2	3	4
15. 지적 엄격성, 건설적인 비판, 사고에 대한 도전 등에 가치를 두었다.	0	1	2	3	4

시간	현저하게 눈에 띄는 사항에 대한 기술

V. 교실 문화

교실 상호작용

16. 학생들은 다양한 수단과 매체를 사용하여 자신의 생각을 다른 사람들에게 전달했다.	0	1	2	3	4
17. 교사의 질문은 다양한 사고 방식을 유발했다.	0	1	2	3	4

18. 학생 발언의 비율이 높았으며 학생들 간 대화의 비율이 상당 부분 차지했다.	0	1	2	3	4
19. 학생의 질문과 의견은 수업의 초점과 방향을 결정했다.	0	1	2	3	4
20. 다른 사람들이 말하는 것에 대해 존중하는 분위기가 있었다.	0	1	2	3	4
교사-학생 상호작용					
21. 학생들의 능동적인 참여가 장려되었다.	0	1	2	3	4
22. 학생들은 추측, 대체 해결 전략, 증거 해석 방법 등을 적극적으로 생성했다.	0	1	2	3	4
23. 일반적으로 교사는 인내심을 가지고 학생들을 대하였다.	0	1	2	3	4
24. 교사는 자료제공자로서 학생 탐구를 지원하고 향상시키기 위해 역할 했다.	0	1	2	3	4
25. "교사는 들어주는 사람"이라는 표현이 이 수업에 알맞다.	0	1	2	3	4

RTOP 개발자들은 관찰자 훈련을 위한 지침을 마련하고 있다. 각 항목에 대한 관찰자 유의사항을 요약하면 다음과 같다(Piburn & Sawada, 2000).

각 항목은 0에서 4까지의 척도로 등급이 매겨진다. 판정에서 '0'을 선택하면 지표에 제시된 특성이 단 한 번도 나오지 않은 것이다. 만일 한 번이라도 관련된 상황이 보이면 '1'이상을 선택해야한다. 관찰된 내용이 지표를 잘 설명하는 경우에만 '4'를 선택한다. 중간 등급은 지표 관련 내용이 발생한 횟수를 반영하는 것이 아니라, 지표와 관련한 수업의 특성을 반영한다.

1번 지표에서는 학생의 선행지식을 존중하는 것이 중추적이다. 학생 호기심에 대한 태도, 학생 생각의 적극적인 수용 등을 강조한다.

2번 지표에서는 학습 공동체를 강조한다. 참여는 공동체에서 매우 중요하고 필수적이다. 지식의 생성과 습득은 공동체 내에서 협의된다. 학습자 그룹이 편성되었다고 반드시 학습 공동체가 되는 것이 아님을 명심해야 한다.

3번 지표는 학생들로 하여금 보다 명료하고 구체적인 경험을 통해 복잡하고 추상적인 지식을 구축할 수 있도록 한다. 일반적인 내용을 설명하기에 앞서 학생 탐구가 선행되어야 함을 의미한다. 그러나 모든 탐구가 일반적인 내용 설명에 앞서야 한다는 것을 의미하지는 않는다.

4번 지표는 발산적 사고를 강조한다. 한 가지 실험 방법이나 문제를 해결 방안을 고집하지 않는 것이다. 교사는 대안적인 사고를 촉진시켜야 한다. 질문에 대한 답이 두 가지 이상 있을 수 있음을 학생들이 이해해야 한다.

5번 지표에서는 학생들이 진정한 학습 공동체의 일원이고 사고의 차이를 중요시한다면 수업의 방향을 고정해서는 안 되고, 학생들의 의견을 반영하는 융통성이 있어야 함을 강조한다.

명제적 지식 영역에서는 내용의 중요성과 추상화 수준, 교사의 이해도, 다른 분야 및 실제 생활과의 관계에 중점을 둔다.

6번 지표에서 기본 개념을 강조하는 것은 수업의 핵심에 중요한 원리가 포함되어야 함을 의미한다.

7번 지표에서는 일관성을 강조하는데, 각 개념은 독립적이지 않고 상호 연계성을 가지고 있다. 다른 개념과 일관되게 관련되고 구성됨으로써 보다 의미를 깊이 이해할 수 있다.

8번 지표에서는 교사의 깊이 있는 이해를 강조한다. 학생들이 모호하게 말하거나 행동할 때에도 올바른 방향으로 이끌어나갈 수 있다. 이 지표는 관찰한 수업의 학년을 고려해야 하며, 그에 따라 상대적으로 달리 나타날 수 있다.

9번 지표에서는 개념화, 추상화를 강조한다. 현상의 관계나 패턴을 추상화할 때 이해가 촉진될 수 있다. 개념화를 통해 학생들이 나무에 몰입하지 않고 숲을 보도록 할 수 있다.

10번 지표는 학문 분야와 실제를 연결하는 것을 강조한다. 실제적인 응용을 통해 내용의 일반화와 연계성을 획득할 수 있다.

절차적 지식 영역에서는 학생들이 정보를 조작하고 결론에 도달하며 지식을 평가하는데 사용하는 절차의 종류에 중점을 둔다. 이것은 사고과정, 추론 등과 유사하다.

11번 지표는 다양한 형태의 표현을 강조한다. 이를 통해 학생들은 다양한 사고 과정을 경험하며, 생각을 분명히 하고 정보를 분석하며 비판할 수 있다. 다양성이란 적어도 두 가지 다른 수단이 사용되었음을 의미한다.

12번 지표는 가설을 구축하는 것을 강조한다. 예상, 추측, 가설 등을 엄격히 구분할 필요는 없다. 학생들이 자료를 수집하기 전에 일어날 것이라고 생각되는 것을 명시적으로 기술하는 과정이 필요하다.

13번 지표는 학생들이 적극적으로 학습하고 있을 뿐만 아니라 자신이 하는 과업이 어떻게 진행되는지 적극적으로 생각해야 된다는 것을 강조한다.

14번 지표에서는 반성을 강조하는데, 반성은 학습을 촉진하는 메타 인지적 활동이다. 교사는 시간을 제공하여, 학생들이 수업을 통해 획득되는 사고를 어떻게 평가할 수 있을지 제안함으로써 반성을 촉진할 수 있다.

15번 지표는 엄격한 지적활동을 강조한다. 다양한 대안을 검토하더라도 논증이 없는 사고나 제안을 받아들이면 이 지표에서 낮은 점수를 부여해야 한다.

교실 문화 영역은 다른 영역과 독립적으로 평가되어야 한다. 수업설계나 실행의 평점이 이 영역의 점수에 영향을 미쳐서는 안 된다.

16번 지표는 학생들이 담론에 기여하는 하나 이상의 방식(프레젠테이션, 브레인스토밍, 비평, 듣기, 그룹 작업 등)을 통해 의사소통을 풍부하게 하는 것을 강조한다. 11번 지표가 표현을 나타내는 것이라면 이 지표는 활성화된 소통을 나타낸다.

17번 지표는 교사의 질문이 미리 정해진 범위 내로 한정되는 것이 아니라, 하나 이상의 정답이나 구성을 할 수 있는 내용으로 다양한 사고를 촉발시키는 것을 강조한다.

18번 지표는 교사가 대부분 말을 하는 수업을 지양한다. 이 내용은 학생 발언 및 학생 간의 대화를 강조한다. 비율이 높다는 것은 어느 시점에서든지 교사가 말하는 것처럼 학생이 말할 수 있다는 것을 의미한다. '상당 부분'이란 학생들이 담론을 통해 핵심 내용을 발견 및 습득했음을 의미한다.

19번 지표는 수업의 흐름이 학생들의 기여에 의해 영향을 받거나 형성되는 것을 의미할 뿐만 아니라, 방향이 정해지면 학생들이 적극적으로 참여하여 수업의 결정적인 역할을 했다는 것을 의미한다.

20번 지표는 타인의 존중을 강조한다. 다른 사람의 말을 존중하는 것은 정중하게 듣는 것 이상이다. 존중은 다른 사람이 한 말을 잘 들었고 또한 같이 고민했음을 나타낸다.

21번 지표는 단순히 활동적인 학생들을 의미하지는 않는다. 활동이 일어나는 방법에 대한 학생의 목소리가 있음을 의미한다. 적극적으로 지시를 따르는 것은 이 지표의 의도를 충족시키지 않는다.

22번 지표는 사고의 균형을 교사로부터 학생들에게 옮긴다. 참여를 통해 실제 학생들의 사고의 결과가 나타나는지 확인해야 한다.

23번 지표에서 인내심은 예상치 못한 또는 원치 않는 학생 행동을 용인하는 것이 아니다. 오히려 학생의 예상치 못한 행동으로 인해 풍부한 학습 기회가 생길 수도 있다. 교사는 학생의 사고를 기다려주고, 다양한 시도를 수용할 수 있어야 한다. 오래 기다려주는 것만으로는 이 지표를 완전히 충족시킬 수 없다.

24번 지표에서는 학생이 개척해 나갈 수 있도록 지원하는 것을 강조한다. 교사는 학생들에게 무엇을 해야 하고 어떻게 해야 하는지 알려주지 않는다. 출발은 대부분 학생들에게서 시작되고, 교사가 제공하는 자료를 통해 학생의 사고가 정교화되어 가야 한다.

25번 지표는 학생들이 더 잘 이해할 수 있도록 돕는 교사를 묘사한다. 교사는 학생들이 말하는 것을 적극적으로 듣고 이에 대한 이해를 바탕으로 수업을 진행해야 한다.

11

질적 접근 방법의 활용

양적 접근방법이 수업의 다양한 맥락과 차이를 분석해 내지 못한다는 비판으로 인해 질적인 방법으로 수업을 분석하려는 시도에 더 주목하기도 한다. 수업을 관찰하기 이전의 상황까지도 포함하고, 상호작용에 내재된 의미를 이끌어 내고, 구성원들 간에 미치는 영향을 밝히기 위한 다양한 질적 연구방법이 적용되고 있다.

그러나 관찰자가 접하는 수업의 양상의 한계와 사전지식 및 교사에 대한 이해 등이 다양할 수 있기 때문에 수업을 질적으로 분석하는 것이 쉽지 않다. 다음의 축구 경기의 사진에서 파란색 유니폼 선수가 반칙을 했는지, 검은색 유니폼 선수가 반칙을 했는지 질문을 해보면, 자신이 어느 유니폼 팀에 소속되었는가 혹은 응원하는가에 따라 정반대의 대답이 나온다. 축구에서 페널티 킥은 자신이 어느 팀을 응원하는가에 따라 정당한 것일 수도, 편파적인 것일 수도 있다.

우리는 사건을 있는 그대로가 아니라, 우리가 보고 싶은 대로 해석한다. 때문에 수업에 대한 질적인 분석은 이러한 장애를 극복하기 위해 엄격성을 갖추어야 한다.

많은 관찰자들은 수업에 대한 일반화된 인상을 형성하려 한다. 학생이 열심히 공부하는지, 교사가 그

교과나 주제에 전문적 지식을 가진 것으로 보이는지, 학생들의 행동이 좋은지 혹은 나쁜지, 무엇이 교실에 전시되어 있는지 등이다. 이러한 인식은 여러 목적에 따라 간단히 메모되거나 특정한 보고서로 작성된다. 여기에는 특정 철학이나 사상의 영향을 받기도 한다.

어떤 관찰자는 교실 속으로 스며들고자 노력하지만, 다른 관점의 관찰자들은 거리를 유지하려고 노력한다. King(1978)은 유아학교 교실에 대한 연구에서 비참여자 관찰을 하였다. 그는 독일 사회학자 Max Weber(1947)의 영향을 강하게 받았는데, 그의 행동이론은 개인에 의해 부여된 주관적인 의미가 사회 구조와 분리할 수 없다는 것이다. 이러한 관점에서는 보통 먼저 관찰하고 나서 인터뷰를 함으로써 교사들이 어떻게 행동하는지 설명하고 이해하고자 한다(Wragg, 2012). King은 관찰과정에서 교실에 있는 학생들이 질문을 하더라도 대답하지 않았고, 어떤 도움을 요청해도 도와주지 않았다. 학생들과 가능한 눈이 마주치지 않도록 함으로써 학생들에게 자신의 존재가 무시되도록 했다. 즉, 어떠한 직·간접적인 관계도 배제하여 선입견 없는 관찰자가 되고자 하였다(King, 1984).

가. 질적 연구에 대한 주요 개념

질적 연구에서 공통되는 개념을 이해하는 것은 중요하다. 간혹 질적 연구방법과 양적 연구방법을 혼동하거나 한 쪽의 방법을 맹신하는 연구자들이 있다. 이것은 연구 접근 방법에 대한 근본적인 차이를 이해하지 못한 데 기인한다.

Bryman(1988)은 질적 연구에 대한 주요 영향을 현상학, 상징적 상호작용론, 재내면화(Verstehen), 자연주의, 사회행위연구(Ethogenics)와 같은 다섯 가지로 요약했다(Wragg, 2012, pp. 54-57).

① 현상학

현상학은 우리를 둘러싼 현상을 해석하는 방법에 집중한다. 이것은 20세기 초반에 독일 철학자인 Edmund Husserl에 의해 공식화되었고, 전체가 그 부분의 합보다 큰 의미를 갖는다는 게슈탈트 심리학자에게 영향을 주었다. 현상학이란 명칭을 처음으로 사용한 독일의 철학자 람베르트는 본체(本體)의 본질을 연구하는 본체학과 구별하여 본체의 현상을 연구하는 학문을 현상학이라고 하였다. 실험심리학이 경험의 심상과 행복간의 인과관계에 관심을 가졌다면, 현상학은 심상이나 기억들을 정확하게 설명하는 것에 우선적으로 관심을 둔다. 그러므로 현상학의 과제는 사람들이 생각하고 행동하며 살아가는 방식의 구조와 요소를 설명하는 것에 있다.

이러한 관찰과 연구를 위한 다양한 방법이 사용된다. 사람들이 일상을 인지하고 이해하는 방법에 대한 연구인 민속방법론, 상징적 상호작용주의 등이 종종 현상학의 범위 안에 포함되기도 한다. 수업에 관해 이야기할 때 어떤 생각과 해석이 나타나는지 교사와 학생들과 면담하는 것이 주로 활용된다. 수업과 인터뷰를 글로 옮긴 것(transcript)에 대한 광범위한 분석이 요구된다. 이러한 관찰유형의 장점은 개인의 풍부한 통찰력에 의지할 수 있다는 것이다. 단점은 주관적인 것을 중요하게 여김으로써 개인적인 상상까지 보고할 수 있다는 것이며 종종 그것은 현실과의 차이를 유발한다.

② 상징적 상호작용(symbolic interaction)

인간이 사용하는 모든 기호에는 의미가 있고, 인간은 환경을 구성하는 모든 것에 주관적으로 의미를 부여한다. 따라서 모든 대상은 인간에게 주관적으로 해석된 의미를 지닌다. 이것은 모든 대상에 상징성이 있음을 말한다. 결국 인간의 모든 행위는 대상과 의미를 주고받는 것으로서 상징을 매개로 하는 상호작용이다.

상징적 상호작용론은 자아에 중점을 두며, 특히 다른 사람들과의 상호작용에 참여할 때 사용하는 언어와 제스처 등의 기호에 중점을 둔다. 자신의 행동이 타인에 의해 어떻게 인지될지에 대한 스스로의 정의와 평가는 자신의 행동 방식에 영향을 미친다. 그러므로 수업 관찰자는 수업을 관찰하고 교사와 학생을 인터뷰함으로써 교사와 학생의 행동이 서로에게 어떻게 해석되는지 판단할 수 있다. 여기에는 동료 교사, 동료 학생, 학생 행동에 대한 교사의 해석이 포함될 수 있다.

③ 재내면화(Verstehen)

하르트만과 딜타이가 새로운 철학자로 여겨졌던 이유는 방법론 때문이었는데, 그것은 체험한 내용을 기술함으로써 삶에서 표현된 구조적 관계를 파고 들어가 재내면화하는 것이다. 재내면화란 외면화된 표현에서 체험 내용으로 되돌아가는 역추리를 의미하고, 경험론자들과는 달리 직관 이외의 유동적인 요소(태도 같은 것)까지 고려하여 인식과정을 좀 더 종합적이고 생동적으로 설명한다. 딜타이는 삶의 현실성에 속박되고 규정된 인간은 예술을 통해서 뿐만 아니라 역사적인 이해를 통해서 해방된다고 강조했다. 타인의 체험을 자기의 체험처럼 실감(實感)하고 그 인물과 같은 입장에서 경험하는 추체험(追體驗)에서 가장 중요한 개념이 재내면화(이해, Verstehen)이다. 체험을 즉물적(관념이나 추상적 사고를 선행시키지 않고 실제의 사물에 관하여 생각하거나 행하는 것)으로 이해한 심리주의에서 시작하여 객관적 정신주의로 전환해 간다. 객관적 정신주의로 나아갔을 때 진정한 추체험이라 할 수 있다.

독일어 동사 verstehen은 '이해하다'를 의미한다. 독일 사회학자 Max Weber는 이 용어를 사용하여 특정 행동이 이해되는 방식을 설명했다. 예를 들면, 관찰자는 교사와 학생을 관찰하는 관점에서 교사가 여러 메시지를 전달하기 위해 다양한 목소리를 사용하는지, 그리고 그 목소리가 조급함, 분노, 기대, 유머를 나타내는 것으로 해석되는지, 그리고 이러한 반응이 일어나는지를 관찰할 것이다. King(1978)은 Weber(1947)와 Schutz(1972)의 영향을 받았는데, 그는 'because' 동기(왜 어떤 일이 일어났는지에 대한 회고적 설명)와 'in order to' 동기(행동 이면에 있는 의도를 설명하는 것)에 대해 얘기함으로써 Weber의 개념을 확대했다. King은 사회적 통제를 확립하고 유지하기 위해 사용되는 유아 교사들의 목소리를 설명했다. 그들은 "이제 우리는 뭔가 흥미로운 일을 할 거에요.", "어리석게 행동하면 안 돼요.", "나는 너에 대해 많이 참고 있어.", "신경 쓰지 마, 소란 피우지 말자.", 차분하고 무의미하게 "내가 말한 대로 해" 와 같이 표현했다. 즉, 어떤 행동이나 현상의 의도성에 주목하여 보편적인 이해를 추구하는 것이다.

④ 자연주의

자연주의적 연구는 관찰자가 삶을 실제 있는 그대로 보려는 것을 의미한다. 예를 들어, 교사는 어떤 결과를 보기 위해 특정한 방법을 시도하도록 요청받을 수 있다. 이러한 실험적 접근은 현실이 왜곡될 수 있기 때문에 자연주의에서 배제된다.

자연주의에 대한 주요 비판은 도덕성을 배제하고 어떤 일이 일어나든지 수용적 태도를 취할 수 있다는 것이다. 예를 들어, 수업에서 잘못된 행동을 하는 '일탈학생'들에게 공감과 변명을 찾아주는 것처럼 보일 수 있다.

자연주의 연구자들은 그런 행동이 왜 일어나는지를 보지 않고, 결과적 상황만을 바탕으로 성급하게 비난하는 것이라고 주장한다. '일탈학생'들은 오히려 희생자가 될 수 있다. 예를 들어, 친구 물건을 던진 학생은 그 행동을 하기 전에 다른 학생에게 자신의 차례를 뺏겼을 수 있다.

⑤ 사회행위연구(Ethogenics)

Ethogenics는 ethos와 genesis를 합성한 것으로 사회행위(social action)의 발생구조를 탐색하는 접근법이다. 이는 실험실 내의 연구에서 벗어나 현실생활에서의 생태에 초점을 맞추는 ethology가 등장한 것과 같은 맥락에서 인간의 사회행위의 연구도 실험실이 아닌 현실세계에서 수행해야 한다는 입장을 취한다. 다만, ethology가 동물이 연구대상인데 반하여 ethogenics는 인간이 연구대상이다. 이것은 일련의 행동에 내재되어 있는 신념을 연구하려는 시도로서, 예를 들면 교실 붕괴와 같은 문제에 대한 접근을 한다. Bryman(1988)은 다음과 같이 설명했다.

"Ethogenics 접근법의 중심 특징은 사회생활에서의 에피소드에 대한 이해이다. '에피소드'는 개인들 사이에 맞물려 있는 행동이다. 행위자가 관련 행위를 하는 의미를 조사함으로써 그 에피소드의 기본 구조를 밝혀내는 것은 Ethogenics의 임무이다. … 그러한 현상의 이해와 분석은 행위자가 행동할 때 그들이 의지하는 근원에 관한 이해를 용이하게 한다."

사회행위연구(Ethogenics)는 양적 방법론으로 접근하지 않지만 그 연구자들은 수업관찰에 대해 과학적 접근을 한다고 주장한다. 일련의 사건들을 신중한 질적 분석을 통해 근본적인 구조를 이끌어내는 형식을 취한다.

나. 질적 연구방법의 적용에서 관점의 다양성

수업에 대한 질적 연구를 수행함에 있어서 다양한 관점이 활용될 수 있다. 수업계획, 수업과정, 수업결과에 대한 관점이 다양할 수 있다는 것 자체를 이해하는 것이 중요하다. 다음은 이에 대한 부연이다(Wragg, 2012, pp. 58-63).

① 수업준비 및 계획에 대한 관점

교사양성과정에서 특히 수업준비와 계획을 강조하며, 이와 관련된 결과물로 수업계획서, 수업 전후의 변화 및 성과 등을 확인한다. 물론, 수업을 하기 전에 계획을 세우는 것은 성공적인 수업을 위한 중요한 부분이다. 수업보다도 오히려 수업계획을 통해 더 많은 해석을 하려는 시도도 있다.

그러나 주의 깊게 계획한 수업보다는 직관적이고 반응적으로 수업을 할 때 성공적이라고 주장하는 교사들이 있다. 수업에서 교사의 즉흥성과 민첩성은 중요한 전문성의 요소로 강조되기도 한다. 그러나 이러한 주장은 단순히 서면에 의한 계획이 없었다는 것이지, 교사의 내재된 계획을 인식하지 못한 것이다. 즉, 교사의 수업은 표면적으로 드러난 구조가 아닌 심층적 구조에 의해서도 결정된다. 예를 들어, 교사가 수업 중에 자주 사용하는 유머는 수업계획에 의해서 이루어지는 것이 아니다. 유머는 예기치 않은 상황에서 자연스럽게 발생하고, 학생들의 긴장을 줄이고 관심을 유지하거나 자극할 수 있다는 교사의 내재적 수업전략이 작용한 것이다.

관찰자는 수업의 질과 관련하여 교사의 의도나 계획이 실제로 구현되는 정도에 초점을 맞출 수 있다. 이러한 초점은 명시적으로 구조화된 수업과 그렇지 않은 수업 모두에 적용될 수 있다. 일부 교사들은 학생들이 수업에 대한 발언권을 가져야 하며, 과제나 활동이 교사로부터 부과되는 것이 아니라 협의되어야한다고 주장한다.

관찰자는 이러한 계획이나 주장이 실행되었는지 피드백을 제공할 수 있다. 이러한 피드백에는 사전 계획의 적절성, 원래 계획을 유지하거나 수정하는 것이 적절했는지에 대한 의견이 될 수 있다.

② **수업의 과정에 대한 관점**

수업의 과정에 대한 다양한 관점을 가질 수 있다. 관찰자 중에는 자신이 선호하거나 옳다고 생각하는 수업의 과정을 상정하고 관찰한다. 수업의 과정에 대한 반응은 다음과 같이 완전히 반대일 수 있다(Wragg, 2012).

교사의 주도적 수업	–	학생 주도적 수업
정숙한 수업	–	학생 간의 소통 부족
명확한 책임을 가진 교사	–	권위적이지 않은 교사
정해진 수업진행 속도	–	숙고할 시간이 충분치 않은 수업 속도

수업과정에 대한 관찰자의 견해는 수업을 진행하는 교사와의 관계에 많은 영향을 받는다. 관찰자는 피관찰자인 교사와 상–하 관계, 감독자–훈련자 관계, 평가자–평정대상자 관계를 가정할 수 있다. 이러한 관계를 배제하고자 할 수도 있지만, 자연스럽게 이러한 관계는 형성되기 마련이다. 오히려 이와 같은 사회적 관계를 명확

히 인식할 필요가 있다. 수업관찰의 결과가 이러한 관계 속에서 관찰되었다는 질적인 판단을 포함할 수 있기 때문이다.

질적 연구를 수행함에 있어서 수업과정에 대한 관찰자의 관점과 교사와의 관계를 일정하게 정립할 것을 요구하는 것은 매우 어려운 일이다. 그러한 관점과 관계가 수업을 보는 다양한 의견으로 나타날 수 있다. 마치 수업에 참여한 학생들이 모두 동일한 반응이나 결과를 얻을 것으로 기대하는 것과 같은 이치이다. 수업을 관찰하는 다양성을 수용하는 것은 학생들의 다양성을 수용하는 것과 유사하다. 즉, 질적 연구 과정에서 수업과정에 대한 관점의 다양성을 수용하는 것은 필연적이다.

③ 수업결과에 대한 관점

수업과정에 대한 판단에 영향을 미치는 중요한 요인은 수업의 결과에 대한 관찰자의 평가이다. 가르치고 배우는 과정의 결과를 체계적으로 측정하기 어렵다면, 학생들이 학습하고 있는지에 대한 관찰이 필요하다. 이러한 맥락은 사실적 지식뿐만 아니라 기술, 태도, 행동을 포함할 수 있다. 즉, 다음과 같은 지표를 고려할 수 있다.

가) **가치**: 정의된 가치와 중요성
나) **일관성**: 개념 및 활동과의 관계
다) **앞으로의 행동에 영향**: 수업 주제 및 활동에 대한 장기간의 관심과 자극
라) **사회적 필요성**: 현재와 미래의 사회인으로서 자질에 기여
마) **적절성**: 수업에 참여한 학생의 맥락에서 적합성

수업관찰이 끝난 후에 교사와 수업에 대한 토론의 핵심은 수업과정과 결과와의 관계이다. 이것은 결국 관찰자가 수업 중에 작성한 메모를 참고하여 이루어진다. 예를 들어 다음과 같은 메모를 작성했다고 가정할 수 있다.

'많은 학생들이 참여하는 명랑한 수업시작!'

'교사가 잘못 행동한 학생을 질책한다.'

'학생들은 모둠활동에 열심히 참여한다.'

'선생님은 월드컵 개최 간격을 잘못 설명한다.'

'구석에 앉아 있는 학생들이 끊임없이 앞에 앉은 학생들을 산만하게 한다.'

'대부분의 학생들은 제시된 개념을 습득한 것으로 보인다.'

'학생들은 권리와 의무와의 관계를 분명히 혼란스러워했다. 교사가 이를 보
다 쉬운 예를 들어서 설명했으면 좋았을 것이다.'

'존엄성이라는 개념을 충분히 설명하지 않으면서 자주 사용한다.'

이런 메모는 많은 유형을 포함한다. 어떤 것은 수업이 시작된 시간을 기록한 매우 중립적인 성격이다. 또 어떤 것들은 '잘못', '~했어야 했다', '훌륭하다'와 같이 관찰자의 긍정적 또는 부정적 판단을 포함한다. 어떤 메모는 수업과 관련된 요소들을 다룬다. 예를 들어 수업 관리(학생 행동 통제, 학생의 활동 감독, 활동 시기), 성격 특성(친절), 구체적인 수업내용(교사의 잘못된 발음, 개념), 학생의 활동(컴퓨터 사용 기회를 얻지 못한 여학생), 사건(잘못한 학생 혼내기) 등이다.

몇 가지 메모는 수업 후 토론 주제로 표시된다. 수업평가에 참여한 1,000명 이상의 교사에 대한 대규모 연구에서(Wragg 등, 1996), 평가자들이 일반적으로 사용한 형식이 수업 전개에 따른 메모였고, 평가자의 75%는 이것이 주요한 수업관찰이라고 인식했다. 이러한 비공식적인 기록은 미리 정해진 범주에 따라 수업을 관찰하는 것과는 달리, 수업 진행 과정으로서 기록된다. 여기에서의 수업 분석은 어떤 일이 발생하는지를 이해하는 것, 수업의 형태와 방향을 탐색하는 것, 추론을 이끌어내는 것, 가능한 미래의 수업에 대해 이야기하는 것으로 볼 수 있다.

수업관찰이 이루어진 후에 교사들은 관찰자로부터 어떤 종류의 평가를 기대한다. 수업관찰자는 다음 사항을 염두에 두어야 할 것이다(Wragg, 2012).

가) 관찰의 목적은 명확히 해야 한다.

관찰자는 교사에게 관찰의 목적을 분명히 알려주어야 한다. 조언을 제공하기 위한 것인지, 전문 기술을 향상시키기 위해서인지, 수업의 질에 대한 개인적인 판단을 하기 위해서인지 등을 명확히 해야 한다. 관찰의 목적이 명확하지 않으면, 관찰 과정과 결과의 정리에 있어서 혼란이 반드시 야기된다.

나) 수업의 질과 효과의 본질에 대해 숙의해야 한다.

관찰자는 효과적인 수업에 대한 자신의 관점이 무엇인지 깊이 생각해야 한다. 더불어 수업의 질에 대한 다양한 관점이 있다는 것 역시 인식해야 한다.

다) 수업의 질을 논의하고 향상시키는 다양한 방법에 대해 고민해야 한다.

수업 관찰 후에 교사와 수업의 질에 관한 논의가 이루어진다. 어떻게 이것을 구조화할 것인지, 그리고 논의의 주체는 교사가 되어야 하는지 관찰자가 되어야 하는지, 어떤 측면을 논의해야 하는지, 누가 그 의제를 결정할지에 대해서 검토해야 한다.

라) 수업에 대한 기록을 어떻게 할지 결정해야 한다.

관찰자는 수업을 관찰하면서, 그리고 수업을 관찰한 후에 무엇을 기록해야 할지 결정해야 한다. '수업관리', '사회적 관계' 등과 같은 개념을 마련해 놓고 기록을 해야 하는지, 수업이 전개되는 순서대로 자유롭게 기록해야 하는지 미리 결정해야 한다. 또한 기록의 초점이 교사에게 있는지 학생에게 있는지, 교사와 학생 모두에게 있는지, 개인적 특성, 수업전략, 수업과정, 수업결과 등에 초점을 두어야 할지 결정해야 한다.

다. 질적 연구방법의 적용 – 구조화 모형

관찰에 대한 질적 접근은 전형적으로 관찰자가 관찰 과정에서 기록한 내용과 이러한 사건에 대한 평가적 해석에 의존한다. 모형은 크게 세 가지 유형으로 나눌 수 있다.

첫째, 완전 비구조화 된 의식의 흐름(stream of consciousness) 유형으로 관찰자는 자신의 노트를 사건을 자유롭게 기록할 빈 캔버스(blank canvas)로 본다.

둘째, 관찰자 기록이 평가 기준의 목록과 함께 사전 설정된 범주에 의해 형성되는 반 구조화 유형(semi-structured type)이다.

셋째, 수업에 대한 기록방식은 관찰자 기록에 의존하지만 그 수업의 평가를 Ofsted 1-4 척도와 같은 사전 설정된 평가 척도에 따라 수행 지표로 분리하는 매우 구조화된 유형(highly structured type)이다(O'Leary, 2014).

교사의 수업에 대한 질 관리와 수행에 대한 투명성의 요구로 인해 후자의 두 가지 유형이 중점이 되는 경향이 있고, 요즘 빈 캔버스(blank canvas) 접근은 거의 볼 수 없다. 다음은 반 구조화 된 모형의 예시이다.

표 반구조화된 관찰 보고서 양식(Semi-structured observation report form)

교사명:	관찰자:	날짜:
수업명:	교과 및 학년:	그룹 수:

수업준비 및 계획(Preparation & Planning):

교수 학습 활동(Learning & Teaching Activity):

동등한 기회부여와 보호(Equal opportunities and safeguarding):

자료(Resources):

평가(Assessment):

교사의 질과 전문성(Personal Qualities & Professionalism):

활동 영역(교사와 관찰자 간의 토론과 협의)
(Areas to work on: discussed & negotiated between observer & teacher):

교사의 자기 평가(Teacher Self-Evaluation):

수업의 전반적 평가 = 성공/실패
(The overall assessment of this session = PASS/FAIL)

교사 서명: 관찰자 서명:

    이것이 반구조화 되는 것은 관찰자가 자신의 의견을 기록할 때 참조할 수 있는 일련의 기준을 포함하기 때문이다. 범주의 기준이 관찰자 및 주관 기관마다 다를 수 있지만, 많은 유사점을 가진다. 반구조적 관찰 보고서 양식의 기준을 예시하면 다음과 같다(O'Leary, 2014).

Wolverhampton 대학교 프로그램

레벨 1 - 학기 1
수업에서 레벨 1을 통과하려면 모든 필수 기능을 반드시 갖추어야 한다. 이 내용은 향후 수업
행동의 기초로 사용될 수 있다. 항목 중에서 하나라도 해당되지 않으면 실패가 된다.

레벨 2 - 학기 2
수업에서 레벨 2를 통과하려면 모든 기능을 반드시 갖추어야 한다. 관찰 후 피드백을 통해 일
부 기능을 충족시킬 수 있다.

	Level 1	Level 2
수업준비 및 계획	수업계획은 다음과 같은 목적으로 사용되었다. • 목표와 결과 파악 • 선행학습의 이해 • 신중한 계획의 결과물 • 참고할 기술 및 이해 개발	수업계획은 다음과 같은 목적으로 사용되었다. • 특정 목적 및 결과의 지표 • 기술 및 이해 개발을 위한 특정 결과 • 개별화를 위한 적절한 계획 • 수업 전반에 걸쳐 다양한 평가 활동 및 전략
교수 학습 활동	• 학습 과정에 적극적으로 참여한 학생들 • 개별화 된 활동 및 수업방법: 즉, 하나의 전달 방식이 아님 • 학습 결과에 대한 참고자료 • 적절한 피드백(언어적, 비언어적) • 지위(positioning) • 학생 집단 및 주제에 적합한 의사소통 • 기술 및 지식 개발을 인식한 평가활동 • 지시의 명확성 • 학습 평가 기회 • 계획의 융통성. 즉, 학습자의 자발적 필요와 상황에 대응 • 활동에 대한 명확한 예시 제공 • 적절한 ICT 사용	• 학습 결과를 참조하고 검토 • 개별 학습자의 요구를 확인하고 충족시키기 위한 방법 사용 • 수업전환의 효과적인 관리 • 능동적이고 독립적인 학습 촉진 • 기능의 통합된 발달 • 물리적 환경의 효과적인 관리 • 학생들을 위한 집중된 학습환경

동등한 기회 부여와 보호	• 학생들은 존중함 • 학생들의 기회 균등 • 학생의 수준, 연령, 배경에 적합한 언어 사용 • 모든 학습자를 포함하려는 노력	• 의사소통 전략이 개별 학생의 요구를 충족시킴 • 평등한 기회에 부적절한 의견이나 행동을 배척함 • 모든 활동에 모든 학습자를 포함
자료	• 자원은 학생들의 필요에 적절함 • 다양한 자원 및 활동은 학생들의 다양성 반영 • 자원은 주제에 적절함 • 자원의 높은 질과 언어의 정확성 • 자원이 현재 활용됨	• 교수 및 학습 자원의 다양성 • 자체 자원의 생산 또는 기존 자원의 알맞은 활용 • 교수 및 학습을 향상시키는 자료
평가	• 평가 활동은 학습 결과와 관련이 있음 • 학습을 확인하고 지원하는 적절한 다양한 평가 방법 • 평가 활동에 대해 학습자에게 소개 • 사용된 평가는 타당하고 신뢰할 수 있으며 목적에 부합 • 질문 전략 사용 • 학습자에게 적절하고 충분한 피드백	• 자기평가 및 동료평가의 적절한 사용 • 학생들은 학습 평가에 대한 적절한 책임을 가짐 • 다양한 질문전략의 효과적인 사용 • 평가는 모든 학습자에게 적용 • 학습자 기여에 긍정적인 반응
교사의 질과 전문성	• 학생들과 긍정적인 관계 형성 • 자신감 있는 태도 • 수업 및 학생들을 위한 열정과 관심 • 주제에 대한 정확한 지식과 최신 정보 • 모든 학생들에 대한 높은 기대: 학업 성취도를 높이기 위한 노력 • 학습자에 대한 공감과 존중 • 훈육이 적절히 이루어짐 • 수업은 목적에 맞는 속도로 진행 • 부적절한 행동은 신속하고 적절하게 다루어짐 • 적절한 음성 • 일관성 있는 행위 • 학생 안전과 건강을 적절히 고려	
교사의 자기 평가	이 섹션은 관찰 후 교사가 완성하며, 관찰자의 피드백으로 제기된 문제에 대한 의견을 포함해야 한다.	

예시된 Wolverhampton 대학교 프로그램의 보고서 양식에도 불구하고, 관찰자의 해석적 의견에 의존하기 때문에 질적인 접근을 유지한다. 관찰자가 수업에 대한 최종 결정을 내리기 전에 피관찰자와 의견을 교환하고 피관찰자는 사건들에 대한 자신의 해석을 제공할 수 있다. 그러나 최종 결정은 관찰자에 달려있다.

반면, 다음의 보고서 양식은 구조화된 관찰 보고서 양식으로서 수업관찰을 기록하는 양적−질적 접근의 예이다. 교육 및 학습을 18가지 범주 또는 성과 지표(performance indicators)로 제시한다. 이것은 일련의 기준 <표>를 구조화된 보고서 양식의 관찰 기준을 기반으로 관찰자가 등급을 할당하고 이를 최종 합산하여 종합 등급을 산출한다(O'Leary, 2014).

표 구조화된 관찰 보고서 양식(Highly structured observation report form)

교사 명:		과목:	학생 수:
관찰일자:		교실:	수업 시간: 관찰 시간:

관찰 판정(OBSERVER JUDGEMENTS): 준거에 따른 관찰

수행지표(Performance Indicator)	등급
1. 소개, 목표 및 학습 결과(Introduction, aims and learning outcomes)	
2. 학습의 속도와 구조(Pace and structure of learning)	
3. 평가 기법(Assessment techniques)	
4. 학습 방법(Learning methods)	
5. 개별 학습 요구 사항의 확인 및 지원(Identification and support of individual learning needs/differentiation)	
6. 포괄적 학습 전략(Inclusive learning strategies)	
7. 교사 유형 및 의사소통 기술(Teacher style and communication skills)	
8. 교사 지식(Teacher knowledge)	
9. 복습 및 요약(Review/recap/summary of learning)	

10. 학습성과(Achievement)	
11. 학습관리(Management of learning)	
12. 학습 참여 및 응답(Learning involvement and response)	
13. 출석과 시간엄수(Attendance and punctuality)	
14. 생활기술(Skills for Life)	
15. 학습환경(Learning environment)	
16. 건강과 안전(Health and Safety)	
17. 과업계획(Scheme of Work)	
18. 수업계획(Lesson Plan)	

학습자 의견(최소 3명):

등급(4등급 부여시 2번의 관찰이 요구됨):

전반적 의견:

피관찰자 의견:

표 구조화된 보고서 양식의 관찰 기준

	수행지표	탁월함	훌륭함	충족됨	충족되지 못함
	등급	1	2	3	4
1	소개, 목표 및 학습 결과	목표와 결과에 대한 종합적인 안내가 있다. 학습자는 학습 목적에 대한 명확한 이해를 가진다.	수업의 시작과 함께 학습자와 명확한 목표와 결과를 공유한다. 학습자는 학습 목적에 대해 분명히 안다.	간단하고 일반적인 소개를 한다. 학습 결과는 기본적인 수준이다. 학습자는 일반적으로 자신이 무엇을 할 것인지를 안다.	어떤 소개가 거의 부족하다. 학습자에게 명시되거나 공유된 명확한 목표와 결과가 없다. 학습자는 확실하지 않거나, 혼란스럽거나, 무엇을 할지 모른다.
2	학습의 속도와 구조	교과와 학습자 수준을 명확히 일치시켜 수업 속도를 유지한다. 모든 학습자의 학습 흥미를 유지하고 자극하기 위해 잘 구조화된 활동을 한다.	수업속도는 교과와 대부분의 학습자의 필요 및 수준을 일치시켜 수업속도를 유지한다. 대부분의 활동은 적절하고 구조화되어 있다.	전반적인 수업 속도는 학습과 관심을 증진시킨다. 일부 활동은 학습자 및 교과 수준과 일치하지 않는다.	수업속도의 세밀함이 부족하고 학습을 촉진하지 않는다. 학습자는 어느 시점에서 관심과 집중력을 잃는다. 많은 학습자들이 지쳐있거나, 지나치게 도전을 요구받거나, 혼란스럽거나, 이해하기 어렵다.
3	평가 기법	전반적으로 모든 학습자의 지식/진행 상황을 확인하는 데 효과적인 평가기법이 사용된다. 학습자의 진도 및 달성도는 정기적으로 기록되고 평가된다.	전반적으로 학습을 점검하고 향상시키기 위한 평가기법이 사용된다. 학습자는 달성도 평가 및 기록에 참여한다.	학습을 요약하고, 통합하고, 확인하는 평가가 제한적이다(예: 질문 및 관찰에 대한 과도한 의존). 기록 및 평가에 몇몇 학습자의 참여가 이루어진다.	학습자의 진보와 성과에 대한 비효과적, 불충분한 평가 또는 평가가 없다. 기록 및 평가에 학습자의 참여가 이루어지지 않는다.

4	학습 방법	적합한 학습 범위와 창의적 접근으로 학습을 극대화하고 학습자의 참여를 높인다.	학습자를 참여시키고 학습을 촉진시키는 알맞은 학습 방법이 사용된다.	제한되지만 교사는 학습자를 참여시키기 위해 다양한 노력을 한다.	학습자의 다양한 참여가 충분하지 않다. 학습자는 수동적이고, 교사는 학습 방법을 교과 및 학습자 요구에 일치시키려는 시도를 거의 하지 않는다.
5	개별 학습 요구사항의 확인 및 지원	학습 스타일 분석과 효과적인 진단 평가 기법을 사용하여 개별 학습 요구를 효과적으로 식별한다. 차별화된 자원 및 활동(추가활동, 구조화된 그룹, 개인 활동 등)을 통해 명료하게 지원된다.	개인의 필요를 식별하고 진단 평가 기법을 활용한다. 학습, 자원, 활동에서 분명한 개인적 지원이 제공된다.	개인의 학습 요구사항의 일부를 식별하고 진단 평가 기법을 활용한다. 자원, 활동에서 분명한 개인적 지원이 제공된디.	개별 학습 요구사항이 충분히 식별되지 않는다. 진단 평가 내용이 거의 없다. 수업에서 개별 학습 요구에 대힌 지원이 충분하지 않다. 명확하게 필요한 경우에도 학습 요구 또는 지원이 충분하게 충족되지 않는다.
6	포괄적 학습 전략	모든 수업 및 참고 자료는 매우 효과적인 다양한 사례를 활용하는 것을 통해 포괄적인 학습을 촉진한다. 참여를 유도하는 언어, 태도를 사용하여 최상의 개인지도가 이루어진다.	모든 수업 및 참고 자료는 효과적인 다양한 사례를 활용하는 것을 통해 포괄적인 학습을 촉진한다. 참여를 유도하는 언어, 태도를 사용하여 좋은 개인지도가 이루어진다.	수업 및 참고 자료는 몇몇 다양한 사례를 활용하는 것을 통해 지식을 설명한다. 적절한 언어, 태도를 사용하여 개인지도가 이루어진다.	포괄적인 학습 원칙에 대한 지식이나 인식이 거의 없다. 부적절한 언어, 태도를 사용하여 개인지도가 이루어진다.

7	교사 유형 및 의사소통 기술	수업에 대한 열정을 가진다. 학습자 참여 및 지속적인 동기 부여, 집중력을 증진시키는 뛰어난 구두 프레젠테이션 기술이 있다. 긍정적인 언어적/비언어적 행동, 힘 있는 목소리, 유창한 말하기 패턴, 명확한 시선 접촉, 열정적인 태도 및 개방적인 신체 언어 및 표현을 한다.	헌신과 에너지를 보여 주며 학습자의 흥미를 유지하는 표현력이 있다. 동기 부여 및 집중력을 향상시키는 프레젠테이션 기술이 있다. 교사는 효과적인 언어적/비언어적 의사소통 기술을 보여 준다.	수업에 대한 열정이 일반적이다. 의사전달은 명확하지만 강조가 부족하다. 프레젠테이션 기술은 만족스러운 수준이다. 개인지도는 적절한 언어적/비언어적 기술을 사용한다.	비효율적이거나 열정이 없다. 학습자의 참여가 이루어지지 않는다. 교사의 언어적/비언어적 기술은 비효율적이다. 학습자는 지루해하고 무관심하다.
8	교사 지식	매우 지식이 풍부하고 수업 분야에서 최신내용을 다룬다. 매우 효과적으로 사례를 다룬다.	수업 분야에 대해 잘 알고 있으며 관련 사례를 효과적으로 사용한다.	수업 분야에 일반적인 지식이 있지만 흥미/질을 향상시켜야 한다.	수업 일부 내용이 혼란스럽고 부정확하거나 부적절하다.
9	복습 및 요약	전체 학습에 대한 정기적이고 매우 효과적인 복습이 이루어진다. 요약은 수업목표 및 다음 수업과 매우 명확하게 연계된다.	학습의 요점을 알맞게 복습한다. 수업 말미에 요약이 명료하게 이루어지며, 다음 시간을 안내한다.	수업 말미에 간략한 요약과 복습이 이루어지며 다음 수업을 간략히 안내한다.	학습에 대한 복습이 충분하지 않거나 전혀 이루어지지 않는다. 수업 요약이 충분하지 않거나 요약되지 않으며 다음 강의를 거의 안내하지 않는다.
10	학습성과	수업활동에 대한 탁월한 기준이 있다. 모든 학습자가 수업	수업활동에 대한 알맞은 기준이 있다. 학습자들은 수업의	수업활동에 대한 수용할 만한 기준이 있다. 학습자들 중 다수	불만족스럽거나 부적절한 수업 기준이 있다. 지식과 기술의

		의 기준보다 우수한 지식과 기술을 성취한다.	기준에 적합한 또는 그것을 뛰어넘는 성과를 보인다.	가 수업 기준에 적합한 성과를 보인다.	수준이 기준에 부합하지 않는다.
11	학습관리	적절한 행동기준을 제시하고, 교사와 학생이 상호 가치/존경심을 표현한다.	학생과 교사의 관계가 수업 상황에 적합하다. 학생과 교사는 상호 의미 있는 존재로 인식한다.	지침은 일반적으로 명확하다. 수업에서 적절한 관계를 보인다.	집단/개인 활동이 비효율적으로 관리된다. 지시 사항이 명확하지 않고, 교사는 부적절한 소음에 반응하지 않고, 학생은 수업에 주의를 기울이지 않는다.
12	학습 참여 및 응답	모든 학습자는 적극적으로 참여한다. 높은 동기수준과 흥미를 갖는다. 질문하고 질문에 잘 응답하고, 높은 수준의 협력, 상호 작용이 이루어진다. 학습자는 학습에 주도적으로 참여하고 적절한 책임을 가진다.	학습자들의 알맞은 참여가 이루어진다. 수업에 관심과 흥미를 가지고 효과적인 협력, 상호작용의 사례들이 있다.	대부분의 수업 활동에 수용할 만한 학습자들의 참여가 이루어진다. 질문에 단편적인 응답이 이루어진다.	학습자의 개입이나 참여가 충분하지 않거나 전혀 없다. 학습자는 수동적이고, 제한된 관심을 갖는다.
13	출석과 시간엄수	학습자의 출석과 시간 준수(출석률 90%+정시 수업시작)가 우수하며 이를 통해 학습자의 학습준비를 확인할 수 있다.	출석 및 시간준수(출석률 85%, 거의 모든 학습자가 정시 수업시작)가 양호하다.	수용할 만한 출석률과 시간준수(출석률 80% 이상, 대부분의 학습자가 정시 수업 시작)가 보인다.	만족스럽지 못한 출석률(75% 미만)과 시간운영이 보인다(수업 시작 시 3분의 2가 시간을 준수하지 못함).

14	생활기술	수업 활동/자원의 기본 기술을 매우 효과적으로 도출한다. 이를 학습자와 공유한다.	수업 활동/자원의 기술을 효과적으로 도출한다. 이를 학습자와 공유한다.	기본적인 수업 활동/자원의 기술을 일부 도출한다. 이를 학습자와 공유한다.	수업 활동/자원에서 기술의 도출이 충분하거나 없다. 학습자는 정보를 얻지 못하거나 기회가 상실된다.
15	학습환경	수업과 관련성이 높고 목적에 부합하고 안전한 전문적인 학습 환경이다.	목적에 맞고, 잘 배치되어 있으며, 자원이 풍부하고 접근 가능하며 안전하다.	수용할 만한 시설, 기본적인 환경을 갖추었으며, 안전하다. 학습을 방해하지 않는다.	학습 목적에 부합하지 못하고 안전하지 못하다. 학습을 방해한다.
16	건강과 안전	매우 효과적인 집단/개인 관리가 이루어진다. 건강과 안전을 위한 명확한 안내가 수업전반에서 강조된다.	집단 활동을 잘 관리한다. 건강과 안전을 위한 명확한 안내가 이루어진다.	수용할 만한 집단의 관리가 이루어진다. 건강과 안전에 대한 강조가 적절하다.	집단/개인 활동의 비효율적인 관리가 이루어진다. 건강과 안전에 대한 안내가 비효율적이거나 부적절하다.
17	과업계획	포괄적인 계획에는 수업과정의 목표, 학습 활동, 방법, 자원, 평가가 포함된다. 학습 및 수업진행에 대한 자세한 정보를 제공한다.	계획은 수업과정에서의 학습 활동, 방법, 자원, 평가가 포함된다. 학습 및 수업진행에 대한 명확한 통찰을 제공한다.	세부 계획은 부족하지만 교육, 학습 활동, 자원, 평가의 개요를 충분히 제공한다.	계획이 매우 간단하거나 계획이 없다.
18	수업계획	매우 상세한 시간계획, 구조, 자원, 방법을 제시한다. 다양한 학습 스타일/요구 사항을 충족시킬 수 있는 수업활동 범위가 있다.	다양한 학습 스타일/요구와 연결된 자원 및 활동의 명확한 구조가 있다.	교수 방법, 학습자 활동 및 성취에 대한 수용할 만한 개요가 있다.	최소한의 계획이 제시된다. 교육 및 학습 활동의 계획이 불충분하다.

구조화된 보고서 양식의 관찰 기준과 관련하여, 그 타당성과 신뢰성에 관한 몇 가지 이슈가 있다.

첫째, 관찰자는 관찰 중에 많은 정보의 지표를 파악하면서 동시에 평가 결정을 내려야 한다. 이는 관찰자에게 많은 압력으로 작용한다.

둘째, 관찰 기준의 4가지 등급에 대한 기술어(descriptor)는 주제별(subject specific) 특성을 모두 반영하기 어렵고 매우 일반적이다. 그리고 각 등급 및 범주에 대한 일부 용어가 모호하다. 예를 들어, 1등급의 표현에서 '매우 효과적'이라는 용어가 반복적으로 사용되지만, 이것의 의미가 무엇인지 설명이 제공되지 않는다.

셋째, 수업 중에 18가지의 수행 지표가 충족되었다는 증거가 충분하지 않은 경우에 어떻게 평가해야 하는지 분명치 않다. 수업이 해당 지표를 충족시키지 못했다면 가장 낮은 등급을 무조건 부여해야 하는지 논란이 될 수 있다.

넷째, 관찰자가 이러한 기준에 따라 정확하고 신뢰할 수 있게 평가할 수 있도록, 정기적인 교육을 받아야 한다. 이러한 유형의 교육은 시간이 많이 걸리고 비용이 많이 든다.

마지막으로, 그 양식 자체가 질적 데이터보다 양적 데이터를 우선적으로 기록하므로 질적인 피드백의 중요성이 다소 감소한다. 그러나 지금까지의 연구에 따르면 이러한 피드백이 관찰 과정에서 가장 중요하다.

수업관찰에 대한 질적인 접근법은, 적어도 이론적으로는 관찰자가 기록하는 내용과 방법에 있어서 더 많은 자유를 제공하는 것으로 간주된다. 그러나 관찰의 목적 및 맥락과 더불어, 위의 두 가지 예에서처럼 그 접근방식에 따라 많은 변인이 작용할 수 있다. 이 변인들이 주의 깊게 다루어져야 수업 관찰에 대한 신뢰성을 얻을 수 있다(O'Leary, 2014).

라. 질적 연구방법의 적용 – 핵심사건(Critical events)

관찰자가 수업에서 일어나는 일의 본질을 파악하는 한 가지 접근법은 '핵심사건'에 대한 기술이다(Wragg 1984, 1993a; Wragg et al. 1996, 1998). 관찰자는 교사의 스타일이나 수업전략의 핵심을 보여준다고 여겨지는 특정 사례를 찾는다. 수업관리의 요소로서 규칙이 수립, 준수, 위반되는 경우, 인간관계를 드러내는 사건 등이 될 수 있다. 핵심사건 접근법은 Flanagan(1949)이 제안한 양식을 기반으로 한다. 관찰자는 무엇이 그 사건을 발생시켰는지, 무슨 일이 일어났는지, 그 결과는 무엇인지를 기록한다.

수업이 끝난 후 교사를 인터뷰 하고, 일어난 일에 대한 교사의 인식을 질문할 수 있다. 관찰자는 "왜 선생님은…?"과 같이 심문하는 태도가 아니라, "…에 대해 말씀해 주시겠어요?"와 같은 중립적인 언어를 사용한다. 상황에 따라 관찰자는 몇몇 학생들과 이야기할 수도 있지만, 관찰자들은 윤리적, 교육적인 측면을 고려해야 한다. 교사에 대해 학생들과 이야기 하는 것은 매우 민감하므로, 사전에 교사 및 보호자의 승낙이 필요하다. 또한 합의가 확보되더라도 면담의 영향을 민감하게 인식한 후 진행되어야 한다(Wragg, 2012).

표 핵심사건 기술 절차 및 양식

핵심사건 번호: _____   교사 이름: _____
교실: _____   날짜: _____

1. 무엇이 이 사건을 발생시켰는가?

2. 무슨 일이 일어났는가?

3. 그 사건의 결과는 무엇인가?

4. 참여자들과의 인터뷰

　핵심사건이 극적일 필요는 없다. 그것은 단지 관찰자가 다른 사건들보다 더 관심이 있고, 작지만 중요한 부분을 포함하기 때문에 더 자세히 기록할 가치가 있는 것들이다. 한 수업에서 세 가지 이상의 사건을 수집하고 분석하는 것은 쉽지 않다. 그러나 몇 가지 중요한 사건을 통해 수업을 크게 향상시킬 수 있다.

마. 질적 연구방법의 적용 – 신체 언어 분석

　수업관찰에서 신체언어를 찾아내는 것은 중요한 부분이다. 교실에서 상호 전달되는 비언어적 메시지가 많이 있다. 자세, 움직임, 몸짓, 표정, 시선 마주침 등이 모두 포함된다. 무엇을 시작하거나 어떤 결정을 내릴 때, 교사와 학생은 모두 서로의 얼굴과 몸, 자세를 빠르게 파악하고, 이전의 상황을 상기한 다음, 어떻게 행동할지를 결정한다. 놀라운 것은 이 모든 것이 순식간에 이루어진다는 것이다.

　자세는 흥미, 위협, 지루함, 흥분 등 거의 모든 인간 감정을 나타낼 수 있다. 저학년의 교사들은 학생들과 눈높이를 맞추기 위해 보통 자세를 낮추지만, 화가 났거나 권위가 필요할 때는 키 차이를 극대화하는 형태로 의사표현을 한다.

　보통 빠른 움직임은 사람을 움츠리게 만든다. 교사도 잘못된 행동을 하는 학생들에게 빠르게 다가감으로서 공격성을 표현하기도 한다. 물론 교사가 자신을 공격하지 않을 것을 알면서도 그러한 메시지를 전달받을 수 있다.

얼굴 표정은 수많은 작은 근육을 통해 당황, 행복, 불안, 경멸 등을 보여 준다. 특히 눈은 구두적·비구두적 의사소통을 위한 매우 중요한 요소이다. 개별 학생을 주목하거나 학생의 의도를 파악하기 위해 눈을 마주치기도 한다. 수업 관찰자는 비언어적 특징을 다 기록하지는 못하지만, 그러한 비언어적 의미에 따른 상황판단을 기록한다.

신체 언어를 해석하는 데 주의할 점은 그 의미를 잘못 해석할 수 있다는 것이다. 어떤 자세, 표정, 움직임은 모호할 수 있다. 수업에서의 상호작용을 정확히 이해하지 않으면 일반적인 상식차원에서 해석하여 잘못된 결론을 내릴 수가 있다(Wragg, 2012).

바. 질적 연구방법의 적용 – 전사(transcript)

질적 관찰의 결과로 도출된 메모, 음성, 비디오, 핵심사건 등은 연구자가 관심을 기울이지 않으면 다시는 빛을 볼 수 없는 자료로 남겨진다. 1주일 이상 시간이 흐르면 수업에 대한 기억이 소실되어 의미를 이해할 가능성이 줄어든다. 즉, 질적 자료의 경우 가능한 빨리 분석을 해야 한다. 수업 담화를 글로 옮긴 전사 자료는 질적, 양적으로 분석될 수 있다. 전사 자료 분석을 위한 컴퓨터 프로그램이 있지만 많은 제한점이 있기 때문에, 관찰자가 직접 의미 분석을 하는 것이 선호된다.

전사된 자료가 있으면, 여러 가지 언어적 차원도 고려할 수 있다. 수업 중에 사용되는 언어와 놀이 중의 언어, 가정에서 사용하는 언어 등을 비교해 볼 수도 있다. 한 예로 Tizard와 Hughes(1984)는 교사와 아동들 사이의 대화를 아동과 부모 사이의 대화와 비교 분석했다. 유치원보다 가정에서 좀 더 정교한 언어적 교환이 있었고, 아동들은 가정에서 부모들에게 무수히 많은 질문을 했지만, 교사에게는 거의 질문을 하지 않았다. Barnes 등(1967)이 밝힌 내용에 따르면, 진정으로 개방된 질문과 허위로 개방된(pseudo-open) 질문이 있다. 허위로 개방된 질문이란 표면적으로는 광범위한 반응을 불러일으키는 질문인 것 같지만, 실제로는 교사가 선호하는 반응을 찾는 것이다. 이러한 환경에서 학생들은 어떤 반응을 해야 하는 질문인지를 곧잘 추측

하고, 교사의 얼굴이나 언어적 반응을 살피고 허락되는 응답을 찾는다.

교사와 학생간의 상호작용이 얼마나 빠른지에 따라 다르지만, 보통 분당 100~150 단어로 말을 한다. 30분 안에 10~20 페이지의 전사가 이루어져야 한다. 수업관찰 기록에서 분석을 하고자 할 때 보통 수백 쪽의 문장을 직면해야 한다. 전사 자료를 분석할 때 명확한 목적과 적절한 전략 선택은 필수적이다. 그 몇 가지 예를 제시하면 다음과 같다(Wragg, 2012, p. 74).

목적: 수업에서 핵심적인 내용 밝히기
전략 ① 문장을 읽고 형광펜을 사용하여 주목할 만한 가치가 있는 내용 확인하기
　　② 표시된 문장을 적절한 제목으로 분류하기
　　③ 분류된 내용을 바탕으로 교사 및 학생과 토론하고, 이해와 해석 이끌어 내기

목적: 학생들이 특정한 문제를 배울 수 있는 기회가 제공되었는지 살펴보기
전략 ① 특정 주제 또는 개념이 논의된 사례를 찾기 위해 문장 훑어보기
　　② 특정한 문제가 제기되었는지, 애매하거나 명확하지 않은지, 실제로 다루어졌지만 학생들이 주의를 기울이지 않았는지, 학생들이 이해하지 못하였는지 확인하기

목적: 교사의 발언이 수업 주제와 학생들에게 적합한지 확인하기
전략 ① 개별 학생이나 집단에게 교사가 설명하는 문장 찾기
　　② 단어, 표현 등이 개별 학생이나 집단에게 적절한지 검토하기

목적: 수업이 학생들에게 미칠 수 있는 영향 확인하기
전략 ① 수업에서 발생한 에피소드 확인하기
　　② 에피소드의 결과로 나타나는 상황 분석하기
　　③ 교사 및 관련 학생과의 후속 인터뷰를 통해 에피소드에 대한 의견 듣기

사. 질적 연구방법의 적용 – 질적 자료의 정량화

질적 분석을 선호하는 연구자들은 정량적인 분석을 접목하는 것을 대부분 거부하지만, 일부 연구자들은 수업 현장의 기록을 정량적으로 분석하고자 한다. 이러한 방법 중 하나는 '수업 프로토콜'로서, 관찰자가 기록한 문장에 한 줄씩 개별적인 번호를 붙여 이들을 하나씩 분석하는 것이다. 이것은 Berliner와 Tikunoff (1976)가 California Beginning Teacher Evaluation Study에서 제안한 방법이다. 간단히 예시하면 다음과 같다(Wragg, 2012, pp. 75-77).

표 수업 프로토콜

프로토콜: 1	
학교: 연구자: 교사: 날짜: 관찰시간: 학생 수:	명랑초등학교 김봄빛 김정미 2018년 3월 2일 (개학일) 오전 8:30 이후 24명 (남 12, 여 12)

1	이 학교는 섬유제품 공단이 형성되어 있는 지역에 위치하고 있으며, 전
2	교생이 650명이다. 8시부터 학생들이 학교에 도착한다. 일부는 혼자서
3	등교하고 대부분은 2-3명이 짝을 지어서 등교한다. 간혹 부모가 직접 동
4	행하는 경우도 있다. 학교의 역사가 60년이 넘어서 가족 전체가 이 학교
5	를 다닌 경우도 있다. 학부모들은 학교에 애착이 많으며, 공단에 근무하
6	는 경우가 대부분이다. 오전 9시까지 대부분의 학생들이 등교를 완료하
7	고, 학생들 등하교 시간을 제외하고 학교주변은 비교적 한산하다. 김 선
8	생님은 1교시 수업을 시작하였다. 선생님이 교단에 서서 앉아 있는 학생
9	들이 보고 있다. 선생님은 누가 아직 등교하지 않았는지 파악하고 있다.
10	수업을 시작한지 5분 후에 학부모가 학생과 함께 문을 열고 들어온다.
11	선생님은 1교시를 시작하면서 방학동안 제시한 일기쓰기 숙제를 제출하
12	라고 요구한다. 학생들은 차례대로 자신의 일기장을 선생님 책상 위에

13	올려놓고 있다. … 9시 40분에 1교시 수업이 끝났고, 선생님은 학생들
14	과 책상 배열을 바꿔서 4명씩 모둠을 만들도록 했다. 9시 50분에 복도에
15	서 고함치는 소리가 난다. 학부모와 학생이 서로 팔을 당기고 있으며, 영
16	희는 학교에 가고 싶지 않다며 소리치고 있다. 학부모도 아이를 향해 소
17	리치면서 "자꾸 이러면 엄마가 아무것도 할 수 없어. 도대체 왜 이러는
18	거야?"라고 말하고 있다. 김 선생님은 학생과 학부모를 달래려고 시도한
19	다. 영희는 선생님과 엄마를 밀치다가 선생님이 허리를 숙여 두 팔을 잡
20	자 고개를 숙이고 차분해진다. 김 선생님은 영희와 학부모를 교실로 데
21	리고 들어온다. 학부모가 죄송하다고 인사하며 3분 후에 교실을 떠난다.
22	김 선생님의 질문에 아무 대답도 없이 책상에 고개를 숙이고 있던 영희
23	에게 선생님은 "선생님과 이야기할 준비가 되면 말해줘."라고 말하고 다
24	시 칠판 앞에 선다. 영희는 2교시에 시작된 모둠 활동에 적극 참여하는
25	모습을 보이며 일반 학생들과 구별되는 점 없이 공부를 하였다. 선생님
26	은 별도의 질문을 하지는 않았고, 그냥 지켜보았다. 이후 수입에서도 영
27	희는 아침의 모습은 찾아볼 수 없었고, 일반 학생들과 동일하게 행동하
28	였다. 수업을 마칠 시간이 되자, 영희의 엄마가 다시 학교로 찾아왔고,
29	선생님은 오늘 영희의 학교생활을 간략히 설명하였다. 선생님은 영희에
30	게 "내일도 즐겁게 공부하자." 하고 작별인사를 하였고 영희는 부끄러운
31	듯 고개를 숙이며 "네." 하고 대답하였다. 영희 엄마는 감사하다는 인사와
32	함께 영희와 함께 교실을 나섰다.

관찰자에 따라 프로토콜을 분리하여 읽고 중요한 측면을 제시할 수 있다. 예를 들면, 교사 효과성, 학생 행동, 사회적 관계 등 다양한 주제와 목적에 따라 프로토콜을 선별적으로 읽고 해석할 수 있다. 수업을 줄 단위 프로토콜로 나눈 것은 관찰자들의 해석을 비교할 수 있도록 하기 위함이다. 예를 들어, 학생의 공격성을 주목해야 할 주제라고 한다면, 19−20 '영희는 선생님과 엄마를 밀치다가'를 추출하고 상호 비교할 수 있다. 또한 개별 라인을 특정한 범주로 코딩할 수도 있다. 수업의 효과성과 관

련된 내용은 24행의 '모둠 활동에 적극 참여하는 모습'이 강조될 수 있고, 이것은 '협동 활동'으로 범주화 될 수 있다.

그리고 그 의미의 정도에 따라 '약함'에서 '강함'으로 척도화하여 표시할 수 있다.

	약함 ◄──────► 강함
학생들의 참여	1 2 3 4 5 6 7
따뜻함	1 2 3 4 5 6 7
질책하기	1 2 3 4 5 6 7

이런 방식으로 계량화하는 것의 장점은 수업에서 일어난 일에 대한 다양한 설명이 부여될 수 있고, 관찰자에 따라 독립적인 분석을 가능하게 하여 어느 정도 객관성을 부여할 수 있다는 것이다. 가장 큰 단점은 세밀한 묘사나 뉘앙스를 드러내지 못하고 대강의 범주로 귀속시킬 수 있다는 것이다(Wragg, 2012).

아. 질적 연구방법의 적용 – 레퍼토리 그리드 기법

수업관찰에 활용할 수 있는 연구 기법으로 Kelly(1955)가 개발한 레퍼토리 그리드(repertory grid)가 있다. 이를 통해 연구자는 각 개인의 구축하고 있는 구성개념(constructs)의 그림 조각들을 모으고, 그 다음 교실에서 일어난 일과 비교할 수 있다. 이것은 Kelly(1955)의 Personal Construct Theory(PCT)에서 유래된 지식 분석 방법론이다. 인간의 사회적 행동(personal–social behavior)은 자신의 삶에서 중요한 영향을 준 타인을 향한 자신의 내부적인 감정 표현(internal representation of individual's feelings)에 영향을 받는다는 것이다. 그리고 그와 같은 감정들은 과거의 연관성(past interactions), 경험, 인식(perceptions)에 기초해 발전되어진다.

이 내부적 감정표현을 Kelly는 레퍼토리 그리드를 통해 추출했다. 특히, 인식은 구성개념(constructs)라고 표현된다. 구성개념은 양극성(bi–polar)으로 서로 구별되거나 비슷함과 비슷하지 않음(similarity and lack of similarity)으로 표현된다. 각 사건은 구성요소(elements)가 되고, 비슷함 또는 다른 점을 바탕으로 구성요소를 추출할 수 있다.

　구성주의 연구의 대부분이 이 방법론을 사용할 정도로 광범위한 활용성을 가지지 만(Saúl, et al., 2012) 한국에서는 아직 생소하다(황선정, 2014). 이 이론에 따르면, 개 인이 그들 주변에서 일어나는 사건을 이해하고 해석하기 위해 자신만의 인지구조 (constructs)를 사용한다. 또한, 이 인지구조는 시간, 상황, 경험에 따라 변화할 수도 있다. 따라서 개인은 그들의 경험에 기반한 해석 체계를 만들어서 세상을 이해하며, 현재의 상황을 해석함과 동시에 미래를 예측한다. 더불어 Kelly는 이러한 개인인지 구조는 양극성(bi-polar)이라는 특징을 지니고 있다고 주장한다(Kelly 1955). 즉, 어 떤 대상이나 주제에 대해 '좋다-나쁘다', '많다-적다'와 같은 대립된 인지적 개념을 갖는다고 보는 것이다(민애홍, 2014).

　인간은 자기애로 인해 자신의 내적세계를 기술하는 것에 어려움이 있고 방어적으로 자신에 대한 정보를 무의식적으로 왜곡할 수 있기 때문에, 그들의 주관적 세계에 접근 하기 위해서는 레퍼토리 그리드를 적용하는 것이 유용하다(Dimaggio, et al., 2008). 레 퍼토리 그리드는 자신을 포함하여 의미 있는 대상들이 지니는 성격의 비슷한 점과 다 른 점에 대해 보고하는 과정을 통해, 자신에게 영향을 미치는 중요한 구성개념들을 도출하는 것이므로 일종의 투사적 속성을 지니고 있다. 때문에 레퍼토리 그리드는 수 학적 측정치를 해석하는 것 외에도 구성개념들에 대한 질적 분석도 가능하다. 연구의 목적에 맞게 구성개념들을 평정하거나 유목화하여 분석할 수도 있다. 즉, 사람들이 세상의 현상을 어떻게 바라보고 인지하고, 분류하는지를 파악할 수 있는 방법론이다 (황선정, 2014).

　근거이론이나 합의적 질적 분석과 같은 기존의 질적 연구방법론은 과도하게 시간 과 노력을 투자해야 하고 수집된 자료들을 범주화 혹은 요약함으로써 자료 손실이 불가피하게 발생한다는 제한점을 갖고 있다. 이에 비해 레퍼토리 그리드는 개인으로 부터 얻을 수 있는 질적 정보들이 상당히 많을 뿐 아니라 그 자료들을 손실 없이 모두 분석에 사용할 수 있다. 인터뷰에 소요되는 시간이 30~40분 정도인 데다가 채점도 간소화되어 있어서 실시하기가 쉽다. 이런 점에서 레퍼토리 그리드는 효율적인 질적 연구방법론의 하나로 추천될 수 있다(황선정, 조성호, 2011). 레퍼토리 그리드는 구성

개념의 내용에 있어서는 개별 기술적 정보를, 구조에 있어서는 표준화되고 양화될 수 있는 구성측정치들을 제공해주는 연구방법론이다(Feixas, Erazo-Caicedo, Harter, & Bach, 2008). 그리고 레퍼토리 그리드 기법은 작은 표본으로도 활용이 가능하다(민애홍, 2014). 모집단에서 추출된 15~25명의 표본 크기는 연구하고자 하는 영역에 대한 충분한 인지구조를 이끌어낼 수 있다고 여겨진다(Ginsberg, 1989).

① 적용방법

레퍼토리 그리드는 요소(elements), 구성개념(constructs), 연결(links)등 세 부분으로 이루어져 있다(황선정, 2014).

요소(elements)는 관찰 대상자의 '자신에게 의미 있는 대상'으로 사람, 물건, 활동일 수도 있다. 예를 들면, 자신, 부모, 형제, 동성 친구, 이성 친구, 이웃, 선생님, 학생, 직장 상사 등이 될 수 있다. 레퍼토리 그리드에서 사용되는 요소의 수는 대체로 10~15개이며, 타당한 결과를 내기 위해서는 최소한 10개 이상의 요소를 사용할 필요가 있다(Fransella, et al., 2004). 요소 선택은 관찰자가 요소를 제공하는 방식과 (supplied elements), 관찰 대상자가 선택하는 방식(elicited elements)이 있다. 이때 관찰자는 대상자에게 어떤 역할이나, 상황, 범위(pool)를 정해줄 수도 있다(Easterby-Smith 1980).

구성개념(constructs)은 요소에 대한 관찰 대상자의 해석으로 예를 들면, 요소들 간의 유사점과 차이점을 설명하는 형용사가 될 수 있다. 관찰 대상자가 요소로 남학생과 여학생을 선택했다면 관찰자는 남학생과 여학생이 유사한지, 다르다면 어떤 면에서 다른지를 묻고, 이에 대해 관찰 대상자가 묘사한 특성들이 개인적 구성 개념이다. 구성개념은 반대 성격을 가진 형용사(예: 차분하다 - 쾌활하다)나 문장으로 표현된다. 구성개념의 개수는 최소 10개 이상으로 하되 요소의 수보다는 적게 설정하는 것이 적절하다. 구성개념의 수가 많을 경우 분석이 매우 복잡해질 수 있다. 구성개념을 도출하는 방식은 관찰자가 제공(supplied constructs)할 수도 있고, 관찰 대상자가 제공(elicited constructs)할 수도 있다. 심리학적 연구에서는 관찰자가 제공하는 방식보다 관찰 대상자로부터 도출되는 방식이 선호된다(Fransella, et al., 2004).

보편적으로 많이 쓰이는 방법은 관찰 대상자로부터 구성개념을 도출하는 삼각비교분류법(Triadic sort method)이다. 관찰 대상자는 이전 단계에서 얻은 요소들 가운데, 3개의 요소를 무작위로 선택하여 비교한다. 3개 중 상대적으로 비슷한 2개의 요소와 상대적으로 다른 1개의 요소를 구분하고, 그렇게 구분한 이유를 말하도록 한다. 그 이유와 기준이 바로 구성개념이 된다. 관찰 대상자는 새로운 조합으로 다시 3개의 요소를 뽑으면서 이 과정을 반복하며 구성개념을 계속 도출해낸다. 대부분 7~10개의 조합으로부터 충분한 구성개념을 이끌어낼 수 있고, 그 이상의 구성개념은 반복되거나 중복되는 형태가 될 가능성이 높다. 연구 목적에 따라 관찰자가 무작위가 아닌 체계적으로 삼각비교 요소를 교체할 수도 있다. 또 한 가지 방법은 전체비교법(Full context form)으로 모든 요소를 놓고 비교, 분류하는 것이다. 이것은 인지적으로 각 요소들이 어떻게 분류되는지와 공유되고 있는 의미를 밝히기 위해서 쓰인다(Tan and Hunter 2002). 이 외에도 여러 참가자들이 모여서 공개적인 논의를 함으로써 인지구조를 도출할 수 있다(민애홍, 2014).

연결(links)은 각 요소에 대해 구성개념을 연결시키는 방향이다. 즉, 양분화(dichotomizing), 순위(ranking), 점수평가(rating) 방법으로 요소에 대해 구성개념에 기반한 점수를 부여한다. 양분화(dichotomizing)는 간단하긴 하지만 중간 단계의 선택권이 없으며, 한 쪽의 경향으로 치우치는 비대칭분포의 위험성이 있다. 순위(ranking)는 양분화보다 더 분별력을 가지고 비대칭분포의 위험이 없지만, 실제 차이가 없는 요소 간에 차이를 나타내도록 강요한다는 것과 순위간의 간격 차이가 있을 수 있다는 단점이 있다. 척도를 이용한 점수평가(rating)가 가장 많이 쓰이는 방법으로 연구 참가자들이 요소를 더 자유롭게 분류할 수 있다(Tan and Hunter 2002). 보통 7점 척도를 활용한다. 예를 들어, '문제 학생' 요소에 대해 '방해하다 – 협조하다'라는 구성개념을 7점 척도로 평정한다고 했을 때, '매우 방해한다'를 1점, '자주 방해한다' 2점, '가끔 방해한다' 3점, '보통이다' 4점, '종종 협조한다' 5점, '자주 협조한다' 6점, '매우 협조한다' 7점을 부여한다(황선정, 2014).

② 결과분석 방법

도출된 결과를 분석하는 방법은 다음과 같다(민애홍, 2014).

레퍼토리 그리드 내용분석은 특정 요소나 구성개념의 빈도를 측정하는 간단한 방법으로, 관찰 대상자들 간의 공통된 특성 측정에 쓰인다.

레퍼토리 그리드 재배열법은 요소와 구성개념의 순서를 바꾸는 것으로 비슷한 구성개념을 서로 가까이 위치시켜 결과적으로 비슷한 요소들이 서로 근접하게 놓이도록 하는 방법이다.

레퍼토리 그리드 변형법은 요소와 구성개념들 간의 관계를 잘 이해할 수 있도록 상관관계를 살펴보는 것이다. 여기에서 군집분석이 요소와 구성개념의 패턴과 그룹화를 확인하는 데에 쓰일 수 있다.

레퍼토리 그리드 분해법은 근본적인 구조로 분해함으로써 데이터를 단순화시키는 요인분석으로 분석하는 것이 가장 일반적이다.

레퍼토리 그리드 진행은 4단계로 이루어진다.

1단계는 인터뷰 설계로서, 사용할 요소와 구성개념의 개수, 평정 척도, 구성개념 도출 방식 등을 연구목적에 맞게 설계한다.

2단계는 실시 단계로서, 요소 도출, 구성개념 도출, 평정 등 세 단계로 나누어진다.

예시)

① **요소추출과정**: 자신의 수업방법의 특성을 빈 카드에 기입한다. 평균적으로 사용되는 요소의 수는 10~15개이다. 교사가 요소를 기입하면 그 순서대로 레퍼토리 그리드 프로토콜 시트에 순서대로 옮겨 적는다.

② **구성개념추출과정**: 카드를 섞은 뒤 임의로 3장을 뽑는다. 뽑은 3장 중 교사의 자유로운 기준에 따라 비슷하다고 여겨지는 두 개와 다르다고 느껴지는 한 개를 분류한다. 분류된 카드를 2장, 1장으로 놓고 왜 그렇게 나누었는지(비슷한 점, 다른 점, 그 이유 등) 질문한 뒤, 자유로운 응답을 하도록 한

다. 응답한 구성개념을 관찰자가 프로토콜 시트의 왼쪽 칸에 기록한다. 기록된 구성개념과 반대되는 성격은 무엇이라고 생각하는지 되묻고 그에 대한 응답내용을 프로토콜 시트의 오른쪽 칸에 기록한다. 응답이 완료되면, 다시 카드를 섞은 뒤 위의 절차를 반복하여 구성개념을 추출한다. 요소에 대한 구성개념들이 더 이상 도출되지 않는 포화상태(saturated states)가 될 때까지 진행하면 된다. 구성개념은 요소보다 약간 적은 것이 좋으나 요소와 구성개념 모두 최소 10개 이상이 되어야 한 개인의 구성시스템을 타당성 있게 검토할 수 있다.

③ **연결**: 추출된 구성개념과 요소를 바탕으로 평정척도를 기입하고, 이에 따라 평가한다. 그리드의 수는 요소와 구성개념의 개수를 의미한다. 시트를 교사에게 주고 구성개념들과 요소의 관계성을 평정하도록 한다.

3단계는 분석 단계로서, 인터뷰 결과를 바탕으로 다양한 측정치를 도출한다.

4단계는 해석 단계로서, 산출된 다양한 측정치들을 해석한다.

그림 레퍼토리 그리드 적용 예시

주제: 교수 방법
요소: 9가지의 교수방법 및 상황
구성개념: 교사로부터 추출된 10가지의 구성개념
점수평가: 7점 척도

	1	2	3	4	5	6	7	8	9	
다른 사람이 준비	5	4	4	4	2	5	3	2	1	교사가 직접 준비
학생이 준비되지 않아도 성공	3	5	4	2	3	1	3	4	4	학생들의 약간의 준비가 필요
교사는 학생에게서 거리를 둠	1	5	3	3	4	2	3	2	5	학생들에게 최대한 개입
학생들이 다소 지루해 함	1	3	2	4	4	4	3	5	5	보통 학생들이 흥미 있어 함
나에게 즐겁지 않다.	2	1	5	4	3	3	3	5	4	나에게 즐겁다.
특정 사항에 대한 학습	2	3	3	3	4	1	4	5	5	다양한 경로를 통한 학습
준비에 많은 경비 소요	4	4	3	4	2	4	3	1	5	준비에 경제적
장비 및 도구가 필요	1	3	2	5	3	3	3	4	5	장비 및 도구가 필요없음
정서적인 부분이 크지 않음	1	3	2	5	3	3	3	4	5	정서적인 부분이 크게 작용
많은 인내가 필요	4	5	3	3	3	3	2	1	1	적은 인내가 필요

1. 강의
2. 개인교수
3. 세미나
4. 역할극
5. 기숙형
6. 구조화된 연습
7. 현장방문
8. 해외연수
9. 일상경험

출처: Jankowicz, D.(2004)

12

대안적 수업관찰

수업관찰의 전통적인 모델을 넘어 새롭게 시도해 볼 수 있는 수업관찰 방법으로 비실제 관찰과 원격 모바일 비디오 기술, 텍스트 마이닝, Q 방법론 등을 이용한 사례를 소개하고자 한다(O'Leary, 2014).

가. 비실제 관찰(unseen observation)

비실제 관찰은 실제로 보지 않은 수업을 관찰하는 것이다. 비실제 관찰(unseen observation)이라는 용어는 수업을 실제로 관찰하는 절차가 생략된 관찰 모형이라는 점에서 일부 사람들에게 낯설게 느껴질 수 있다. 본질적으로 이 관찰 모형은 동료 관찰과 매우 유사하지만, 실제 수업이 없다는 점에서 차이가 있다. 관찰자가 실제 수업을 관찰하는 대신에 관찰자(supervisor)와 피관찰자 간의 전문적 대화가 전제된다. 즉, 수업 계획, 수업에 대한 설명, 수업에 대한 반성적 토론이 관찰자와 피관찰자 간에 이루어진다. 다음 그림은 비실제 관찰의 기본단계와 개요이다(O'Leary, 2014).

비실제 관찰 개념은 언어 관련 교사교육에서 비롯되었고, Rinvolucri(1988)가 상담 치료에서 발상을 얻어 제안하였다. 상담사는 대부분 실제 상황을 실제로 목격하는 것이 아니라 어떤 일이 발생한 후에 실제 사건에 대해 이야기를 듣는다. 마찬가지로 수업 관찰자는 실제로 수업을 방문하지 않는 대신, 전문적인 대화를 통해 교사로부터 수업에 대해 듣는다.

그림 비실제 관찰의 단계

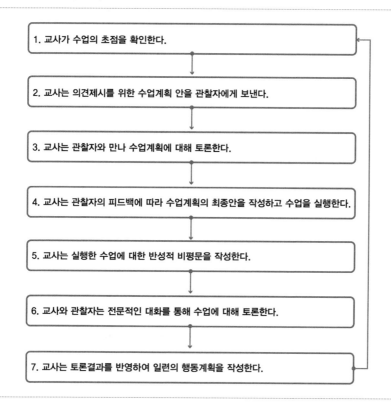

1. 교사가 수업의 초점을 확인한다.

2. 교사는 의견제시를 위한 수업계획 안을 관찰자에게 보낸다.

3. 교사는 관찰자와 만나 수업계획에 대해 토론한다.

4. 교사는 관찰자의 피드백에 따라 수업계획의 최종안을 작성하고 수업을 실행한다.

5. 교사는 실행한 수업에 대한 반성적 비평문을 작성한다.

6. 교사와 관찰자는 전문적인 대화를 통해 수업에 대해 토론한다.

7. 교사는 토론결과를 반영하여 일련의 행동계획을 작성한다.

출처: O'Leary, 2014

교사교육에서 상담 접근법을 사용하는 것에 대한 강한 논거는 이러한 접근이 개인으로서의 교사에 중점을 둔다는 점이다. Cogan(1995)은 20여 년 전에 교사의 수업에 대한 전통적인 접근 방식은 나름의 교육관을 가진 전문가로서의 교사의 문제를 해결하지 못한다고 주장했다. 교사의 전문적 발달을 위해 상담학에서 배울 것이 많다는 것이 Cogan의 주장이다. 특히 적용해야 할 중요한 점은 교사를 한 개인으로 대하는 것이고, 교사들이 경험하는 수업에 대해 진지하게 받아들이고, 이것이 전문적인 대화의 근간이 되어야 한다는 점이다. 따라서 비실제 관찰에서 관찰자에게 제공되는 기초는 교사의 수업에 대한 인식이다. 수업에 대한 후속 대화에서 관찰자의 역할은 전통적인 관찰자−피관찰자 관계에서 벗어나, 더 지지적이고 덜 지시적이어야 한다. 전통적 관찰모형에 비해 교사에게 더 큰 자율권이 부여된다.

마찬가지로, Edge(1992)의 '협력 발달(cooperative development)' 모형은 비실제 관찰의 관점과 윤리적인 특징을 많이 공유한다. 이것 역시 상담학의 영향을 많이 받았다. 주요 목표는 자기 개발을 촉진하는 것이지만 Edge가 제시하는 기본 틀은 동료들 간의 협동 작업을 기반으로 한다. 그러나 발달 방향에 대한 책임은 개별 교사에게 있다.

교사는 교실에서 일어나는 일, 자신에게 필요한 것, 학습자의 요구 사항에 대한 최고의 판단자라는 것이 Edge의 주장이다. Edge(1992)의 협력 발달 모형은 발화자(Speaker)와 수용자(Understander)라는 두 가지 핵심 역할을 제시한다. 이것은 비실제 관찰에서 교사와 관찰자와 대응된다. 수용자(Understander)는 적극적인 청취자의 역할을 유지하면서 발화자(Speaker)에게 가능한 많은 표출기회를 제공함으로써 발화자의 발달을 지원할 책임이 있다.

발화자는 자신의 생각과 반성을 구어 형태로 수용자에게 전달해야 하므로 자신의 입장이나 생각들을 이해해야 하며, 그렇게 함으로써 스스로의 신념과 가치를 명확히 할 수 있다는 것이 Edge의 주장이다. 수업 이후에 이루어지는 토론은 교사가 자신을 표현하고 자신의 신념과 생각을 탐구하는 기회로 볼 수 있다.

비실제 관찰에서 관찰자의 역할과 교사의 역할에는 유사점이 있다. 둘 다 자신의 학습 경험에 보다 적극적으로 참여하게 되어 학습에 대한 책임을 증가시키고, 궁극적으로 전문적인 자율성을 가지게 된다. 이러한 접근법의 주요 신념 중 하나는 다른 사람의 처방에 의존하지 않고 스스로를 위해 새로운 아이디어를 발견하고 평가하는 것에 의미를 두는 것이다. 관찰자는 학습 경험을 직접적으로 제어하기보다는 그것을 촉진한다.

비실제 관찰의 단점은 관찰자가 특정한 이야기만 듣게 되어 교사의 수업에 대한 기억, 정직성, 정확성에 전적으로 의존하게 된다는 점이다. 교사가 수업에서 실천했다고 말하는 것이 실제로 일어난 일을 정확히 반영하지 않을 수 있다. 그러나 기타 관찰모형에도 단점에 있다는 점을 상기할 때, 비실제 관찰을 사용하는 것은 여러 장점이 있다.

첫째, 전통적인 수업 관찰에서는 거의 대부분 교사의 자존감, 자기 효능감 등과 같은 심리적 불안을 경험하게 된다. 그러나 비실제 관찰은 관찰자가 그 수업을 목격하기 위해 교실에 있지 않기 때문에 이러한 민감한 문제는 피할 수 있다. 결과적으로 특정 사실이나 세부적인 내용(impressionistic)에 대해 판단을 할 수는 없다. 그러나 더 중요한 것은, 수업에 대한 관찰자의 주관적인 해석에 의존하지 않기 때문에 둘 사이의 협력적 신뢰를 구축할 수 있다는 것이다.

둘째, 관찰자의 역할이 평가자가 아니라 촉진자라는 사실을 고려할 때, 관찰자와 피관찰자 간의 어색한 권력 관계(Wragg, 1999)가 재조정되는 기회가 제공된다. 이러한 권력 재분배의 결과로 더 생산적이고 지지적인 관계가 형성될 수 있으며, 이는 진솔하고 의미 있는 토론을 자극하는 데 도움이 된다.

셋째, 수업에 참여하여 관찰하기 위한 업무나 일정을 배정하지 않아도 되기 때문에 특히 시간적으로 효과적이다(Powell, 1999). 수업관찰은 학교의 중요한 업무이고, 이 외에도 학교에는 수많은 업무가 있기 때문에 사업 운영의 효율성을 고려하지 않을 수 없다.

실제 Murdoch(2000)의 연구에 따르면 대규모 교사 개발 프로그램에서 비실제 관찰이 매우 인기 있는 대안임을 입증하였다. 교사의 자존심을 위협받는 상황이 배제되고, 스스로 결정하여 수업을 결정할 수 있는 권력을 갖게 되었으며, 결국 자신의 능력에 대한 자신감의 상승으로 나타났다.

Powell(1999)은 이러한 접근이 교사들로 하여금 '정직한 자기 성찰(honest introspection)'을 하게 한다고 지적했다. 비실제 관찰의 성공여부는 교사의 정직한 자기 성찰이며, 이는 교사가 스스로를 개방하고 진심으로 참여할 준비가 되어있는 정도이다. 교사가 수업에 대한 개선 욕구와 공개적으로 수업에 대해 반성하는 것은 본질적으로 내부에서 비롯되는 것이며 외부로부터 부과될 수 없다.

구체적인 비실제 관찰의 사례로서 Quirke(1996)의 5단계 비실제 관찰 수행이 있다.

- 전 과정에 대한 토의(Pre−course discussion)
- 수업 전 토의(Pre−lesson discussion)
- 수업(The lesson unseen)
- 수업 후 피드백(Post−lesson feedback)
- 전 과정에 대한 인터뷰(End of study interview)

① 1단계: 전 과정에 대한 토의

첫 번째 단계는 수업에 대한 접근, 수업의 영향, 이를 뒷받침하는 방법론 등에 대한 전반적인 토의를 한다. 많은 교사들이 수업에 대한 자신의 이론을 가지고 있다. 비실제 관찰의 핵심 목표 중 하나는 교사가 자신의 이론을 반영하고 분석하는 과정에 참여하도록 하는 것이다.

1단계에서 교사가 이후 진행 단계에서 비판적인 반성을 발전시킬 수 있도록, 수업 계획과 수업 종료 후에 고려해야 하는 체크리스트 질문을 제시한다. 이 질문들은 교사의 성찰을 위한 지침 및 자극으로 작용하도록 고안된 것이다.

- 학생들이 이 내용을 이해할까?(이해했나?) 내 지시가 명확하고 이해되는가?(이해되었나?)
- 활동에 학생의 참여를 늘려야하는가?
- 학생들에게 너무 어려운가?(어려웠나?)
- 다른 방식으로 가르쳐야할까?
- 활동 시기가 적절한가?(적절했는가?)
- 활동이 계획대로 진행되었는가?
- 학생들은 더 많은 정보가 필요한가?(필요했는가?)
- 이 과업에서 정확성을 개선해야 하는가?(개선해야했는가?)
- 이것은 수업의 목적과 관련이 있는가?(있었는가?)
- 이것은 학생들에게 정말로 알아야 할 것을 가르치는가?(가르쳤는가?)

● 나는 학생들이 스스로 해결하도록 하는 대신 너무 많이 가르치는가?(가르쳤는가?)
(Richards & Lockhart, 1994)

② 2단계: 수업 전 토의

수업 전 약 30분 동안 교사와 만나 수업 계획을 상의한다. 이 단계의 주된 목표는 교실에서 수업이 어떻게 진행될 것으로 예상되는지, 그리고 예상되는 목표와 결과가 무엇인지에 대한 대략적인 구상을 할 수 있도록 한다. 이 과정에서 수집된 정보가 교사의 수업에 대한 설명이나 수업 후 피드백에 유용하다. 또한 교사의 수업 특성을 탐구하는 데에도 참고 자료가 된다. 수업 계획서를 작성하는 것은 스트레스와 불안을 초래할 수 있으므로 생략할 수 있다. 대신 대화를 녹음하고 토의 과정 전체를 메모한다. 그리고 교사의 수업계획의 근거에 대해 질문하는 것은 교사의 자신감을 훼손할 수 있고, 수업 후 피드백에서 대화를 시작하는 데 장애가 될 수 있다. 즉, 이 단계의 주된 목표는 수업의 초점과 내용, 그리고 교사가 달성하기를 희망하는 바를 확립하기 위한 기본 사실 확인이다.

③ 3단계: 수업

교사가 수업을 실행하고 일체의 관찰은 이루어지지 않는다.

④ 4단계: 수업 후 피드백

피드백은 수업이 끝난 후 한 시간 후에 진행한다. 이것은 교사에게 짧은 휴식을 위한 시간을 제공할 것이고, 함께 토의하기 전에 수업에서 일어난 일을 간략히 성찰할 시간을 제공하기 위함이다. 교사는 피드백 과정에서 어떤 식으로든 평가되지 않는다는 것을 명확히 전달받는다. 또한 교사가 토의를 주도하고 이에 대한 책임이 있다는 점을 강조한다. 관찰자의 역할은 적극적으로 반응하는 사람(sounding board)이

자, 사건의 이해를 돕기 위한 지원과 격려를 제공한다. 이 단계는 교사의 토의와 탐색의 예측 불가성 때문에 상대적으로 구조화되지 않는다.

⑤ **5단계: 전 과정에 대한 인터뷰**

전 과정에 대한 인터뷰는 4단계 진행 후 이틀 후 이루어진다. 자료의 비교가능성, 일관성을 위해 대상 교사들에게 표준화된 인터뷰를 적용한다.

가) 그동안 이루어진 수업관찰에 대한 생각이나 느낌은 무엇인가?
나) 이 과정을 통해 교사로서 자신에 대해 무엇을 배웠다고 생각하는가?
다) 만족하는 점과 불만이었던 점은 무엇인가?
라) 관찰자가 실제 수업을 관찰한 것과 비실제 관찰은 어떻게 다른가?
마) 이 과정을 통해 수업에 대한 접근이 변화되었다고 생각하는가?
바) 이 과정에 참여한 것과 관련하여 언급하고 싶은 의견이 있는가?

나. 원격 모바일 비디오 기술(remote mobile video technology)

수업촬영을 통해 수업을 연구하고 기록하는 것은 수십 년 동안의 주류였지만, 원격 모바일 비디오 기술의 사용은 상대적으로 최근의 혁신이며 이에 따른 연구 영역이 커지고 있다(Calandra, et al., 2008). 최근의 기술 발전으로 인해 수업이 동시적, 비동시적으로 원격으로 관찰될 수 있다(Dyke, et al., 2008). Web 2.0 기술은 화상회의, 비디오 스트리밍, 컴퓨터 제어 카메라, 무선 사운드 시스템 등을 결합하여 수업촬영에 대한 새로운 가능성을 제시한다. 전 세계의 교실에서 서로 관찰하고 상호작용할 수 있음을 의미한다. 이는 교육 기관에서 수업관찰을 활용하는 방식에 잠재적으로 중대한 영향을 미친다.

전통적으로, 수업관찰은 관찰자의 실제 대면 방문에 의존해 왔다. 이러한 방식은 지리적으로 광범위하게 위치한 학교, 대학교육 등에 많은 시간적, 재정적 어려움을 야기하였다. 교사양성 대학은 현장 실습 또는 교실 현장을 관찰하는데 많은 시간과 에너지를 소비한다. 이런 이유에서 원격 모바일 비디오 기술은 수업관찰을 보완하거나 교체할 수 있는 효율적인 수단으로 고려될 수 있다.

2007년에 노팅엄 교육대학교(University of Nottingham's School of Education)의 연구단은 예비 과학교사와 원격 비디오 기술과 관련된 평가를 수행했다. 평가의 주요 목표 중 하나는 예비 교사를 위한 이 기술의 장점을 판단하는 것이었다(Mitchell, et al., 2007).

평가를 통해 세 가지 핵심 결과가 나타났다.

첫 번째는 학생들이 배치될 예정인 학교의 교실을 영상 링크를 통해 접해 봄으로써 현장 실습에 결과적으로 도움이 되었고, 교실 환경에 대한 친숙함을 향상시켰으며, 학습자에 대한 인식과 이해를 도운 것으로 나타났다.

두 번째는 웹캠을 통해 실시간 및 비실시간 수업을 모두 관찰함으로써, 예비 교사들이 실세로 배운 내용이 어떻게 적용되는지 확인할 수 있었고, 대학 교수들은 이러한 자료를 활용하여 이론과 실제가 연계되는 상황을 명시적으로 보여줄 수 있었다.

세 번째는 원격 비디오 기술이 대학 교수, 예비교사, 전문가 등이 수업에 방해되지 않게 관찰하는 방법(unobtrusive observation)이 됨으로써 관찰자와 피관찰자 사이에 보다 효과적이고 건설적인 피드백이 가능하게 되었다.

Calandra 등(2006)은 이러한 디지털 기록이 교사 및 전문가 사이에 반성적인 대화를 유도하고 편견 없는 진정성을 부여한다고 주장했다. 관찰된 수업에 대한 명확한 자료가 있다면 피관찰자와 관찰자의 해석 및 회상에 의존해야 할 필요성이 줄어들기 때문이다. 따라서 영상자료는 관찰자와 피관찰자 사이의 반성적 대화에 객관성을 갖는 데 도움이 될 수 있다. Calandra 등(2006)은 디지털 자료가 교사 정체성의 발달과 성찰을 촉진하는 데에 중요한 역할을 한다고 주장하였다.

Wang과 Hartley(2003)는 디지털 영상 기술이 귀중한 자원이 되는 이유는 기록된 자료를 반복적으로 보거나 편집하고 주석을 달 수 있기 때문이라고 주장하였다.

수업관찰과 더불어 다양한 목적을 위해 사용될 수 있다. 종종 비연속성의 이야기(interrupted story)로 불리는데, 그 이유는 기록된 내용 중 일부를 재생하고 다음에 일어난 일을 추측하거나, 특정한 행동을 관찰하고 그 행동의 결과에 대해 토론할 수도 있기 때문이다.

그리고 원격으로 특정 행동을 선택하거나 요구하는 것을 통해 다양한 수업상황을 연출하고 이를 전문성 개발에 활용할 수 있다.

첨단 모바일 영상 기술의 특징을 정리하면 다음과 같다.

첫째, 관찰자가 피관찰자를 현장에서 방문해야 하는 것에 대한 부담을 줄일 수 있다. 기존의 물리적 참여를 가상적 참여로 전환시켜 준다.

둘째, 관찰자가 교실에 존재함으로써 발생할 수 있는 수업 방해 및 그 영향력을 줄인다.

셋째, 수업자료가 체계적으로 기록될 수 있다.

넷째, 관찰자 및 피관찰자가 의도한 형태로 수업에 개입할 수도 있다. 이를 통해 즉각적인 피드백이 이루어지고 수업에 적용할 수도 있다. 즉, 수업 코칭의 도구로 활용될 수 있다.

다섯째, 관찰자가 수업에 대한 다양한 문서나 기록을 수집해야 하는 것에서 벗어나게 해주어서 수업을 관찰하는 데에만 집중할 수 있는 기회를 제공한다.

여섯째, 기록은 무제한적으로 서버에 원격으로 저장될 수 있기 때문에, 방대한 수업자료를 구축할 수 있다. 이러한 수업자료는 다양한 맥락에서의 수업상황을 학습하고 연습하는 데 활용될 수 있다.

일곱째, 과거와는 달리 훨씬 다양한 형태의 수업 공동체를 형성할 수 있고, 공유된 관심을 바탕으로 수업전문성을 발전시키는 데 활용될 수 있다.

그 밖의 특징들을 함께 정리하면 다음과 같다(O'Leary, 2014).

표 원격 모바일 영상 기술의 주요 특징 및 기능

주요 특징 및 기능	내용
1. 원격 접속	• 관찰자는 인터넷에 접속할 수 있는 한 어느 곳에나 있을 수 있음 • 웹 페이지에 링크된 웹캠의 개념과 유사
2. 원격 비디오 제어	• 관찰자는 카메라를 원격으로 제어할 수 있음 • 카메라는 줌 인/아웃, 팬, 틸트 기능 등을 마우스로 제어
3. 삽입된 피드백 및 의견과 함께 비디오 녹화	• 관찰자는 해설, 관찰 메모, 피드백 등과 함께 기록할 수 있음 • 별도의 시간을 마련하지 않고 일과 속에서 수업을 녹화할 수 있고, 관찰자의 의견이 포함된 영상을 시청할 수 있음
4. 이어폰과 마이크를 통한 양방향 대화	• 관찰자는 이어폰 및 마이크를 통해 피관찰자와 의사소통할 수 있으므로 즉각적인 피드백과 조언을 제공할 수 있음
5. 이동성	• 가볍고 휴대가 용이함
6. 관심을 끌지 않는 카메라	• 대부분의 카메라는 눈에 잘 띄지 않아서 관찰자가 교실에 있는 것보다 수업에 방해요인이 되지 않음. 따라서 관찰된 자료의 타당성과 신뢰성에 영향을 미치지 않음 • 카메라가 녹화 중인지 알기 어려움
7. 저장의 보안성	• 수업 자료가 디지털 자료로 저장되며 인증된 사용자만 액세스 할 수 있음

다. 텍스트 마이닝

최근 정보기술의 급격한 발전과 다양한 디지털 기기들의 등장으로 수많은 정보들이 손쉽게 생산되고 빠르게 확산될 수 있는 환경이 만들어 졌다. 그 중 텍스트 데이터는 가장 대표적인 비정형 데이터라고 할 수 있다. 이러한 비정형 데이터는 온라인 쇼핑몰, 정치인의 성향분석, 소비자 성향 등의 분석에 이용되고 그 결과 개인의 삶에 많은 영향을 미치게 되었다. 심지어 SNS를 이용한 개인의 인간관계 유형과 질까지도 분석 가능하다. 따라서 수업관찰과 관련되어 작성된 다양한 문서, 전사자료, 토론자료, 의견 등이 이러한 텍스트 마이닝 기법에 의해 분석될 수 있다.

이러한 분석을 가능하게 하는 텍스트 마이닝 분석기법은 비정형 텍스트 데이터에서 자연어 처리 기술에 기반한 유용한 정보를 추출, 가공하는 데이터분석 기법이다. 텍스트 마이닝 기법은 형태소 및 키워드 분석, 오피니언 마이닝(감성분석), 토픽모델링(LSA, LDA, Word2vec) 등이 있으며 간략히 소개하면 다음과 같다(김성근 외, 2016).

① 형태소 및 키워드 분석

텍스트를 분석하기 위해서는 대부분의 경우 문장을 개별단어로 분리하는 토큰화 과정이 필요하다. 한국어의 경우 문장을 개별단어로 분리하기 위해서 형태소분석을 실시하며, 형태소 분석은 R이나 Python에서 제공하는 자연어 처리 패키지를 통해 분석할 수 있다. 형태소분석을 통해 명사, 용언 등의 형태소를 추출하여 발생빈도를 파악하고, 문서의 주제 또는 문서에 대한 태도 등을 추론할 수 있다. 그리고 단어의 동시발생 빈도를 파악하여 단어 간의 관련성이나 상관관계를 파악하고, 네트워크 그래프로 표현할 수 있기 때문에 다양한 연구에서 활용되고 있다.

② 오피니언 마이닝

오피니언 마이닝은 글쓴이가 말하고자 하는 의견을 임의의 문서에서 찾아내는 분야로서 최근 여러 연구에 의해 발전하고 있다. 감성분석(Sentiment Analysis), 감성분류(Sentiment Classification), 오피니언 추출(Opinion Extraction) 등으로도 표현된다. 오피니언 마이닝 기법으로 SNS나 BLOG 등에 담긴 교사나 학생들의 의견을 파악할 수 있다.

오피니언 마이닝은 세 가지 하위 단계로 구성되는데, 첫째는 긍정 또는 부정의 극성을 판별하는 것이고, 두 번째는 텍스트에서 의견표현 부분을 추출하는 것이고, 세 번째는 사용자의 의견을 나타내는 언어학적 자원을 정의하고 구축하는 것이다.

의견의 극성을 판별하는 분석은 일반적으로 긍정 또는 부정 단어의 수를 합산하거나 감정사전에서 정의한 값을 합산하여 극성을 판별한다. 영어텍스트를 기반으로 한 분석의 경우 SentiWordNet을 활용한 연구들이 활발히 이루어져 왔고, 한국어의 경우 서울대에서 개발한 KOSAC(Korean Sentiment Analysis Corpus)을 사용할 수 있다.

③ 토픽모델링(LDA)

토픽모델링은 방대한 텍스트자료로부터 특정 주제를 추출하는 알고리즘이다. 대표적인 토픽모델링 알고리즘으로는 잠재의미분석(Latent Sementic Analysis), 잠재디리클래할당(Latent Dirichlet Allocation), 워드투벡(Word2vec)알고리즘 등이 있다.

LSA 분석은 유사도가 높은 단어를 같은 주제로 분류해 주며 같은 주제로 분류 된 단어집합을 보고 분석자가 직접 주제를 추론하게 된다.

LDA는 주어진 문서 내 주제를 잠재적으로 가정하는 확률모델로, 문서 내 주제들의 확률분포와 각 주제를 구성하는 단어들의 확률 분포가 주어졌을 때, 문서를 구성하는 주제를 확률적으로 선택하고 선택된 주제에 존재하는 단어를 확률적으로 선택하는 샘플링과정을 반복함으로써 임의의 문서를 생성하는 모델이다.

워드투벡(Word2vec)은 구글의 연구원들이 제안한 방법을 구현한 알고리즘이다. Word2Vec은 텍스트 문서를 통해 학습을 진행하며 한 단어에 대해 인접하여 출현하는 다른 단어들을 관련 단어로서 인공 신경망에 학습시킨다. 즉, 단어의 순서가 근접하여 자주 출현할수록 단어들은 유사한 벡터 값을 갖게 된다. 단어를 벡터 값으로 계량화 한다는 점은 LSA와 동일하지만 특정 단어의 앞뒤에 위치한 단어들의 분포를 고려하여 신경망에 학습시킨다는 것에서 차이가 있다. 알고리즘으로 CBOW(continuous bag of words)와 Skip gram이 있으며 CBOW는 특정 단어의 주변단어를 이용해 특정단어의 다차원 벡터를 생성하며, Skip gram은 특정 단어를 바탕으로 주변 단어의 다차원 벡터를 생성한다. 대부분의 텍스트 마이닝 기법에서는 데이터 전처리 과정에서 불용어를 모두 삭제하는 경우가 많으나, Word2vec 기법은 특정 단어들의 주변에 발생한 단어들을 바탕으로 학습을 하기 때문에 불용어가 삭제되지 않은 상태의 텍스트를 그대로 데이터로 사용한다.

라. Q 방법론

　최근 연구의 복합적 특성으로 인해 양적, 질적 방법론의 통합(Mixed-method) 필요성이 대두되었으며 그 가능성을 보여주는 방법이 Q 방법론이다. Q 방법론은 요인분석(factor analysis)에 대응하는 대안적 연구방법으로, Q-sorting이라 불리는 특유의 방법을 통해서 사람들의 주관성(subjectivity)을 객관화하여 분류하는 유형론(typology)이다. Q 방법론은 특정 이슈에 대한 담론에서 드러나는 각 개인의 주관성(subjectivity)과 각자의 주관적 지각(subjective perceptions)들이 '의사소통으로 나타날 수 있는지 여부(communicability)'를 체계적으로 탐색한다. 가설을 검증하는 방법으로서의 가치도 인정받고 있으나, 가설을 발견하는 연구로서의 가치가 높게 평가된다. 요인분석과 비교하자면, 요인분석은 다양한 요인들을 몇 개로 묶는 방법이지만, Q 방법론은 비슷한 반응패턴을 보이는 사람들을 묶는 방법이다. 특히 Q 방법에서는 자극들에 대해 개인이 느끼는 감정이 핵심이며, 이런 주관성은 관념적이라기보다는 구체적이며 즉각적으로 경험할 수 있는 것이다(Brown, S. R., 1995).

　이것은 영국의 물리학자이자 심리학자인 William Stephenson이 1935년 Nature지에 처음으로 발표하였다. 요인분석을 만든 Spearman의 제자로, Stephenson은 전통적 요인분석에 기초한 연구법을 R 방법, 자신이 제안한 연구법을 Q 방법이라 구분했다. 하지만, 요인분석의 통계적 절차는 동일하다. 단지, 자료수집 과정에서 분석의 대상이 '항목'에서 '응답자'로 바뀌었을 뿐이다.

　Q 방법론의 사용 목적은 조사 대상자가 같은 성질을 지닌 사례들끼리 한 그룹을 이룬다고 전제할 때, 어떠한 모습으로 그룹을 이루는지를 규명하려고 한다. 즉, 결과를 모든 사람들에게 일반화하는 것이 아니라 표본에 포함된 사람들의 주관적 경험을 깊게 이해하는 데 있다. 이것을 사람 간의 상관 또는 사람 간의 요인탐색이라고 부르며, 이를 통해 사람간의 유사성과 유형을 규명한다.

　　"그것에 대해 '너'와 '내'가 분명 같은 말을 하는데, 다른 생각인 것 같다."
　　"이해한다고 하는데, 서로가 다르게 받아들이는 것 같다."

"어떤 문제에 대해 다양한 생각을 가진 사람들이 보이는 의사소통의 혼란은 어떻게 일어나는지 알고 싶다."

위와 같은 생각이나 경험을 한 번쯤 해봤을 것이다. 학생들의 행복은 무엇인가, 좋은 수업이란 무엇인가, 수업에서 소통이란 무엇인가 등이 이러한 질문에 부합할 것이다. 바로 이를 해결하는 데 Q 방법론이 적합하다.

'주관성(subjectivity)'은 보통 특정 이슈에 대한 개인의 관점, 의견, 신념, 태도 등이다. 각 사람들의 주관성(관점, 의견, 신념, 태도)을 단순히 숫자로 표현하는 것을 넘어, 각기 다른 의미로 구분하고 이해할 수 있다는 것을 체계적으로, 객관적으로 보여주기 때문에 양적, 질적 차원을 혼합하며, 대상자의 관점과 해석이 조사과정의 중심에 있다.

요인분석(R방법)이 '변인(variable)'들 간의 상관을 기초로 요인을 추출한다면, Q 방법은 연구 참여 사람들 간의 상관을 기초로 요인을 추출한다. 따라서 Q 방법의 요인은 특정 이슈, 주제에 대해 각 사람들이 가진 관점을 드러내며, Q 요인의 해석을 통해, 각기 다른 요인으로 구분되는 사람들의 주관성과 차이점을 알 수 있게 된다. Q 분석을 통해 도출된 요인은 단순히 이론적인 차이가 아니라 기능적인 주관성의 집합(clusters of functional subjectivity)을 나타낸다. 즉, 요인(factors)은 각 개인들의 주관성(subjectivities of individuals)을 나타내고, 이것은 곧 사회적 관점(social perspectives)이 된다.

Q 방법은 일반적으로 6단계로 진행된다.

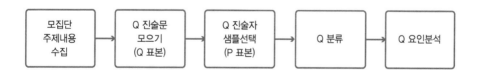

① 모집단 주제내용 수집(Collection of concourse)

Q 방법의 모집단은 모든 의견의 총합인 전체(concourse; a set of universal statements)

로 표현된다. 다루고자 하는 주제와 관련된 모든 것으로서 문장, 그림, 사진, 음악 등을 포함한다. 자료를 수집하는 주된 방법은 인터뷰, 집단 토의, 토론회 등이고(Naturalistic Q sample), 부가적으로 사진, 신문기사, 문학, 사설 등(Ready−made Q sample)도 활용된다. 또는 외부에서 가져온 사진, 신문기사, 문학, 사설 등을 바탕으로 직접적인 의견을 묻는 방식으로 수집할 수도 있고(Quasi−naturalistic Q sample), 두 가지를 의도적으로 혼합하여 수집하기도 한다(Hybrid−type Q samples).

② Q 진술문 모으기(Selection of Q sample, Q set)

수많은 진술의견(Concourse)이 만들어지면 여기서 Q 진술문(Q sample)을 골라내야 한다. 보통 20~60개의 항목이 설정된다. Q 표본은 연구 대상자에게 제시하는 일련의 자극(진술문)을 말한다. 여기서 표본의 개념이 전통적인 방법론처럼 사람이 아니라 피험자들의 시각을 유형화해주는 각 진술문들인 것이다. 구조화된 Q 진술문은 다음과 같다.

- 진술문은 범주에 따라 목적에 맞게 선택된다.
- 고정관념이나 경향성을 극복하고, 전체(concourse)를 대표하는 명료한 진술이다.
- 진술문은 대상자가 이해할 수 있는 단어로 작성되어야 하고 의사소통이 가능한 내용이다.
- 다른 관점과 통합되지 않는 특정한 관점을 제시해야 한다.
- 중복되는 내용은 한 번만 작성한다.

③ Q 진술자 샘플 선택하기(Selection of P set, Person sample)

대화에 참여한 사람들 중에서 대상자를 선정한다. Q 진술문 샘플 선택은 모집단을 대표할 필요가 없다. 즉, 비확률적 표집이다. 주제에 대해 각기 다른 관점을 갖고 있을 사람들을 선정한다. P 표본의 크기는 연구목적과 관계가 있다. 연구목적이 기본 탐색에 있다면 적은 수의 표본이 가능하고, 목적이 교육정책에 관련이 있다면 표본 수는 많아진다. 무작위로 추출해도 무방하나 연구 주제와 관련하여 대표적, 포괄적이면 연구의 질을 제고하는 데 도움이 된다. P set는 Q set 보다 적을 수밖에 없으며, 4−5가지 다른 관점을 찾아내는 것이 목적으로, 많은 대상자가 필요하지 않고 40−60명이 적당하다. 대상자의 다양한 성별, 연령대를 포함하되, 비율은 중요하지 않다.

④ Q 분류(Q-sorting)

Q 표본과 P 표본을 정한 뒤에는 연구 대상자가 Q 진술문들을 그의 관점에 따라 배치, 분류하는 작업을 한다. 이것을 Q 분류(Q sorting)라고 한다. 연구자는 대상자에게 카드놀이처럼 한 묶음의 카드(Q 표본)를 주는 것으로 시작한다. 효율적인 분류를 위해 피험자는 진술문을 모두 읽고 전체적 내용을 파악한 다음 각 진술문들을 찬성, 중립, 반대 중 어느 한 집단에 속하도록 분류한 뒤 정규분포와 같은 틀에 해당하는 진술문을 배치하는 것이다. 이를 강제분포방식(Forced Distribution)이라고 하고, 피험자의 자의에 의해 배치되는 경우는 자유분포(Unforced Distribution)이라고 한다. Q 분류는 찬성과 반대 양극에서 카드를 채우기 시작해 중립에서 끝나게 된다. Q 방법은 특정 항목에 대해 찬성과 반대를 묻는 것이 아니라 Q 표본들이 한 사람 안에서 전체적으로 어떻게 분포되어 있는가에 관심을 갖는 것이므로 상대적인 의미의 중요성에 따라 각각의 표본들이 배치되는 것이다. 자유분포는 Q 표본의 분포의 범위와 높이를 제한시킬 수 있다. 강제분포는 연구 대상자로 하여금 점수대 별로 메워야 하는 이미 정해진 표본 수에 따르도록 하기 때문에 분포의 모양은 정상화(normalized)되고 모든 Q 분류의 평균은 0으로 동일하며 표준편차도 동일하게 나타난다(김흥규, 2007). 예를 들어 37개의 Q 진술문을 동의하는 정도에 따라 강제배정을 시키게 되면 아래 그림과 같이 배열될 수 있다.

추후요인 해석에 도움을 받기 위해 응답자에게 카드를 배치한 이유를 설명해 달라고 요청할 수도 있다. 다음은 대상자에게 카드를 분류하도록 안내하는 내용의 예시이다.

① 연구자가 나누어 주는 카드 37장을 하나씩 읽으면서 우선 자신의 생각과 일치하는 카드, 일치하지 않는 카드, 일치와 불일치의 중간정도의 카드(판단이 되지 않는 것) 이렇게 세 종류로 분류하십시오. 순서는 생각과 일치하는 카드들을 주어진 판의 오른쪽에, 일치하지 않는 카드들은 왼쪽에, 그리고 판단되지 않은 카드들은 가운데에 두십시오.

② 오른쪽의 동의하는 카드들을 다시 하나씩 읽으십시오. 가장 동의하는 카드 2장을 골라 가장 오른쪽 첫 번째 열(+4)의 두 개의 칸에 놓아주십시오(이 때 순서는 상관없습니다). 같은 방법으로 남은 카드들을 오른쪽에서부터 순차적으로 놓아주십시오.

③ 위의 단계와 같은 방법으로 이번에는 왼쪽에 동의하지 않는 카드들을 다시 읽으십시오. 가장 동의하지 않는 2장의 카드를 골라 가장 왼쪽 열(−4)에 놓아주십시오. 남은 카드들 중 가장 동의하지 않는 카드들을 왼쪽에서부터 순차적으로 놓아주십시오.

④ 끝으로 판단이 되지 않은 가운데에 두었던 카드들을 다시 읽고 그중 동의하는 쪽은 오른쪽, 동의하지 않는 쪽은 왼쪽의 빈칸에 놓아주시고 나머지는 가운데 열(0)에 놓아주십시오.

⑤ 이렇게 분류가 끝나면 판에 놓인 카드에 적힌 내용을 다시 읽으면서 옳게 분류가 되었는지 확인하여 주십시오. 자리를 옮길 카드가 있으면 수정하여 주십시오.

Most disagreed ←——————   ——————→ *Most agreed*

-4	-3	-2	-1	0	+1	+2	+3	+4
34	32	10	20	31	5	2	11	6
9	21	13	18	7	14	12	8	24
	25	22	30	36	33	26	19	
		28	35	23	17	1		
			3	37	4			
			16	27	29			
				15				
2장	3장	4장	6장	7장	6장	4장	3장	2장

⑤ Q 요인분석

상관관계 매트릭스를 만든다. 상관관계 매트릭스(Correlation matrix)는 관점의 유사한 정도 또는 유사하지 않은 정도를 나타낸다. 요인 부하량은 상관계수로서 독립적인 요인이 서로 다른 관점을 가지는 정도를 나타낸다.

단, 우리의 관심사는 각 2명씩이 얼마나 비슷한지가 아니라, 총체적으로 주요한 관점이 무엇인가를 찾는 것이다. 아이겐 값(Eigen values)의 상대적인 크기로 요인의 중요도를 파악할 수 있다. 일반적으로 Eigenvalue가 1 이상이면 유의미하다고 본다. 인식 요인의 개수를 결정하는데 고유값(Eigen value) 1 이상 값의 수를 파악한다. 아이겐 값(Eigen values)은 각각의 요인으로 설명할 수 있는 변수들의 분산의 총합으로 각 요인별로 모든 변수의 요인 적재량을 제곱하여 더한 값이다. 따라서 그 값이 크다는 것은 그 요인이 변수들의 분산을 잘 설명한다는 것을 의미한다. 코딩의 점수화는 Q 진술문의 배열판 분포도에 따라 기록된 진술항목의 번호를 확인하여 가장 반대하는 경우(-4)를 1점으로 시작하여 2점(-3), 3점(-2), 4점(-1), 그리고 중립인 경우 5점(0), 6점($+1$), 7점($+2$), 8점($+3$), 그리고 가장 찬성하는 경우 9점($+4$)을 부여하여 점수화한다.

⑥ 결과해석

요인의 해석은 요인이 어떤 진술문에 몇 점을 매겼는지에 초점을 맞춰야 한다. 요인의 분류순서는 한 요인과 100% 일치하는 가상의 응답자가 반응했을 순서를 나타낸다. Q 방법론은 전체적인 관점(overall points of view)을 나타내는 요인분류(factor array) 속에서 전체적인 응답자의 유형(entire response patterns)을 설명한다.

요인간의 차이점을 명확하게 드러내는 문장(Distinguishing statements)과 모든 요인에서 공통적으로 나타나는 문장(Consensus statements−statement)이 있다. 문장이 통계적으로 구분되거나 동의된다고 해서(distinguished or consensual) 그 자체로 특별한 의미나 중요도를 갖는 것은 아니다. 특정 태도 유형을 가장 잘 설명하도록 고민해야 한다.

Q 방법론을 쉽게 적용할 수 있는 다양한 소프트웨어들이 개발되어 있다. 여기에서는 그 예로 Ken−Q Analysis를 소개하고자 한다. Ken−Q는 온라인 상에서 활용할 수 있는 Free Software이다. https://shawnbanasick.github.io/ken−q−analysis/#section1에 접속하여 자신이 가지고 있는 Q 진술문과 P 표본을 온라인 상에서 입력하여 요인분석을 실행할 수 있다. 엑셀 형태의 양식을 업로드 하여 요인분석을 실행할 수도 있다. 홈페이지에 제시되고 있는 분석방법을 예시하면 아래와 같다.

그림 Ken−Q Analysis 홈페이지

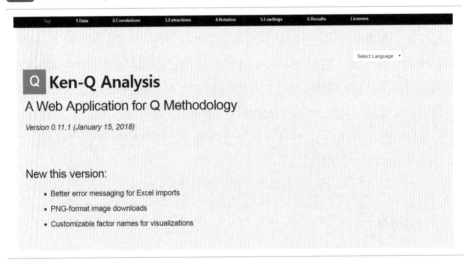

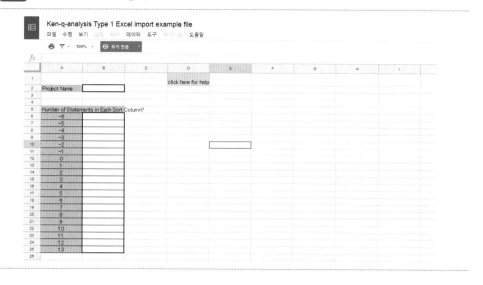

위 샘플 파일을 아래 그림과 같이 Microsoft Excel 양식으로 다운받는다.

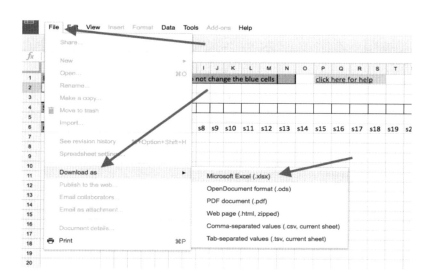

그리고 B2 셀에 프로젝트 명을 기입하고, 아래 그림과 같이 Q 분류 기준을 엑셀 양식에 입력한다.

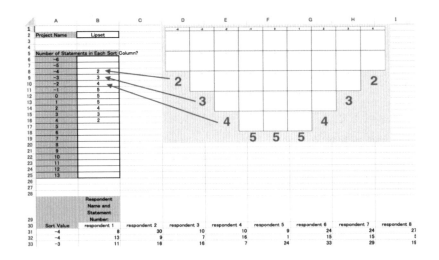

그리고 수집된 Q 분류 결과를 P 표본의 응답에 따라 입력한다.

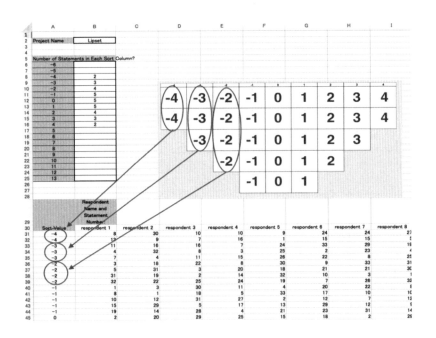

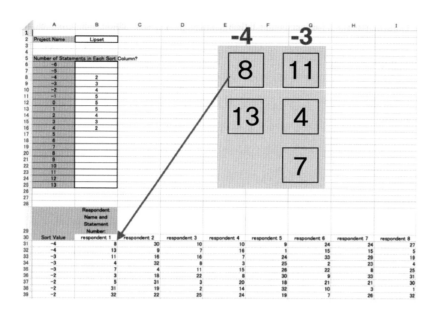

그리고 다음 시트 탭을 보면 Q 진술문을 입력할 수 있다.

이상과 같이 입력이 끝나면 홈페이지에 파일을 탑재하여 분석을 실시할 수 있다.

Q 방법론은 개인의 주관성을 양적인 방법으로 체계적으로 연구할 수 있는 방법이다. 심리학에서 출발했지만 사회과학의 분야에서 개인의 다양한 인식을 연구하는 데에 사용된다. 특히, 사회적으로 논쟁이 되는 이슈를 연구하는 데에 적합하다. Q 방법론은 상대적으로 연구자의 영향으로부터 자유롭고, 참가자의 주관성을 더 효과적으로 강조하는 방법이다. Q 방법론에서 타당도는 응답자가 주어진 Q 진술문으로 자신의 관점을 얼마나 잘 반영했는지 여부이다. Q 진술문이 충분히 많지 않으면 응답도 타당하다고 볼 수 없다.

그러나 Q 방법론에 대해 비판적 의견도 있다. Q 연구결과를 일반화하는 것이 어렵다는 것인데, 다수의 표본을 무작위로 추출하지 않고 적은 표본, 심지어 1인의 대상자를 상대로 연구를 수행한다는 점이다. 두 번째는 Q 방법론의 절차에서 Q 분류가 강제로 이루어진다는 것이다. 이에 대해 대상자가 Q 진술문을 연구자의 지침에 따라 분류할 능력을 갖추지 못할 수 있다는 비판도 있다.

이상의 방법을 수업관찰에 활용하기 위해서는 수업촬영 자료 및 수업현장에 다수의 관찰자가 필요하다. 연구자는 수업관찰의 목적이나 특정 내용에 대해 Q 진술문을 작성해야 한다. 작성된 진술문을 바탕으로 여러 동료교사 및 전문가, 예비교사들로 하여금 Q 분류를 하도록 하여 동일한 수업에 대한 다양한 해석을 할 수 있다. 이러한 방법을 통해 한 가지 수업현상에 대해 다양한 관점이나 이해가 가능하다는 것을 알 수 있고, 그 수업의 효과에 대해서도 다각도로 분석할 수 있다. 또한 그 수업의 특정적인 현상을 도출해 낼 수 있으며, 경력이 많은 교사나 수업전문가가 보는 관점과 초임교사나 예비교사들이 가지는 관점의 차이를 통해 흥미로는 교육 자료로 활용할 수도 있다.

·Ⅳ·

수업관찰의 활용

13

수업연구

일반적으로 다른 영역의 연구에 비해 수업에 대한 연구에는 집중적인 예산이 거의 쓰이지 않는다. 수업에 대한 중요성을 인식하고 있는 것과는 달리 유독 수업 연구 분야는 많은 지원이 부족하고, 대부분 외부지원 없이 개인 연구자의 관심으로 이루어진다. 때문에 그 범위가 매우 제한적이고, 지속적인 연구가 드물다.

수업에 대한 실험을 인위적으로 통제하기는 어렵다. 과학실험은 모든 조건을 설계하고 정해진 절차에 따라 반복하여 진행할 수 있지만, 수업 연구는 이러한 동일성, 지속성을 보장하기 어렵다. 설령, 수업에 대한 연구설계를 하더라도 그 연구와 관련된 내용에 교사 및 학생들의 행동이 영향을 받을 수밖에 없다. 즉, 수업에서 토론의 빈도를 확인하고자 하는 연구라면 교사와 학생은 이를 의식하지 않을 수 없을 것이다. 그리고 특정한 수업방법의 효과를 확인하려고 하여도, 그 교수법을 실행하는 교사가 그것을 어떻게 수용하는가에 따라 수업의 결과가 크게 좌우되기 때문에 수업 연구의 결과에 대한 이해가 각기 다를 수 있다.

그러나 Gage(1978)는 수업연구에서 확인된 작은 차이점을 바탕으로, 교사는 이러저러한 수업을 해야 한다는 제안을 하기에 충분하다고 주장하였다. 예를 들어, 교사는 직접적인 지시를 최소화해야 하고, 독서활동 수업을 할 때에는 명료한 피드백을 가능한 많이 제공해야 하며, 반복연습의 기회를 제공해야 한다는 것이다.

즉, 수업과 관련하여 엄격한 연구를 수행하는데 어려움이 있지만 그만큼의 가치는 있다. 수업에 대한 연구는 어떤 특정 현상에 대한 획기적 치료법을 찾는다거나 모든 현상의 전제가 되는 법칙을 발견하고자 하는 것이 아니다. 지금까지의 노력과 밝혀진 사실에 더해서 하나의 층을 쌓는 일로 볼 수 있다.

특히, 학교나 교사들이 작은 단위로서 실천하는 수업연구는 실제적인 교육에 중요한 영향을 줄 수 있다. 이러한 관심과 노력은 교수활동 및 학습의 질을 크게 향상시킬 수 있을 뿐만 아니라 학생들에게 내·외적인 중요한 메시지를 전달할 수 있다. 교사나 학교가 스스로 탐구하고 학습하는 태도를 보여줄 수 있기 때문이다(Wragg, 2012).

수업 연구(Lesson Study)는 140년의 역사를 통해 개선되어 왔다. 이것은 교사의 학습하는 방법과 실천 지식에 관한 것이다(http://lessonstudy.co.uk). 수업연구는 교사가 협력을 통해 수업을 향상시키는 순환구조라고 정의할 수 있다. 학습 목표 수립, 수업 시행 또는 수업 관찰, 수집된 내용의 반영, 개선을 위한 수업의 수정, 수정된 수업의 시행 등의 순환구조를 지닌다(Perry & Lewis, 2003; Curcio, 2002). 교사는 수업연구를 통해 다른 사람들과 수업 계획, 관찰 및 협의 할 수 있는 수단을 가지게 된다(Lewis, Perry, & Hurd, 2004; Curcio, 2002; Lewis, 2002a). 수업 연구를 실시하는 이유는 학습과 교수법을 향상시킬 수 있는 전문적인 학습의 과정이기 때문이다(Cordingley, et al., 2004). 수업연구의 일반적인 특성은 다음과 같다.

- 수업연구는 지속적으로 이루어지며 일회성 행사가 아니다.
- 실제 학생과 함께 수업에서 이루어진다.
- 문제를 해결하거나 수업을 향상시키기 위한 교사 간의 공동 연구나 실험적 요소를 포함한다.

이러한 차원에서 Hargreaves(2012)는 수업연구를 CPD가 아닌 JPD(joint professional development)로 표현했다.

수업연구를 통해 구성원들 간 비판을 두려워하지 않고 아이디어, 관심사, 도전, 의문사항을 나눌 수 있는 좋은 협력 관계를 형성할 수 있다. 이 모든 것은 새로운 실천적 지식의 공유와 발견을 돕는다. 수업연구에서 일반적으로 요구되는 원칙은 다음과 같다(http://lessonstudy.co.uk).

- 모든 구성원은 나이, 경험, 전문성, 학교에서의 서열 등에 상관없이 학습자로서 동등하다.
- 모든 제안은 무조건 긍정적인 것으로 간주된다. 이것은 분석, 의심, 도전의 대상이 되지 않음을 의미하지는 않는다. 어떠한 제안을 시도하는 데 어려움을 느끼지 않음을 의미한다.
- 학생들의 활동과 인터뷰를 포함하여 수업 후 토론을 한다.

수업연구와 관련된 주제를 선정하는 것은 매우 어렵다. 중요한 것은 교사들이 자신의 실제에 대한 연구여야 한다는 것이다. '교사는 자신의 수업을 어떻게 향상시킬 수 있는가?' 또는 '학교에서 상대적으로 어려움을 겪는 개인이나 집단이 있는가?' 등은 합리적인 연구문제이지만 바로 연구에 적용하기는 쉽지 않다. 연구의 명료성을 위해서는 '향상', '어려움', '상대적으로' 등의 의미가 달리 해석될 수 있기 때문이다. 모두가 동의하는 개념으로 연구를 시작하기는 현실적으로 불가능하다. 이보다도 수업 관찰을 하기 전에 자신의 특성이나 문제와 관련된 연구의 목적, 관점을 명료하게 하는 것이 중요하다(Wragg, 2012).

2000년 2월 미국에서 수업연구의 첫 번째 사례가 New Jersey의 Paterson School Number Two 초등학교에서 열렸다(Lewis, 2002a, 2000, Germain-McCarthy, 2001). 이 수업연구 사례는 많은 연구자를 끌어들였고, 일본 수업연구의 이점을 받아들이게 되었다.

> 수업연구는 교사가 완전히 격리되어 수업을 계획하고 가르치는 미국과는 완전히 대조를 이룹니다. 뛰어난 미국 선생님이 은퇴하게 되면 그 선생님의 수업 경험과 성과도 함께 은퇴하게 되지만, 일본에서 뛰어난 선생님이 은퇴하게 되면 남은 선생님들에 의해 점차 강화될 유산을 남깁니다(Lewis, 2002a, p.6).

현재, 미국에서 수업연구에 대한 관심은 상당하고, 미국 전역으로 확산되었다 (Lewis, 2002a; Lewis, Perry, & Hurd, 2004). Takahashi와 Yoshida(2004)에 따르면,

수업연구는 다른 전문성 개발 프로그램과 차별화되는 특성이 있다. 첫째, 수업연구는 교사가 교실에서 이루어지는 교수 및 학습을 볼 수 있는 기회를 제공한다. 둘째, 수업연구는 학생들이 교사 전문성 개발 활동의 핵심에 있다. 셋째, 수업연구는 교사 주도의 전문성 개발이다.

가. 수업연구(lesson study)의 절차

일본은 학생에 대한 수업을 교사들이 공동으로 수행한다는 인식을 가지고 있다. 교사가 개인으로서가 아니라 집단적으로 협업하면서 자신의 역량을 높이고자 한다. 수업연구도 그러한 절차를 반영하고 있다.

수업연구의 절차는 먼저, 일반적인 수업활동에 대한 검토로부터 시작된다. 촬영된 수업을 관찰하던지, 특정한 문제를 지목하던지, 발전시키고 싶은 영역에 대한 것이던지, 교사의 전문성 개발과 학생의 학습 향상에 관한 것으로, 수업연구에 참여하는 구성원 간의 협의를 통해 학생의 요구사항이나 교육과정 상의 목표를 수립한다.

수립된 수업연구 목표를 바탕으로 관찰방법, 시기, 횟수, 자료수집방법, 인터뷰 방법, 인터뷰 대상, 토론방법, 결과 반영 등 진행절차와 방법에 대한 계획을 수립한다. 이 계획에는 목표로 하는 수업의 발전방향과 예상되는 학생들 반응, 수업전개 방법 등도 포함된다.

그리고 수업연구 과정에 참여하는 교사 및 보조교사가 실제 수업을 진행하고, 그 수업에 대한 관찰 자료를 수집한다. 주로 비디오 촬영을 통해 학생들의 반응이나 수업전개, 교사의 교수법 등에 관한 자료를 획득하고 관찰한다.

수업에 참여한 교사와 학생에 대한 인터뷰를 진행한다. 수업내용에 대한 이해가 어떠했는지, 어려움은 없었는지, 아쉬움이 있다면 무엇에 대한 것인지, 수업결과를 어떻게 평가하는지 등에 대한 인터뷰를 하고, 이 내용은 이후 토론에서 주요하게 다루어진다. 왜냐하면 영상자료를 보는 것으로 수업의 전부를 이해할 수 없기 때문에 교사의 의도, 학생의 반응 등에 대해 당사자들의 의견을 반드시 확인할 필요가 있다.

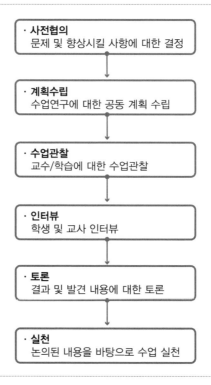

교사와 학생을 포함하여 수업연구에 참여하는 구성원들은 관찰된 자료와 인터뷰 자료 등을 바탕으로 수업을 분석한다. 의견은 자유롭게 제시되며, 교사가 수업과정에서 배운 점, 학생의 학습 등이 주요 토론 대상이 된다. 교사가 취한 행동이나 교사의 발문에는 어떤 의도가 들어있는지, 그리고 학생들의 반응에 대해서 교사는 갑작스레 어떤 판단을 하고 어떤 행동을 취했는가에 대해서 수업기록과 비평문이 작성되어야 한다. 수업자가 쓴 비평문이 매우 중요하게 다루어지며 이에 대해 구성원들은 관찰자료와 비교해 가며 토론에 임한다. 분석토론의 결과로는 앞으로 수업의 개선방향이 도출되며, 이러한 절차는 일회적이지 않고 지속적으로 연계된다.

나. 수업연구(lesson study)의 효과

학교 수업관찰 분야에서 가장 최근에 활성화된 방법 중 하나는 교수와 학습을 향상시키기 위한 모델로써의 수업연구(lesson study)이다. Stigler와 Hiebert(1999), Lieberman(2009)에 의하면 수업연구의 기원은 일본이며, 수학 및 과학교육에서 교사 전문성 발달을 위한 형식으로 널리 사용되어 왔다. 수집된 증거에 의존하여 판단하고 후속 개선 조치 계획을 수립하는 전통적인 관찰모델과는 달리, 수업연구는 교사와 수업의 현상 유지에 도전한다. 교사와 수업은 섬에 비유될 수 있고, 다른 섬의 사건들에 대해 교사들은 상대적으로 알지 못하며, 학생들은 섬 사이를 떠다니는 것으로 묘사된다(Wang-Iverson, 2002). 수업연구에서는 개별 교사의 수업을 향상시키기 위한 교정적인 태도로 접근하는 것이 아니라, 교사를 포괄하고 협력적인 접근을 시도한다. 격려된 수업이 아닌 전체 교과 단위의 관찰과 그것을 가르치는 사람들이 학생들을 이해하고 성취를 향상시키는 방법을 강조한다. 요약하면, 수업연구는 교사가 실행연구자로서 협력적인 교실에서 무엇이 진행되는지를 연구하는 행동연구 접근 방식이다. 또한 독특한 특징 중 하나는 관찰된 수업에 대한 토론과 분석에 학습자를 참여시키는 것이다. Lieberman(2009)에 따르면, 수업연구는 교사 평가보다는 학생과 교사의 학습을 관찰의 중심에 둔다.

영국에서 TLRP(Teaching and Learning Research Program), CfBT(the National College for School Leadership and the Centre for British Teachers)가 공동으로 자금을 지원하는 시범 프로젝트의 일환으로, 8개 교육청의 20개 초중등학교 교사들이 수업연구에 참여했다. 핵심 질문은 '영국에서 수업 연구가 효과가 있을 것인가?', '만약 그렇다면 이미 사용 중인 수업전문성 개발 접근에 포함될 수 있는가?'였다(Dudley, 2007). 이 연구는 두 단계로 2003-06년 1차, 2007-10년 2차로 진행되었다.

이 프로젝트의 첫 번째 단계에서 나온 결과 중 하나는 수업연구가 수업의 혁신, 개발, 전달을 위한 대중적이고 영향력 있는 방법으로 밝혀졌다는 것이다. Dudley에 따르면 경험이 풍부하거나 부족한 교사 모두에게 인기가 있었고 수업의 질과 학생의 발달에 분명한 영향을 미쳤다. 연구의 두 번째 단계는 수업에서 교사가 학습하는 것의 특징을 탐구하는 것이었다. 주요 결과는 수업연구가 교사들이 공동으로 위험을 감수하게 하고, 증거기반의 수업을 발달시키는 것을 가능하게 하였으며, 자신의 수업을 통해 전문성 개발에 주도적으로 만들었다(Dudley, 2008).

최근 영국의 학교들에서 수학 및 문해력 교육에 중점을 두어 수업연구가 계속 증가하고 있다(Dudley, 2007, 2008). 미국에서도 지난 10년 동안 수업연구의 사용이 증가하고 있다(Lieberman, 2009). Lieberman(2009)은 수업연구가 교사들 사이에 더 큰 개방성을 장려함으로써, 경험 있는 교사들과 초보 교사들 모두에게 보완할 점을 드러내는 데 도움이 된다는 것을 발견했다. Lieberman은 수업연구가 동료 관찰을 통해 교사의 전문성 개발에 대한 공동의 접근 방식을 장려하였고, 이를 통해 교사가 수업에서 더 많은 어려움을 감수할 수 있도록 만들었다고 주장했다(O'Leary, 2014).

Cockburn(2005 : 376)은 수업관찰에 대한 부정적인 견해를 가진 사람들의 의견을 분석하였다. 관찰된 수업에 '인위적(artificiality)'인 특성이 있음을 지적했다. 일부 교사들은 효과적 수업으로 인식되는 '공식(formula)'에 따라 정통 양식의 수업을 하게 된다. 더 최근에 이루어진 O'Leary(2011)의 연구에서, '인위적임'과 '정통' 양식의 수업이 높은 평가를 받을 수 있는 수업의 표준화와 높은 관계가 있음을 밝혔다.

Cockburn의 연구에서 관찰자가 관찰자로서 역할을 수행할 수 있는 적합성이 있는가가 쟁점이었다. 특히 피관찰자인 교사들 사이에서 관찰자가 관련 경험이 있는가가 논쟁이 되었고, 교사들의 의견 중 상당수는 관찰자가 현직 교육자일 때 신뢰하는 경향이 있었다. 피관찰자 측에서의 일반적인 불만은 관찰자가 교육 경험이 없거나 한동안 가르치지 않았고, 수업 상황을 잘 모르는 관리자라는 것이었다. 그리고 관찰자가 일반 교사들에게 모범을 보이고 믿을만한 존재로 남을 수 있도록 학생을 가르치는 일을 계속하는 것이 필수라고 생각하였다(O'Leary 2011). 교사들은 자신과 공통점이 거의 없는 교과나 동료 교사에 의해 관찰되는 사례가 많았다.

Cockburn은 관찰자와 피관찰자 간의 권력 관계에 대해 언급하며, 관찰자는 일반적으로 조직에 의해 정당화되는 더 큰 권력을 소유한 것으로 인식되었다(2005 : 384). 이는 교사의 성과관리와 전문성 발달이라는 두 가지 목적을 충족시키는 데 사용되었다(Ewens and Orr 2002; O'Leary, 2006).

수업관찰이 평가적 접근일 때 수업 및 학습에 미치는 영향은 비효율적이다. 이러한 접근법의 주된 목적은 현재의 실제를 드러내고 개선하는 것이 아니라 단순히 관찰되는 교수 및 학습의 질에 대한 판단과 평가를 내리는 것이다(O'Leary 2006 : 192). 그러한 접근의 주된 문제점은 관찰자가 요구하는 방식이 중요한 의사 결정으로 작용하여, 관찰되는 사람의 역할을 적극적인 실천가가 아니라 수동적인 전달자의 역할로 제한하는 것이다. 평가적 접근과 반대되는 포괄적(expansive) 접근은 교사의 요구(needs)가 관찰되는 방식이며 수업에 대한 등급화나 평가는 중요하게 다루지 않는다(O'Leary, 2011).

Foucault의 표현에 따라 정규화(normalization)는 규정된 표준에 부합하도록 행동을 조정하는 것이다. 정규화(normalization)는 권력의 주체인 사람들이 기대하는 행동을 내면화하고 담론의 수용을 통해 이러한 행동을 배우는 것을 의미한다(Perryman, 2009). 정규화(normalization)를 통해 동질성(homogeneity)을 확보하지만, 한편으로 격차의 측정, 수준의 결정, 유용한 차이점을 만들면서 개별화된다(Foucault, 1977). 수업관찰에서 높은 등급을 받은 수업은 일종의 표준이 되고 그러한 표준화된 행동을 할 수 있는 사람들은 동질적인 공동체의 구성원이 된다. 그렇게 하지 못한 사람들은 평가에서의 격차(gap)를 통해 분류된다. 그러한 격차가 측정되는 수단은 '평가(examination)'라는 절차를 통해 이루어지는데, 등급화된 관찰은 평가의 전형이다.

수업에 대한 의미있는 등급화가 가능하다는 연구는 현재까지 확인되지 않는다. 등급화 계획을 수립하는 것은 기존의 연구결과를 고려하지 않는 것이고, 수업의 전문성을 강화한다기보다는 측정에 근거함을 암시한다(Cope, et al., 2003).

Gosling(2002)은 수업관찰의 참가자들 각각 동등하게 존중받고 진정한 상호성(mutuality)이 필요하다고 주장하였다. 그는 관찰자가 피관찰자보다 위계적으로 상급자인 경우 그 과정이 훼손될 수 있다고 지적했다. 이러한 관계가 전제되면 이 업무를 담당하는 더 많은 상급자를 낳을 것이며, 따라서 상호작용의 평등성이 위협받게 된다(O'Leary, 2014).

14

교사 교육과 수업관찰

교실 상호 작용에 대한 고정된 패턴은 대부분 교사의 초임기에 형성된다. Wragg (1973)의 100명 이상의 예비교사 연구에서 이미 교육 실습 중에 상당히 안정된 수업 스타일을 형성한 것을 확인할 수 있었다. 때문에 자신이나 다른 사람의 수업을 관찰하는 것은 교사 초기 교육에 상당히 중요하다. 예비교사 기간을 포함하여 초기 교육 기간은 많은 교사들에게 사실상 그들의 교직경력에서 수업이 집중적으로 관찰된 유일한 시기이다. 수업에 대한 반성적 태도와 특정 습관 역시 초임교사 기간에 형성할 수 있다(Wragg, 2012).

가. 교사가 되기 위한 준비와 수업관찰 분석

교사가 되기 위한 준비를 보다 강화하기 위해, 교육 연구자들은 학교 현장이나 다른 전문적인 교육기관(의과대학, 군대 등)을 탐구해 왔다(Grossman, et al., 2009). 구체적으로, Grossman 등(2009)은 교사 준비 과정에서 초보 교사에게 전문적 '수업' 연습을 통해 효과적인 조력을(scaffold) 제공하는 개념적 체계(framework)를 개발했다. 이러한 체계는 교사가 되는 과정에서 없어서는 안 될 중요한 요소를 파악하는 데 유용하다. Grossman 등은 교사 교육에서 '교수방법'과 같은 실습연계 과목을 실험하였다. 실습은 실제상황과 분리된 교수방법이나 수업요령이 아니라, "인지적(intellectual) 활동과 기술적(technical) 활동을 모두 포함하고 개인적 실천과 공동체적 실천을 모두 포함하는" 것이다. 공동체의 특성과 활동을 원만히 배우고 이를 이어나가기 위해 교사는 학교현장의 "이해, 기능, 관계, 정체성"의 복합성을 배워야한다(Grossman et al., 2009).

구체적으로, Grossman 등(2009)이 실습에서 제안한 것은 표현(representation), 분석(decomposition), 근접(approximation)이다. 표현(representation)은 실습이 참가자에게 눈으로 보일 수 있도록 다양한 방법을 포함하는데, 교실 수업에 대한 관찰, 비디오 기반의 관찰을 포함한다. 분석(decomposition)은 교수·학습의 목적을 보다 세부적으로 달성하기 위해 특정한 부분(예: 맞춤법 교육, 교사와 학생의 관계)을 분류하는 것이다. 실습의 근접(approximation)은 조언이나 지원이 이루어지는 실습에 참여하는 기회를 말한다(Vetter & Schieble, 2015).

특히, 수업관찰 분석(decomposition)이 교사 교육에서 어떻게 사용될 수 있는지 살펴볼 필요가 있다. 예비 교사들에게 이 도구가 미치는 영향을 이해하고, 나아가 이러한 기법이 필요한 분야에 적용하기 위해 과거와 현재의 노력을 검토하는 것이 필요하다. 지난 10년 동안 교사교육에서 수업관찰 분석을 다루는 이유와 방법에 대한 많은 연구가 발표되었다(Borko, Koellner, Jacobs, & Seago, 2011, Kleinknech & Schneider, 2013, Tripp & Rich, 2012). 교사교육에서 수업관찰 분석이 중요한 이유는 다음과 같다(Vetter & Schieble, 2015).

먼저, 녹화된 수업에 대한 상호 작용을 통해 학교현장에서 다룰 수 있는 세부 내용에 대한 접근이 가능하고(Le Fevre, 2004), 또한 이를 다양한 관점에서 볼 수 있다(Spiro, Collins, & Ramchandran, 2007). 수업촬영의 사례는 교사교육에서 쉽게 관찰할 수 없었던 상호작용 및 사건에 대해 교사가 인식하고(Sherin & van Es, 2009), 이론과 실습을 연결하기 위해 사용되었다(Brophy, 2004; Koc, Peker, & Osmoanoglu, 2009). Sherin과 Russ(2015)는 수업촬영이 교실의 상호작용에 대한 영구적인 기록을 제공하기 때문에 반복적으로, 다른 관점으로 볼 수 있고, 새로운 시도를 가능하게 한다고 지적했다. 이러한 분석은 학급경영의 차원보다는 수업에 초점을 둔다(Rosaen, Lundeberg, Cooper, Fritzen, & Terpstra, 2008).

디지털화 된 수업관찰은 수업의 빠른 전개속도를 늦추고, 특정 순간에 대한 세밀한 분석의 기회를 제공한다(Sherin & Van Es, 2009; Van Es & Sherin, 2002). Sherin(2004)은 수업촬영을 통해 예비교사가 복잡한 교실참관의 절차 없이 수업에 참여할 수 있게 해준다고 수업촬영의 중요성을 지적하였다. 더 나아가 Blomberg 등(2013)은 초임 교사들의 경우, 수업 상황에 대해 바로 지적이나 요청을 하는 것은 교사에게 많은 스트레스를 주고 학습을 방해할 수 있지만, 수업관찰은 이러한 압력을 줄여준다고 주장하였다. 수업촬영은 교사 스스로의 흥미를 유발하고(Lampert & Ball, 1998), 수업을 환기시켜주는 매력을 지닌 것으로 여겨진다(Roth, 2007).

　　또한, 최근의 국제적인 교육정책의 방향은 향후 교사의 필수 기술로서 수업관찰 분석 능력을 강조하고 있다(Rich, 2015). 미국 뉴욕의 교육정책은 신규 교사에게 교사평가(edTPA, Education Teacher Performance Assessment)의 일환으로 수업촬영 기록 및 분석을 요구한다. 이러한 수업촬영 분석은 예비교사들의 문화적, 언어적 배경을 고려한 수행 중심의 평가에 참여할 수 있는 기회를 열었으며, 예비교사의 실제적 역량을 분명하게 나타낼 것으로 여겨진다.

　　연구자들은 또한 수업관찰 분석이 학생들의 성취도를 높이는 수업으로 향상시킨다는 것을 확인하였다(Labbo, Kinzer, Leu, & Teal, 2004). 특히 수학교육 분야에서 많은 연구가 이루어졌는데, Borko, Jacobs, Eiteljorg, Pittman(2008)은 수학교사 학습공동체에서 수업촬영을 조사한 결과, 참가자들이 동료교사의 수업 비디오를 통해 새로운 교수법을 배우고 학생들의 생각을 더 고려하게 되었음을 확인하였다. Sherin, Han(2004)은 1년 동안 중학교 수학교사와 함께 전문성 개발을 위해 수업촬영을 사용하는 방법을 연구하였다. 그들은 수업촬영 활동에 참여한 교사들이 교수방법에 대한 보다 깊이 있는 분석과 학생들의 사고에 집중하는 모습을 확인하였다. 이러한 연구결과는 수업촬영 분석을 통해 교사의 관점을 변화시킬 수 있음을 보여준 것이다. 즉, 교사가 자신의 수행에 중점을 두었던 것에서 학생의 반응을 기반으로 학습의 성과를 높일 수 있는 교수방법에 보다 관심을 두게 된다. 따라서 수업촬영을 통해 교사는 매 순간을 정지시키고, 되돌아보면서 학생들의 학습을 변화시키고 복잡한 교실의 문제를 해결할 수 있다.

Vetter과 Schieble(2015)는 수업관찰 분석이 예비교사들로 하여금 교사로서 경험을 하는 순간순간의 상호작용이 교사로서의 정체성에 기여하는지 그리고 어떻게 기여하는지 질적 연구를 실시하였다. 연구를 위해 예비교사는 학기 중 3번 자신의 수업을 비디오로 녹화했다. 촬영은 연속된 시점이 아니고 다양하게 이루어졌으며, 3개의 수업촬영에 대해 10−15분의 수업내용을 기록 또는 요약하고 분석 도구를 사용하여 3페이지 분량의 성찰을 작성했다. 예비교사들은 상호작용을 연구하기 위해 언어 사용 및 비언어적 의사소통에 주목하고, 이를 분석하기 위한 전략을 배웠다. 예비교사들은 3개의 수업을 시청하면서 자신이 이상적으로 생각하는 교사의 정체성과 비교하고 주목한 내용을 반성적으로 검토하였다. 이 연구결과에 따르면 수업촬영 분석이 모든 참가자에게 자신이 희망하는 정체성을 정립하기 위한 중요한 노력으로 작용하였다.

그리고 수업관찰을 통해 교사교육에서 이론과 실제의 연계에 대한 난제를 해결하고, 예비 교사가 대학에서 배운 내용지식, 관찰 기술, 학급경영 등을 현장에 적용해 볼 수 있도록 지원하였다(Carlson & Falk, 1990, Overbaugh, 1995). 그러나 Blomberg 등(2013)은 교사교육에서 수업촬영의 효과에 대한 연구는 여전히 제한적이며, 교사교육에 수업촬영을 사용하는 방식은 매우 다양하다고 지적하였다(Vetter & Schieble, 2015).

향후 연구에서 수업관찰 분석이 수업의 효과를 판단하기 위한 도구로서 활용되는 방법을 세부적으로 검토하는 것이 요청된다. 이러한 필요성을 확대하기 위해 van Es(2009)는 동영상을 하나의 콘텐츠로 여기는 것이 아니라 수업 도구로 취급해야 한다고 주장하면서, 연구를 통해 이 도구의 활용 방식을 이해해야 한다고 강조했다. 따라서 수업관찰 분석을 효과적으로 사용하기 위해서는 교사를 위한 개념화된 학습 환경(well−conceptualized learning environments)이 개발되어야 한다(Krammer et al., 2006).

교사교육에서 수업관찰 분석에 관한 지침을 개발하기 위해 Blomberg 등(2013)은 5가지 연구기반 발견적 교수법(research−based heuristics)의 요소를 논의하였다(Vetter & Schieble, 2015).

- 추구하는 학습목표
- 수업관찰 분석은 교수전략을 지원하는 도구로서, 목표에 부합하는 활동의 설계
- 학습목표를 지원하는 수업촬영 자료를 주의 깊게 분석
- 교사교육에서 수업관찰 분석의 장점과 한계의 확인
- 수업전략 및 목표에 부합하는 평가

수업관찰은 이러한 발견적 교수법을 바탕으로 부담 없이 현장에서 적용할 수 있다.
교사교육에서 수업관찰 분석을 다루는 문헌은 거의 없고, 수업촬영 분석과 교사의
정체성을 연계한 연구 역시 찾아볼 수 없다. 이러한 문제를 해소하기 위해 지속적인
연구가 요청되고, 교사의 정체성을 정립하는데 수업관찰을 풍부하게 활용할 수 있음
을 이해하는 것이 중요하다.

나. 예비교사의 동료 관찰

다른 동료들을 관찰하는 것은 이미 19세기에 잘 알려져 있었다. 1830년대에 스코틀랜
드의 David Stow는 이 분야의 선구자로서, 자신이 가르친 Glasgow Normal Seminary
에 '갤러리 레슨(gallery lesson)'을 소개했다. 수강생과 교사는 갤러리에서 학생들이
가르치는 것을 참관했고, 이를 갤러리 수업이라고 불렀다. 일부는 문자 그대로 '갤러
리에서 공연하듯이' 동료들 앞에서 수업하였다.

오늘날에는 예비교사들이 학교에서 실제 수업을 참관하는 것과 수업 촬영된 자료
를 통해 공부하는 것이 공식화되었다. 예비교사들이 좋은 수업 촬영 자료들을 보는
것은 유용한 공부가 된다. 녹화 내용을 멈추고 결과에 대해 예측하거나, 수업에 대
해 토론하는 기회는 수업에 있어서 중요한 원칙과 실천의 문제를 경험하게 한다.

다양한 형태의 영상기술의 발전으로 고품질의 자료 획득은 물론, 특정 장면을 고
정, 연속, 반복할 수 있다. 이러한 모니터링을 통해 소그룹 토의를 진행하거나 자습
할 수도 있다. 예를 들어 수업 중간에 학생이 문제를 일으키는 장면을 시청하고, 교

사가 할 수 있는 다양한 선택을 논의한다. 그 선택은 ① 무시하기, ② 처벌하기, ③ 활동에 다시 참여시키기, ④ 문제행동에 대해 학생들과 토의하기 등이 될 수 있다. 그리고 이어서 수업상황을 계속 관찰함으로써 특정한 선택의 결과가 어떻게 나타나는지 확인할 수 있다.

이러한 접근법의 주요 문제점은 수업촬영 기획자 또는 교사가 수업의 스토리 라인에 개인적인 편견을 프로그램 했을 수 있다는 것이다. 문제 학생이 활동에 다시 참여하도록 하는 것이 최선이라고 생각했다면, 이러한 행동 선택의 결과가 긍정적으로 유도되도록 묘사할 수 있다. 경험이 부족한 예비교사들은 유사한 문제에 대해 모두 동일한 해결책을 적용하려는 경향이 있다. 때문에 의도된 수업 촬영 자료는 그 활용에 주의해야 한다. 이러한 문제를 해결하기 위해서는 다양한 딜레마 상황과 의사결정에 대해 논의할 수 있는 광범위한 수업을 활용해야 한다.

수업촬영 자료를 활용해 관찰할 때 초기 단계에서는 명확한 주제를 설정해 놓고 관찰하거나, 자유롭게 작성할 수 있는 메모지 훈련이 적당하다. 특정 주제를 중심으로 그와 관련된 내용만 집중하여 관찰 및 분석해 보는 것이 수업관찰의 출발이 될 것이다. 자신의 수업을 관찰하거나 수업 경험이 많은 교사가 관찰을 할 때에는 질문 및 설명의 구조를 가지고 접근하는 방법도 있다. 이러한 구조를 사용하여 동일한 수업이나 다른 수업의 관찰 결과를 상호 비교할 수도 있다. 또한 해당 교사나 학생들과 인터뷰를 통해 수업에 대한 이해 여부를 확인할 수 있다(Wragg, 2012).

표 질문 및 설명 양식

질문	관찰을 하면서 제기할 질문과 그에 대한 결과를 적어 보시오.
	질문 1: _____
	질문 2: _____
	질문 3: _____
	결과 1: _____
	결과 2: _____
	결과 3: _____

분석	서로 관련된 2~5개 질문을 비교하시오. 그러한 결과에 대한 원인을 기술하시오. 비교: _____ 성찰: _____
설명	교실 전체, 소집단, 개별 학생 등에 대한 설명을 기술하라. 상황, 사용된 전략, 결과는 무엇인지 설명하라. _____ _____ _____ 특징 있는 학생(소외/적극/문제유발/유능한 학생 등)에 대해 설명하라. 각각의 경우에서 상황, 사용된 전략, 결과는 무엇인지 설명하라. _____ _____ _____

이러한 양식을 바탕으로 관찰을 하기 전에 주제를 분명히 정하는 것이 중요하다. 그렇지 않으면 관찰 이후에 산만한 토론이 될 수 있다. 토론에 참여하는 구성원들은 서로에게 어떤 점을 배울 수 있는지, 공통적으로 나타나는 특성은 무엇인지 등을 검토한다.

예비교사의 경우 수업에 대한 관심과 깊이 있는 토론을 위해 다양한 주제를 추가로 논의할 수 있다. 예를 들면, 다음과 같은 내용에 대해 토론하는 것이 필요하다.

(1) 선생님 질문에 손을 든 학생에게만 답변의 기회를 주어야 하는가? 손을 들지 않은 다른 학생은 어떻게 참여하게 할 것인가?
(2) 교사가 학생의 질문에 적합한 답을 모를 때에는 어떻게 해야 하는가?
(3) 학생이 잘못된 응답을 할 때 어떻게 반응해야 하는가?, 또다시 기회를 주어야 하는가, 다른 학생에게 기회를 주어야 하는가, 힌트를 주어야 하는가?

다. 마이크로티칭

교사를 양성하는 과정에서 학생들이 경험하는 가장 어려운 문제 중 하나는 바쁜 교실에서 이루어지는 수업의 복합성에 대한 부담이다. 마이크로티칭의 목적은 학생들이 수업의 특정 측면이나 기술에 집중할 수 있도록 하여, 이러한 복합성을 줄여주는 것이다. 마이크로티칭의 기본 형태는 1960년대 스탠포드 대학에서 개발되었다(Allen & Ryan, 1969). 많은 학생들과 함께 모든 것을 가르쳐야 하는 실제 교실보다 적은 수의 학생들로 이루어진 교실에서 특정 수업기법을 발전시킬 수 있도록 시도한 것이었다. 이후에 다양한 마이크로티칭 기법이 개발되었지만 일반적으로 다음과 같은 8가지 기능이 있다(Wragg, 2012).

① **준비**: 학생은 보통 10분 정도의 짧은 수업을 준비한다. 보통 지도교수와의 예비토론을 통해 수업의 특정 측면에 집중한다.
② **기술**: 수업 관리, 설명, 질문 등과 같은 교수방법의 한 측면에 특히 주의를 기울인다.
③ **학급 규모**: 3~10명 정도의 학생 집단을 구성한다.
④ **시간**: 수업 진행과 녹화를 위해 보통 5~20분 정도의 시간이 일반적이다.
⑤ **수업 실행**: 1차 시도로서 소집단을 대상으로 수업한다.
⑥ **피드백**: 지도교수, 교사, 동료 학생, 학생들의 설문지, 수업촬영 시청 등으로 통해 피드백을 받는다.
⑦ **수업 재실행**: 유사한 학생들로 구성된 소집단을 대상으로, 피드백과 성찰의 결과를 반영한 수업을 다시 실행한다.
⑧ **협의(Debriefing)**: 전 과정이 끝나면 학습한 내용과 수업전략에 대한 토론을 한다.

마이크로티칭에서 몇 가지 주의할 사항이 있다. 우선 많은 사전작업이 필요하고, 교사나 지도교수의 감독이 요구된다. 왜냐하면 실제 교실이 아니기 때문에 융통성 있는 해석이 필요하기 때문이다.

한편, 마이크로티칭을 비판하는 사람들은 수업을 유기적인 전체로서 보아야 하고, 교수법의 수행 요소를 강조하게 되면 통합되지 못한 산발적인 기술만 습득하게 된다고 지적한다. 그리고 다양한 학생의 의견 및 행동과 상호작용해야 하는 실제 상황이 아닌, 인공적인 프레젠테이션 기술에만 집중한다고 비판한다.

15

수업평가 및 직무분석

가. 수업평가 기준

수업관찰을 통해 명시적인 평가를 하는 사례로서 영국 Ofsted의 기준을 살펴보고자 한다. 영국의 경우, 대부분의 학교는 수업관찰을 사용하는 것과 관련한 서면 정책을 가지고 있는데, 이는 교육당국에 의해 비준되는 경우가 많다. 이러한 정책은 다음과 같은 유형의 목표를 포함한다(O'Leary, 2014).

- 교수 및 학습의 질 향상
- 학습자 경험에 대한 전반적인 질적 평가
- 정기 감사에 대비한 역량 평가
- 자체 평가 및 자체 평가 시스템에 대한 기초 자료
- 구성원 간의 지속적인 개선 문화조성
- 구성원의 개발 요구를 확인

수업관찰 정책을 갖는 것을 통해 확인된 장점은 학습자의 경험을 향상시킬 수 있다는 것과 교육활동에 대한 투명성 제고에 있다. 대부분의 교육 기관은 한 학년도에 적어도 한 번 이상 모든 교사를 관찰하고자 한다. 소규모 학교의 경우, 이용 가능한 자원과 교원의 특성에 따라 관찰 빈도가 증가할 수 있다. 예를 들어, 초임교사는 주기적으로 수업관찰의 대상이 될 수 있고, 이전 수업관찰에서 미흡한 것으로 평가된 교사는 우선순위로 수업관찰에 참여할 것이다.

누가 관찰하는지는 그 학교의 규모와 규정된 정책에 따라 달라진다. 관찰자는 일반적으로 교장/교감, 경력 교사, 관리직, 우수 교사, 대학교수, 외부 컨설턴트 등이다. 일부 교육 기관에는 수업관찰을 전담하는 전담 팀이 있다.

성과관리를 위해 외부 관찰자를 활용하는 경우가 있다. 외부 관찰자 즉, 관찰된 교사와 가깝게 일하지 않는 사람의 경험과 전문성은 내부 관찰자보다 교수 및 학습에 대한 판단 능력을 더 갖추고 있다는 것을 의미한다. 외부 관찰자를 활용함으로써 관찰 평가의 객관성과 신뢰성을 향상시킨다는 주장도 있지만, 수업에 영향을 줄 수 있는 복잡한 맥락을 이해하지 못한다는 지적도 있다.

공식적 수업관찰 정책을 가진 기관이라면 관찰 절차와 관련된 문서를 가지고 있다. 이 문서는 일반적으로 관찰된 수업이 평가되는 평가기준 범주 및 후속 개발·실행 계획, 관찰 보고서 양식 등으로 구성된다. 기관에 따라 기준의 차이가 있을 수 있지만, 교실에서 교수 및 학습의 질에 대한 관찰자의 판단을 뒷받침할 수 있는 근본적인 질문은 다음과 같다(O'Leary, 2014).

- 학습자가 학습하고 있다고 볼 수 있는 충분한 증거가 있는가?
- 학생들은 무엇을 배우고 있는가?
- 왜 그것을 배우고 있는가?
- 학생들이 배우고 있음을 어떻게 알 수 있는가?
- 학생들은 그것을 올바른 방식으로 배우고 있는가?
- 학습자는 자신의 학습에 관심을 갖고 동기를 부여받는가?

이러한 핵심 질문은 수업관찰 과정에 참여한 모든 사람들에게 공통된 참고사항으로 작용한다. 또한 관찰자와 피관찰자 간의 사전-사후 회의에서 이러한 질문에 대한 의견을 공유하고 토론할 수 있다. 다음은 보다 구체적인 예시로서 영국 Ofsted의 체크리스트이다(O'Leary, 2014).

Ofsted 관찰자 체크리스트

이 체크리스트의 내용은 교육의 질 판단과 학습을 지원하기 위한 평가로서 Ofsted의 지침서에 제시되어 있다.

학습의 질(Quality of learning)	V
− 학생들은 실제로 학습한 것을 행동으로 옮기는가?	
− 학생들은 이전의 기술 및 지식을 통합하거나 새로운 것을 배우고 있는가?	
− 모든 학생들이 이전 학습과 새로운 학습 간의 연결 고리를 만들 수 있는가?	
− 학생들이 단순히 하는 일을 설명하는 것이 아니라, 자신이 배우는 것에 대해 이야기 할 수 있는가?	
− 학생들은 지속적으로 훌륭한 결과물을 만들어 내고 있는가?	
− 학생은 독립적으로 활동하는가? 자신의 선택을 최대한 활용하는가, 아니면 선택하기가 어려운가? 학생들은 자신의 학습에 어느 정도 책임이 있는가?	
− 학생들은 동료들과 얼마나 잘 협력하는가? 학생들은 교사나 다른 동료에게 배우는 것에 대해 질문을 하는가?	
− 학생들은 창의적인가, 자발성을 보여주는가?	
− 학생들은 일과 및 기대사항에 얼마나 잘 따르고 있는가?	
즐거운 학습과 태도(Enjoyment of learning and attitudes)	V
− 학생들은 열심히 참여하고, 노력하고, 적용하고, 집중하고, 생산적인가?	
− 학생들은 좋은 학습 습관을 개발하고 있는가?	
− 학생들은 자신의 결과물에 행복해하는가? 그것을 자랑스러워하는가?	
− 학생들은 자신의 과업과 배우는 것에 관심이 있는가? 아니면 쉽게 산만해지는가?	
− 교사 제시하는 내용이 학생들의 활동으로 원만히 전환되는가? 학생들이 과업에 쉽게 집중하는가?	
학습지원 평가(Assessment to support learning)	V
− 집단 또는 개인의 학습 간에 중대한 차이점이 있는가?	
− 학생들은 자신의 학습에 대한 평가에 참여하는가?	
− 학생들은 무엇을 배우고 왜 배우는지 알고 있는가?	
− 학생들은 목표를 가지고 있으며, 그들이 의미하는 바가 무엇인지, 성취하기 위해 해야 할 것을 이해하는가?	

학생의 진보(Pupils' progress)	V
− 각 집단이 동일한 또는 다른 진전을 보이고 있는가?	
− 학생들은 새로운 기술과 지식을 얻고 있는가?	
− 학생들이 사고를 개발하고 이해를 높이는 것이 얼마나 잘 이루어지는가?	
− 학생들은 수업 참여율이 높고 성취도가 양호한가?	
− 문해력, 수리력, ICT 기술에 학생들의 진보가 있는가?	
지원의 질(The quality of provision)	V
− 교직원들이 학습 전략에 대한 평가를 통해 효과적인 차별화를 하고 있는가?	
− 다양한 능력을 가진 학생들이 도전할 수 있는 적합한 수준의 활동이 이루어졌는가?	
− 각종 기록은 강점을 파악하고 개선을 위한 진단으로서 얼마나 효과가 있는가?	
− 대화와 피드백이 적절한가? 교사는 수업 중에 학생들의 이해 수준을 점검하는가?	
− 질문을 통해 학생들의 이해 수준을 얼마나 효과적으로 측정하는가? 행동에 대한 기대가 충분히 높은가?	
− 교사는 사회적, 정서적, 학습적 필요를 학생들에게 알려주는가?	
− 지원 인력이 어떠한 영향력을 미치는가?	
− 자원은 충분한가? 학습지원의 필요에 잘 부합하는가?	

출처: http://www.tes.co.uk

사전 관찰 회의에서 관찰자는 피관찰자와 몇 가지 기본 원칙을 수립하는 것이 바람직하다. 거기에서 관찰의 목표, 평가 기준, 관찰 기간 등에 대한 이해를 점검해야한다. 토의, 피드백의 보안성을 강조하는 것도 중요하다.

관찰자는 일반적으로 강점과 개선할 영역을 명확히 제시하는 구두 및 서면 피드백을 제공한다. 그리고 해결해야 할 사항이나 개발할 점을 요약한 후속 계획이 수반된다. 이러한 내용은 피관찰자 이외에 그 기관의 질 관리 또는 인사 부서, 직속 관리자에게 보내진다. 평가과정의 일부로써 추후 조치 계획을 논의하고, 그에 따라 필요한추가 지원을 승인해야 할 책임자는 바로 피관찰자의 직속 관리자이다(O'Leary, 2014).

나. 수업 등급부여

수업관찰의 결과로 등급이 주어지는 것에 대해 찬반의견이 있다. 반대 측은 등급 평가가 교사와 교수 및 학습의 향상에 전체적으로 비생산적이며 해로운 결과를 낳는다고 주장한다. 찬성 측은 그것이 교사 책무성의 중요한 측면이며 전문적 능력을 측정하는 데 중요한 역할을 한다고 주장한다.

찬성하는 사람들이 제시하는 공통된 주장 중 하나는 교실 수행을 인정함으로써 '효과적' 또는 '뛰어난' 교사에게 보상하는 데 도움이 된다는 점이다. 그리고 특정한 등급이 교사들이 기대하는 목표가 될 수 있으며 교사의 수업을 지속적으로 향상시킬 수 있는 강한 인센티브로 작용할 수 있다는 것이다.

'뛰어난' 또는 '부적절한' 수업과 같은 용어는 피관찰자에게 잠재적으로 매우 많은 영향을 미칠 수 있다. Rowntree(1987)는 등급이 교사의 교육활동에 대한 '평균'적인 잣대로 작용함으로써 수업의 특수성, 불규칙성, 가변성을 제거하고, 한 교사의 수업이 다른 수업과 구분되는 기준이 등급에 의해 주어지게 된다고 주장했다.

등급평가의 주요 문제점 중 하나는 객관적으로 보이지만 실제로는 그것을 다루는 사람들의 가치를 담고 있다는 것이다. 이것은 오용될 수 있으며, 교사의 개인적인 전문적 판단을 무시할 수 있다. 교사들 간의 분열을 초래할 수 있고, 기관의 특정한 목표를 달성하기 위한 도구로서 역할 할 수 있다(O'Leary, 2014).

다. 직무분석

수업관찰을 바탕으로 교사의 직무분석도 가능하다. 교사의 일상을 분석하여 교육활동을 총체적으로 이해할 수 있다. 교사와 학생들 간의 교실 상호작용 외에도 수업 준비 및 계획, 평가, 학부모 면담, 회의, 연수, 채점, 학생 감독, 문서관리 등 다양한 활동이 이루어진다. 교실에서 보조교사를 도입하는 것에 대한 논란이 있다면 이러한 직무분석을 통해 그 타당성을 가늠해 볼 수 있다. 필요하다면 얼마나 필요한지, 무슨 일을 지원해야 하는지 등을 정리할 수 있다.

다음은 특정 목적을 가진 직무분석의 예이다. 즉, 타임라인이나 체크리스트를 활용하여 교사의 전문적인 역할이 요구되는 활동과 그렇지 않은 활동의 비율을 확인하기 위한 것이다. 이를 통해 보조교사의 역할 도출과 운영방법을 논의할 수 있다.

교사의 경력이나 지위에 따라 직무분석을 하면 학교의 업무분장에 도움을 받을 수 있고, 교사교육을 계획하는 데에도 참고할 수 있다. 교실 생활 이외의 다른 측면에 대한 정보를 통해 교사의 어려운 점이나 보완할 사항도 아울러 확인할 수 있다(Wragg, 2012).

표 직무분석을 위한 타임라인 분석 예

내용	5′	10′	15′	20′	25′	30′
환경 정리						
학생과 대화						
과제 확인						
수업 준비						
……						

표 직무분석을 위한 체크리스트 분석 예

내용	빈도
환경정리	///
학생과 대화	///////
과제확인	/

16

책을 마치며: 교육의 발전을 위한 기초

수업관찰이 가지는 중요한 의미는 교사가 다른 사람들에 의해 부여되고 강요되는 우선순위를 갖기 보다는 자신의 전문적인 학습 및 발전에 대한 주체성을 가지고, 교사의 전문성, 신뢰, 자율성을 재확립할 수 있다는 데 있다. 교사가 필요로 하는 것은 수업에 관한 더 많은 협력이며, 변화와 개선을 이끌 수 있는 교사의 전문성과 전문적 역량에 대한 더 큰 신뢰이다(O'Leary, 2014).

어떤 연구나 문헌에서도 학교의 모든 교사와 학생들이 똑같은 방식으로 교육받아야 한다고 말하는 경우는 없다. 동일한 학교 내에서도 교사들의 교육실천 뿐만 아니라 역량에서도 상당한 차이가 있다(Wragg 1993a). 수업관찰은 교사가 자신의 교실과 다른 곳에서 일어나는 일을 이해하는 데 도움을 줄 수 있으며, 전체 학교에서의 교수법 개선을 위한 공동노력의 첫 걸음이 될 수 있다.

교사양성과정에서 수업을 분석하는 것은 교사가 되기 위한 과정으로서가 아니라, 상시적인 교사의 중요한 과업으로서 강조되고 연습되어야 한다. 즉, 일시적인 활동이 되어서는 안 되고 교사가 된 이후에도 지속적인 전문가 활동으로서 인식되어야 한다.

대부분의 교사양성기관에는 수업관찰에 대한 많은 경험을 가진 교수자가 있고, 여러 학교에서 근무한 많은 경험을 가진 교사들이 있기 때문에 교사양성기관과 학교 간의 협력관계를 형성하는 것은 이러한 문화를 형성하는 데 중요한 계기가 될 것이다(Wragg, 2012).

앞서 살펴본 사례나 방법들은 현장에서 잘 작동될 것처럼 보이지만, 사실 다양한 문제에 직면하게 된다. 참여를 싫어하거나 거부하는 교사, 무성의하게 임하는 교사, 학생들의 과잉 또는 과소행동, 학교 측의 협조 등 어려운 상황이 많다. 수업관찰이 평가적 관점에서 벗어나 전문성 개발의 관점으로 전환되었음에도 불구하고 많은 교사들은 여전히 긴장하고 부담스러워한다. 이에 대한 근본적인 이유는 누군가에게 수업에 대한 서열적인 판단을 하지 못하게 하더라도 암묵적인 판단까지 못하게 막을 수는 없기 때문이다. 어떤 상황에서든 자신의 전문성에 대한 평가가 부담스러울 수밖에 없는 것이다.

수업에 대한 어떤 판단이 자신의 전문성이나 자존감에 영향을 미칠 것을 염려하는 것은 기존의 학교문화, 교사문화, 정책 등에 기인한다. 교사들에게 서로의 수업을 '판단'하는 대신 '반성'하도록 함으로써 전문성 발달에 집중하도록 권하는 것이 중요하다. 이를 뿌리 내리고, 현장의 수업을 발전시키기 위해서는 교사교육 단계에서부터 이러한 실행과 경험을 보편화하는 것이 중요하다. 또한 학교현장에서 교육자들이 스스로의 전문성을 고양할 수 있도록 하는 정책적인 노력도 병행되어야 한다. 수업관찰은 근본적으로 교사들 간의 관계, 관리자와의 관계, 정부정책과의 관계에서 갖는 존중과 신뢰에 달려 있다.

분명한 것은 수업을 실천하는 본인은 물론, 다른 사람들을 관찰하고, 그것을 바탕으로 수업을 개선하는 것이 가능하다는 사실이다. 많은 교사들이 30년 이상을 가르친다. 행정적인 문제나 제도적 차원의 변화는 이루어지고 있지만, 교사의 수업의 질은 자체적인 노력과 관심이 없이는 변화되기 힘들다.

교수와 학습은 역사적인 흐름과 현재의 광범위한 사회 · 경제 · 정치적 상황으로부터 탈맥락화 될 수 없으며, 따라서 교육정책에 필요한 가장 유용할 이해를 얻는 방법은 이러한 수업을 직접적으로 다루는 것이다(James & Biesta, 2007). 교육정책이 보다 성공적이고 직접적인 영향을 미치기 위해서는 수업을 직접적으로 검토하고 성장시키는 것이 최선의 방법일 것이다.

이 책의 내용이 그러한 노력의 일부분이 될 수 있기를 기대한다.

참고문헌

곽문영, 안완주, 권오남, Sonya Nichole Martin(2015). 수학·과학수업 교실문화 분석연구의 신뢰도 검증방법에 대한 고찰: 구성주의 수업관찰 프로토콜을 중심으로. 학습자중심교과교육연구, 15(6), 643-667.

권성연(2010). 학교급과 교사 경력에 따른 좋은 수업에 대한 중요도 및 실행 수준 인식 차이. 열린교육연구, 18(4), 78-103.

김성근, 조혁준, 강주영(2016). 학술연구에서의 텍스트 마이닝 활용 현황 및 주요분석기법. Journal of Information Technology and Architecture, 13(2), 317-329.

김수영(1980). 교사의 언어형태에 관한 연구. 이화여자대학교 대학원 석사학위논문

김종서, 김영찬(1983). 수업형태분석법. 경기: 교육과학사.

김학수(1996). 현대교수-학습론. 경기: 교육과학사.

김홍규(2008). Q방법론: 과학철학, 이론, 분석 그리고 적용. 서울: 커뮤니케이션북스.

나승일(2003). Flanders 언어상호작용 분석법을 이용한 농고 교육실습생의 연구수업 분석. 한국농업교육학회지, 35(2), 25-40.

민애홍(2014). 레퍼토리 그리드를 활용한 사용자 인지 관점 게임 분류에 관한 연구. 연세대학교 대학원 석사학위논문.

박완희(1986). 학습양상에 따른 선호와 비선호의 학습효과 비교. 부산대학교 대학원 박사학위논문.

박외식(2000). Flanders 언어상호작용 분석법을 통한 수업장학이 교사의 수업 기술 및 수업분위기에 미치는 효과. 부산대학교 대학원 석사학위논문.

배형택(2004). TIMSS 비디오 연구방법을 적용한 일반학교와 대안학교 수학과 수업 비교분석. 홍익대학교 교육대학원 석사학위논문.

변영계(1969). 교사의 자질별 교사학생 언어적 상호작용에 대한 분석적 연구. 서울대학교 교육대학원 석사학위논문.

변영계, 김경현(2011). 수업장학과 수업분석. 서울: 학지사.

성태제(2015). 교육연구방법의 이해. 서울: 학지사.

신민아(2002). TIMSS 비디오 연구의 방법을 적용한 수학과 수업분석. 이화여자대학교 교육대학원 석사학위논문.

신효원(2006). 한국어 교실 관찰 도구 K-COLT개발. 이화여자대학교 대학원 석사학위논문.

안지혜(2011). 좋은 대학수업의 특성 분석 연구. 연세대학교 대학원 박사학위논문.

유한구(2001). 수업 전문성의 두 측면: 기술과 이해. 한국교원교육연구, 18(1), 69-84.

이성호(2004). 교육과정 개발의 원리. 서울: 학지사.

이은실(2001). Best Teacher의 수업특성: 포항공대 졸업생의 추천기준 분석. 고등교육연구, 12(1), 91-118.

이은화, 김회용(2008). 좋은 대학수업의 특징과 그 의미: 한국 대학생의 관점 에서. 교육사상연구, 22(1), 123-146.

이진경(2006). 원어민 보조 교사의 영어 수업 분석. 한국교원대학교 대학원 석사학위논문.

조부경(1985). 유치원 교사의 질문행동에 관한 연구. 이화여자대학교 대학원 석사학위 논문

조인숙(1990). Flanders 언어 모형에 의한 교사-아동의 언어적 상호작용 분석. 중앙대학교 교육대학원 석사학위논문.

주도연(2005). 다면적 수업분석기법을 적용한 사회과 수업분석의 실제. 한국교육개발원.

주삼환, 이석열, 김홍운, 이금화. (2009). 수업관찰분석과 수업연구. 경기도 파주: 한국학술정보(주)

황선정(2014). 자기애성 성격의 인지구성: 구성주의 레퍼토리 그리드의 적용. 가톨릭대학교 대학원 박사학위논문.

황선정, 조성호(2011). 인간이해와 심리치료에 대한 구성주의적 접근. 인간연구, 21, 141-184.

Adams, R. S. and Biddle, B. J. (1970). Realities of Teaching, New York: Holt, Rinehart & Winston.

Allen, D. and Ryan, K. (1969). Micro-teaching, Reading. Mass: Addison-Wesley.

Allen, J., Gregory, A., Mikami, A., Lun, J., Hamre, B., & Pianta, R. (2013). Observations of effective teacher-student interactions in secondary school classrooms: Predicting student achievement with the classroom assessment scoring system-secondary. School Psychology Review, 42(1), 76-98.

Allington, R. L. (2002). What I've learned about effective reading instruction from a Decade of Studying Exemplary Elementary Classroom Teachers. Phi Delta Kappan, 83(10), 740-747.

Alsup, J. (2006). Teacher identity discourses: Negotiating personal and professional spaces. Mahwah, NJ: Lawrence Erlbaum.

Anzaldua, G. (1999). Borderlands-La Frontera: The New Mestiza. San Francisco: Aunt Lute Books.

Applebee, A., Langer, J., Nystrand, M., & Gamoran, A. (2003). Discussion based approaches to developing understanding: Classroom instruction and student performance in middle and high school English. American Educational Research Journal, 40(3), 685-730.

Armitage, A., Byrant, R., Dunnill, R., Hammersley, M., Hayes, D., Hudson, A. and

Lawless, S. (2003). Teaching and Training in Post−compulsory Education (2nd edn). Buckingham: OUP.

Avis, J. (2003). Re−thinking trust in a performative culture: the case of education. journal of Education Policy, 18(3), 315−332.

Bailey, K. M. (2001). Observation, in R. Carter and D. Nunan (eds), The Cambridge Guide to Teaching English to Speakers of Other Languages. Cambridge: Cambridge University Press, pp. 114−119.

Bales, R. F. (1950). Interaction Process Analysis: a Method or the Study of Small Groups, Reading. Mass: Addison−Wesley.

Ball, S. J. (2003). The teacher's soul and the terrors of performativity. journal of Education Policy, 18(2), 215−228.

Barnes, D., Britton, 1. and Rosen, H. (1967) Language, the Learner and the School, Harmondsworth: Penguin.

Bartlett, L. (1990). Teacher development through reflective teaching, in J. C. Richards and D. Nunan (eds), Second Language Teacher Education. Cambridge: Cambridge University Press, pp. 202−214.

Beijaard, D., Meijer, P. C., & Verloop, N. (2004). Reconsidering research on teachers' professional identity. Teaching and teacher education, 20(2), 107−128.

Bell, C. A., Gitomer, D. H., McCaffrey, D. F., Hamre, B. K., Pianta, R. C., & Qi, Y. (2012). An argument approach to observation protocol validity. EducationalAssessment, 17(2–3), 62–87.

Bennett, N. (1976). Teaching Styles and Pupil Progress. London: Open Books.

Bennett, S. and Barp, D. (2008). Peer observation − a case for doing it online. Teaching in Higher Education, 13(5), 559−570.

Berliner, D. and Tikunoff, W. (1976). The California beginning teacher evaluation study: overview of the ethnographic study. Journal of Teacher Education 27(1), 24–30.

Black, P. and Wiliam, D. (1998). Assessment and classroom learning. Assessment in Education: Principles, Policy & Practice, 5(1), 7−78.

Blomberg, G., Renkl, A., Sherin, M. G., Borko, H., & Seidel, T. (2013). Five research −based heuristics for using video in preservice teacher education. Journal for Educational Research Online, 5(1), 3−33.

Bloome, D., Carter, S. P., Christian, B. M., Otto, S., & Shuart−Faris, N. (2004). Discourse analysis and the study of classroom language and literacy events: A microethnographic perspective. New York: Routledge.

Borko, H., Jacobs, J., Eiteljorg, E., & Pittman, M. E. (2008). Video as a tool for fostering productive discussions in mathematics professional development. Teaching and Teacher Education, 24, 417−436.

Borko, H., Koellner, K., Jacobs, J., & Seago, N. (2011). Using video representations of teaching in practice−based professional development programs. ZDM, 43(1), 175−187.

Bourdieu, P. (1991). Language and symbolic power. Cambridge, MA: Harvard University Press.

Bourdieu, P. (2011). The forms of capital. In I. Szeman & T. Kaposy (Eds.) Cultural theory: An anthology, (pp. 81−93). Indianapolis, IN: Wiley−Blackwell.

Bransford, J. D., Brown, A. L., & Cocking, R. R.(Eds.) (1999). How people learn: Brain, mind, experience, and school. Washington, DC: National Academy Press.

Britzman, D. P. (1991). Decentering discourses in teacher education: Or, the unleashing of unpopular things. Journal of Education, 173(3), 60−80.

Britzman, D. P. (1994). Is there a problem with knowing thyself? Toward a poststructuralist view of teacher identity. In T. Shanahan (Ed.), Teachers thinking, teachers knowing: Reflections on literacy and language education (pp. 53−75). Urbana, IL: National Council of Teachers of English.

Brookfield, S. D. (1995). Becoming a Critically Reflective Teacher. San Francisco, CA: JosseyBass.

Brookfield, S. D. (2005). The Power of Critical Theory for Adult Learning and Teaching. Maidenhead: Open University Press.

Brophy, J. (1981). Teacher praise: a functional analysis. Review of Educational Research, 51(1), 5−32.

Brophy, J. (1999). Teaching. Educational practices series (Monograph No.1). International Bureau of Education. from http://www.ibe.unesco.org

Brophy, J. (2004). Discussion. In J. Brophy (Ed.), Using video in teacher education: Advances in research on teaching (Vol. 10, pp. 287−304). Amsterdam: Elsevier.

Brown, G. A. and Hatton, N. (1982). Explanations and Explaining. London: Macmillan.

Brown, G. A. and Wragg, E. C. (1993). Questioning. London: Routledge.

Bryman, A. (1988). Quantity and Quality in Social Research. London: Unwin Hyman.

Butler, J. (1993). Bodies that matter: on the discourse limits of "sex." New York: Routledge.

Calandra, B., Brantley−Dias, L. and Dias, M. (2006). Using digital video for professional development: a preservice teacher's experience with reflection. Journal of Computing in Teacher Education, 22(4), 137−145.

Calandra, B., Gurvitch, R. and Lund, J. (2008). An exploratory study of digital video editing as a tool for teacher preparation. Journal of Technology and Teacher Education, 16(2), 137−153.

Callaghan, J. (1976). Towards a national debate, speech given by Prime Minister James Callaghan at Ruskin College, Oxford on 18 October 1976. Available online at: http://education.guardian.co.uk/thegreatdebate/story/0,,574645,00.html.

Campbell, D. T. and Stanley, J. C. (1963). Experimental and quasi−experimental designs for research, in N. L. Gage (ed.) Handbook of Research on Teaching. Chicago: Rand McNally.

Carlson, H. L., & Falk, D. R. (1990). Effectiveness of interactive videodisc instructional programs in elementary teacher education. Journal of Educational Technology Systems, 19(2), 151−163.

Cazden, C. (2001). Classroom discourse: The language of teaching and learning. NH: Heinemann.

Clarke, L. (2006). Power through voicing others: Girls' positioning of boys in literature circle discussions. Journal of Literacy Research, 38(1), 53−79.

Cockburn, J. (2005). Perspectives and politics of classroom observation. Research in Post−Compulsory Education, 10(3), 373−388.

Coffield, F. (2012). To grade or not to grade. Adults Learning, Summer, 38−39.

Cogan, D. (1995). Using a counselling approach in teacher supervision. The Teacher Trainer, 9(3), 3−6.

Coldron, J., & Smith, R. (1999). Active location in teachers' construction of their professional identities. Journal of curriculum studies, 31(6), 711−726.

Connell, J. P., & Wellborn, J. G. (1991). Competence, autonomy, and relatedness: A motivational analysis of self−system processes. In M. R. Gunnar, & L. A. Sroufe (Eds.), Self processes and development: The Minnesota symposia on child psychology (pp. 43-77). Hillsdale (N.J.): Erlbaum.

Cooper, K., & Olson, M. R. (1996). Chapter 7: The Multiple 'I's' of Teacher Identity. In R. T. Boak, W. R. Bond, D. Dworet, & M. Kompf (Ed.), Changing research and practice: Teachers' professionalism, identities, and knowledge (p. 78). London, UK: Routledge Falmer.

Cope, P., Bruce, A., McNally, J. and Wilson, G. (2003) Grading the practice of teaching: an unholy union of incompatibles. Assessment & Evaluation in Higher Education, 28(6), 673−684.

Cordingley, P., Bell, M., Rundell, B., Evans, D., & Curtis, A. (2004). How do collaborative and sustained CPD and sustained but not collaborative CPD affect teaching and learning? London: EPPI−Centre, Institute of Edu cation.

Cosh, J. (1999). Peer observation: a reflective model. ELT Journal, 53(1), 22−27.

Cruickshank, C. R.(1987). Reflective teaching: The preparation of students of teaching. Virginia: Association of teacher Educators.

Curcio, F. R. (2002). A user's guide to Japanese lesson study: Ideas for improving mathematics teaching. Reston, VA: National Council of Teachers of Mathematics.

Danielewicz, J. (2001). Teaching selves: Identity, pedagogy, and teacher education. Albany, NY: State University of New York Press.

Davies, B., & Harre, R. (1990). Positionings: The discursive production of selves. In B. Davies (Ed.), A body of writing (pp. 87−106). New York, NY: Alta Mira Press.

Day, C. (Ed.). (1999). Developing teachers: The challenges of lifelong learning. Philadelphia, PA: Psychology Press.

de Freitas, E. (2008). Troubling teacher identity: Preparing mathematics teachers to teach for diversity. Teaching Education, 19(1), 43−55.

Deci, E. L., & Ryan, R. M. (2000). The "what" and "why" of goal pursuits: Human needs and the self−determination of behavior. Psychological Inquiry, 11(4), 227‑268.

DeCorse, C. J., & Vogtle, S. P. (1997). In a complex voice: The contradictions of male elementary teachers' career choice and professional identity. Journal of Teacher Education, 48(1), 37.

Denzin, N. K. (1985). Triangulation, in T. Husen and T. N. Postlethwaite (eds). International Encyclopedia of Educational Research 9: 5293−5295, Oxford: Pergamon.

Deutsch, M. (1960). Minority group and class status as related to social and personality factors in scholastic achievement, Society for Applied Anthropology Monograph no. 2, NY: Society for Applied Anthropology.

Dewey, J. (1904). The relation of theory to practice in education, in C. A. McMurry (ed.), Third Yearbook: National Society for the Scientific Study of Education. Chicago, IL: University of Chicago Press, pp. 9–30.

Dewey, J. (1933). How we think, in W. B. Kolesnick (1958) Mental Discipline in Modern Education. Madison: University of Wisconsin Press.

Dimaggio, G., Nicolòo. G., Fiore, D., Centenero, E., Semerari, A., Carcione. A., & Pedone, R. (2008). States of mind in narcissistic personality disorder: Three psychotherapies analyzed using the grid of problematicstates. Psychotherapy Research, 18, 466–480.

Dudley, P. (2007). Lessons for Learning: using lesson study to innovate, develop and transfer pedagogic approaches and metapedagogy. London: TLRP.

Dudley, P. (2008). Lesson study development in England: practice to policy, paper presented at the World Association of Lesson Studies Annual Conference, Hong Kong, December 2008.

Dunne, E. and Bennett, N. (1990). Talking and Learning in Groups. London: Macmillan.

Dyke, M., Harding, A. and Liddon, S. (2008). How can online observation support the assessment and feedback, on classroom performance, to trainee teachers at a distance and in real time? Journal of Further and Higher Education, 32(1), 37–46.

Dyson, A. H. (1993). Social worlds of children: Learning to write in an urban primary school. New York: Teachers College Press.

Easterby–Smith, M. (1980). The Design, Analysis and Interpretation of Repertory Grids. International Journal of Man–Machine Studies, 13(1), 3–24.

Edge, J. (1992). Cooperative Development. Hadow: Longman.

Edwards, D., & Mercer, N. (1987). Common knowledge. New York: Routledge.

Eggleston, J. F., Galton, M. I. and Jones, M. (1975). Final Report of the Schools Council Project for the Evaluation of Science Teaching. London: Macmillan.

Eisner, E. (1983). The art and craft of teaching. Educational Leadership. 40(4), 4−13.

Elizabeth, T., Anderson, T., Snow, E., & Selman, R. (2012). Academic discussions: An analysis of instructional discourse and an argument for an integrative assessment framework. American Educational Research Journal, 49(6), 1214−1250.

Erikson, E.H. (1968). Identity: Youth and crisis (No. 7). New York: WW Norton & Company.

Ewens, D. and Orr, S. (2002). Tensions Between Evaluation and Peer Review Models: Lessons from the HE/FE Border. London: LTSN Generic Centre.

Fairbanks, C. M., Duffy, G. G., Faircloth, B., He, Y., Levin, B., Rohr, J., & Stein, C. (2010). Beyond knowledge: Exploring why some teachers are more thoughtfully adaptive than others. Journal of Teacher Education, 61, 161−171.

Fawcett, M. (1996). Learning Through Child Observation. London: Jessica Kingsley.

Feixas, G., Erazo−Caicedo, M. I., Harter, S. L., & Bach, L. (2008). Construction of self and others in unipolar depressive disorders: A study using repertory grid technique. Cognitive Therapy and Research, 32, 386−400.

Feldman, K. A. (1976). The superior college teacher from the student's view. Research in Higher Education, 5, 243−288.

Fitzgerald, R. (1971). The effect of perceptual and symbolic models on the verbal behaviors of student teachers. ED 048110.

Flanagan, J. C. (1949). Critical requirements: a new approach to employee evaluation. Personnel Psychology, 2, 419−425.

Flanders, N. A. (1970). Analyzing Teaching Behavior. Mass: Addison-Wesley.

Florio-Ruane, S. (2002). More light: An argument for complexity in studies of teaching and teacher education. Journal of Teacher Education, 53(3), 205-215.

Foster, P. (1996). Observing Schools - A Methodological Guide. London: Paul Chapman Publishing.

Foucault, M. (1977). Discipline and Punish - The Birth of the Prison. Harmond sworth: Penguin.

Foucault, M. (1980). Power/Knowledge - Selected Interviews and Other Writings 1972-1977. Brighton: The Harvester Press.

Fransella, F., Bell, R., & Bannister, D. (2004). A manual for repertory grid technique(Second edition). West Sussex: John Wiley & Sons Ltd.

Freedman, S. W., & Appleman, D. (2008). "What else would I be doing?": Teacher identity and teacher retention in urban schools. Teacher Education Quarterly, 35(3), 109-126.

Freire, P. (1972). Pedagogy of the Oppressed. Harmondsworth: Penguin.

Gage, N. L. (1978). The Scientific Basis of the Art of Teaching. New York: Teachers College Press.

Gagne, R. M. (1976). The conditions of learning(3rd. ed.). N.Y.: Holt Rinehart & Winston.

Gay, G. (2010). Culturally responsive teaching. New York: Teachers College Press.

Gee, J. P. (2000). Identity as an analytic lens for research in education. Review of research in education, 25, 99-125.

Gee, J. P. (2005). An introduction to discourse analysis theory and method (2nd ed). New York: Routledge.

Germain-McCarthy, Y. (2001). Bringing the NCTM standards to life: Exemplary practices for middle schools. Larchmont, NY: Eye On Education.

Gettinger, M., & Walter, M. J. (2012). Classroom strategies to enhance academic engaged time. In S. L. Christenson, A. L. Reschly, & C. Wylie (Eds.), Handbook of research on student engagement (pp. 653-673). New York: Springer.

Gibbs, G. (1988). Learning by Doing: A Guide to Teaching and Learning Methods. Oxford: Further Educational Unit: Oxford Polytechnic.

Gibbs, R., & Poskitt, J. (2010). Student engagement in the middle years of schooling (years 7-10): A literature review. Retrieved from http://www.educationcounts. govt.nz/__data/assets/pdf_file/0010/74935/940_Student-Engagement-19052010.pdf

Ginsberg, A. (1989). Construing the Bsiness Portfolo: A Cognitive Model of Diversification. Journal of Management Studies, 26(4), 417-438.

Gosling, D. (2002). Models of Peer Observation of Teaching. London: LTSN Generic Centre.

Gredler, M. E. (2001). Learning and instruction: Theory into practice (4th ed.). Upper Saddle River, NJ: Merrill Prentice-Hall.

Grossman, P., Compton, C., Igra, D., Ronfeldt, M., Shahan, E.,.& Williamson, P. W. (2009). Teaching practice: A cross-professional perspective. Teachers College Record, 111(9), 2055-2100.

Grubb, W. N. (2000). Opening classrooms and improving teaching: lessons from school inspections in England. Teachers College Record, 102(4), 696-723.

Hafen, C. A., Hamre, B. K., Allen, J. P., Bell, C. A., Gitomer, D. H., & Pianta, R. C. (2015). Teaching through interactions in secondary school classrooms: Revisiting the factor structure and practical application of the classroom assessment scoring system-secondary. The Journal of Early Adolescence, 35(5-6), 651-680.

Hagelskamp, C., Brackett, M., Rivers, S., & Salovey, P. (2013). Improving classroom quality with the RULER approach to social and emotional learning: Proximal and distal outcomes. American Journal of Community Psychology, 51(3), 530 – 543.

Hamre, B. K., Pianta, R. C., Downer, J. T., DeCoster, J., Mashburn, A. J., Jones, S. M., Hamagami, A. (2013). Teaching through interactions: Testing a developmental framework of teacher effectiveness in over 4,000 classrooms. The Elementary School Journal, 111(4), 461-487.

Hamre, B. K., Pianta, R. C., Mashburn, A. J. & Downer, J. T. (2007). Building a science of classrooms: Application of the CLASS framework in over 4,000 U.S. early childhood and elementary classrooms. Retrieved from

Haniford, L. (2010). Tracing one teacher candidate's discursive identity work. Teaching and Teacher Education, 26, 987 – 996.

Hargreaves, D. H., (2012) A self improving school system: towards maturity. Nottingham: NCSL

Heath, S. B. (1983). Ways with words: Language, life and work in communities and classrooms. Cambridge, MA: Cambridge University Press.

Holland, D., Skinner, D., Lachicotte, W., & Cain, C. (1998). Identity and agency in cultural worlds. Cambridge, MA: Harvard University Press.

Horn, I. S., Nolen, S. B., Ward, C., & Campbell, S.S. (2008). Developing practices in multiple worlds: The role of identity in learning to teach. Teacher Education Quarterly, 35, 61 – 72.

Hoyle, E. (1995). Changing concepts of a profession, in H. Busher and R. Sarah (Eds.), The Management of Professionals in Schools. London: Longman, pp. 59 – 70.

Hoyle, E. and Wallace, M. (2005). Educational Leadership: Ambiguity, Professionals and Managerialism. London: Sage.

Jackson, P. W. (1962). The way teaching is. NEA Journal [National Education Association], 54, 10−13.

Jackson, P. W. (1968). Life in Classrooms. New York: Holt, Rinehart & Winston.

James, D. and Biesta, G. (eds) (2007). Improving Learning Cultures in Further Education. London: Routledge.

Jankowicz, D. (2004). The easy guide to repertory grids. West Sussex: John Wiley & Sons Ltd.

Johnson−Farmer, B. J., & Frenn, M. (2009). Teaching excellence: What great teachers teach us. Journal of Professional Nursing, 25(5), 267−272.

Juzwik, M. M., & Ives, D. (2010). Small stories as resources for performing teacher identity. Narrative Inquiry, 20(1), 37−61.

Juzwik, M. M., Borsheim−Black, C., Caughlan, S., & Heintz, S. (2013). Inspiring dialogue: Talking to learn in the English Classroom. New York: Teacher College Press.

Kelly, G. A.(1955). The psychology o personal constructs. New York: Norton.

Kerby, A. P. (1991). Narrative and the self. Bloomington: Indiana University Press.

Kerry, T. (1982). Effective Questioning. London: Macmillan.

Kerry, T. and Sands, M. K. (1982). Handling Classroom Groups. London: Macmillan.

King, R. A (1978). All Things Bright and Beautiful?. Chichester: Wiley.

King, R. A. (1984). The man in the Wendy House, in R. G. Burgess (ed.) The Research Process in Educational Settings: Ten Case Studies, Lewes: Falmer Press.

Kiser, L. (1969). Project Evaluation: The effect of selected media feedback upon the interactive behavior of student teachers. ED 035599.

Kleinknecht, M., & Schneider, J. (2013). What do teachers think and feel when analyzing videos of themselves and other teachers teaching? Teaching and Teacher Education, 33, 13−23.

Koc, Y., Peker, D., & Osmoanoglu, A. (2009). Supporting teacher professional development through online video case study discussions: An assemblage of preservice and inservice teachers and the case teacher. Teaching and Teacher Education, 8, 1158—1168.

Kolb, D. A. (1984). Experiential Learning Experience as a Source of Learning and Development. New Jersey: Prentice Hall.

Krammer, K., Ratzka, N., Klieme, E., Lipowsky, F., Pauli, C., & Reusser, K. (2006). Learning with classroom videos: Conception and first results of an online teacher—training program. ZDM, 38(5), 422—432.

Labbo, L. D., Kinzer, C. K., Leu, D., & Teal, W. H. (2004). Technology: Connections that enhance children's literacy acquisition and reading achievement. In Case Technologies to Enhance Literacy Learning. Retrieved from http://ctell.uconn.edu/cases.htm

Lampert, M., & Ball, D. L. (1998). Teaching, multimedia, and mathematics: Investigations of real practice. NY: Teachers College Press.

Lave, J., & Wenger, E. (1991). Situated learning: Legitimate peripheral participation. Cambridge, UK: Cambridge University Press.

Lawson, T. (2011). Sustained classroom observation: what does it reveal about changing teaching practices? Journal of Further and Higher Education. First published on (iFirst): http://dx.doi.org/10.1080/0309877X.2011.558891.

Le Fevre, D. M. (2004). Designing for teacher learning: Video—based curriculum design. In J. Brophy (Ed.), Using video in teacher education (pp. 235—258). Amsterdam, Netherlands: Elsevier.

Leander, K. (2002). Locating Latayna: The situated production of identity artifacts in classroom interactions. Research in the Teaching of English, 37, 198—250.

Lemke, J. L. (1990). Talking science: Language, learning, and values. Norwood, NJ: Ablex Publishing Corporation.

Lewis, C. (2000). Lesson study: The core of Japanese professional development. Paper prepared for the American Educational Research Association meeting, New Orleans, LA.

Lewis, C. (2002a). Does lesson study have a future in the United States? Nagoya Journal of Education and Human Development, 1, 1−23.

Lewis, C. (2002b). Lesson study: A handbook of teacher−led instructional change. Philadelphia, PA: Research for Better Schools, Inc.

Lewis, C., Perry, R., & Hurd, J. (2004, February). A deeper look at lesson study. Educational Leadership, 61(5), 18−22.

Leyva, D., Weiland, C., Barata, M., Yoshikawa, H., Snow, C., & Treviño, E. (2015). Teacher-child interactions in Chile and their associations with prekindergarten outcomes. Child Development, 86, 781-799.

Lieberman, J. (2009). Reinventing teacher professional norms and identities: the role of lesson study and learning communities. Professional Development in Education, 35(1), 83−99.

Lipman, P. (2010). Education and the right to the city: the intersection of urban policies, education and poverty, in M. W. Apple, S. J. Ball and L. A. Gandin (eds), The Routledge International Handbook of the Sociology of Education. London: Routledge, pp. 241−252.

Lorenz, K. (1966). On Aggression. New York: Harcourt, Brace and World.

Ma, J. Y., & Singer−Gibella, M. (2011). Learning to teach in the figured world of reform mathematics: Negotiating new models of identity. Journal of Teacher Education, 62(1), 8−22.

Maguire, M. (2010). Towards a sociology of the global teacher, in M. W. Apple, S. J. Ball and L.A. Gandin (eds), The Routledge International Handbook of the Sociology of Education. London: Routledge, pp. 58−68.

Mahony, P. and Hextall, I. (2000). Reconstructing Teaching Standards, Performance and Accountability. London: Routledge.

Marland, M. (2004). How to be a successful form tutor. London: Continuum.

Mead, G. H., & Mind, H. (1934). Self and society. Chicago: University of Chicago Press.

Mercer, N. (2000). Words and minds: How we use language together. London: Routledge.

Meyer. H.(2004). Was ist guter unterricht? Berlin: Cornelson Verlag Scriptor GmbH & Co. KG.

Middlewood, D. and Cardno, C. (eds) (2001). Managing Teacher Appraisal and Performance: A Comparative Approach. London: Routledge Falmer.

Mishler, E. G. (2004). Historians of the self: Restorying lives, revising identities. Research in Human Development, 1(1−2), 101−121.

Mitchell, N., Hobson, A. and Sorensen, B. (2007). External Evaluation of the University of Sussex In−School Teacher Education Programme (INSTEP). Final Report to the Gatsby Charitable Foundation (Gatsby Technical Education Projects). University of Nottingham, School of Education.

Moje, E., & Lewis, C. (2007). Examining opportunities to learn literacy: The role of critical sociocultural literacy research. In C. Lewis, P. Enciso, & E. Moje (Eds.), Reframing sociocultural research on literacy (pp. 15−48). New York: Lawrence Erlbaum Associates.

Montgomery, D. (2002). Helping Teachers Develop through Classroom Observation (2nd edn). London: David Fulton Publishers.

Morgan, C., & Morris, G. (1999). Good Teaching and Learning: pupils and teachers speak. Buckingham and Philadelphia: Open University Press.

Murdoch, G. (2000). Introducing a teacher−supportive evaluation system. ELT Journal, 54(1), 54−64.

Nassaji, H., & Wells, G. (2000). What's the use of 'triadic dialogue'?: An investigation of teacher−student interaction. Applied linguistics, 21(3), 376−406.

O' Leary, M. (2006). Can inspectors really improve the quality of teaching in the PCE sector? Classroom observations under the microscope. Research in Post−compulsory Education, 11(2) 191−198.

O' Leary, M. (2011). The Role of Lesson Observation in Shaping Professional Identity, Learning and Development in Further Education Colleges in the West Midlands. Unpublished PhD Thesis, University of Warwick, September 2011.

O' Leary, M. (2014). Classroom observation. NewYork: Routledge.

Oppenheim, A. N. (1992). Questionnaire Design: Interviewing and Attitude Measurement. London: Pinter.

Orland−Barak, L., & Yinon, H. (2007). When theory meets practice: What student teachers learn from guided reflection on their own classroom discourse. Teaching−and Teacher Education, 23(6), 957−969.

Overbaugh, R. C. (1995). The efficacy of interactive video for teaching basic classroom management skills to pre−service teachers. Computers in Human Behavior, 11(3−4), 511−527.

Pakarinen, E., Lerkkanen, M., Poikkeus, A., Kiuru, N., Siekkinen, M., Rasku−Puttonen, H., & Nurmi, J. (2010). A validation of the classroom assessment scoring system in Finnish kindergartens. Early Education and Development, 21(1), 95-124.

Paris, S. G., & Paris, A. H. (2001). Classroom applications of research on self−regulated learning. Educational Psychologist, 36(2), 89-101.

Pennington, J. L. (2007). Silence in the classroom/lVhispers in the halls: Autoeth nography as pedagogy in White pre−service teacher education. Race Ethnicity and Education, 10(1), 93−113.

Perry, R., & Lewis, C. (2003). Teacher—Initiated lesson study in a northern California district. Paper presented at the Annual Meeting of the American Educational Research Association. from http://www.lessonre search.net

Perryman, J. (2006). Panoptic performativity and inspection regimes: disciplinary mechanisms and life under special measures. Journal of Education Policy, 21(2), 147−161.

Perryman, J. (2009). Inspection and the fabrication of professional and performative processes. Journal of Education Policy, 24(5), 611−631.

Pianta, R. C. and Hamre, B. K. (2009). Conceptualization, measurement and improvement of classroom processes: standardised observation can leverage capacity. Educational Researcher, 38(2), 109−119.

Pianta, R. C., Hamre, B. K., & Mintz, S. L. (2012). The CLASS—secondary manual. VA: University of Virginia.

Pianta, R. C., Karen M., & Bridget K. H.(2009). Classroom Assessment Scoring System(CLASS) Dimensions Overview. Baltimore: Paul H. Brookes Publishing.

Pianta, R. C., La Paro, K. and Hamre, B. K. (2008). Classroom Assessment Scoring System (CLASS). Baltimore: Paul H. Brookes.

Piburn, M., Sawada, D. (2000). Reformed teaching observation protocol (RTOP) reference manual. Arizona: Arizona Collaborative for Excellence in the Preparation of Teachers Technical Report No. IN00−3.

Powell, G. (1999). How to avoid being the fly on the wall. The Teacher Trainer, 13(1), 3−4.

Pressley, M., Dolezal, S. E., Raphael, L. M., Mohan, L., Roehrig, A. D., & Bogner, K. (2003). Motivating primary—grade students. New York: Guilford Press.

Quirke, P. (1996). Using unseen observations for an In−service Teacher Development Programme. The Teacher Trainer, 10(1), 18−20.

Ramsden, P. (1991). A performance indicator of teaching quality in higher education: The course experience questionnaire. Studies in Higher Education, 16(2), 129−150.

Randle, K. and Brady, M. (1997). Managerialism and professionalism in the 'cinderella service'. Journal of Vocational Education and Training, 49(1), 121−139.

Reeves, J. (2009). Teacher investment in learner identity. Teaching and Teacher Education, 25(1), 34−41.

Rex, L. A. (2001). The remaking of a high school reader. Reading Research Quarterly, 36(3), 288−314.

Rex, L. A., & Green, J. L. (2007). Classroom discourse and interaction: Reading across the traditions. In B. Spolsky & F. M. Hult (Eds.), International handbook of educational linguistics (pp. 571−584). London: Blackwell.

Rex, L. A., & McEachen, D. (1999). "If anything is odd, inappropriate, confusing, or boring, it's probably important": The emergence of inclusive academic literacy through English classroom discussion practices. Research in the Teaching of English, 34(1), 65−129.

Rex, L. A., & Schiller, L. (2009). Using discourse analysis to improve classroom interaction. New York, NY: Routledge.

Reyes, M. R., Brackett, M. A., Rivers, S. E., White, M., & Salovey, P. (2012). Classroom emotional climate, student engagement, and academic achievement. Journal of Educational Psychology, 104(3), 700‒712.

Rich, P. (2015). Examining the role of others in video self analysis. In B. Calandra & P. J. Rich (Eds.), Digital video for teacher education: Research and practice (pp. 71−88). New York: Routledge.

Richards, J. C. (1991). Towards reflective teaching. The Teacher Trainer, 5(3), 4−8.

Richards, J. C. (1998). Beyond Training. Cambridge: CUP.

Richards, J. C. and Lockhart, C. (1994). Reflective Teaching in Second Language Classrooms. New York: CUP.

Rinvolucri, M. (1988). A role−switching exercise in teacher training. Modern English Teacher, Spring.

Roberson, T. J. (1998). Classroom observation: issues regarding validity and reliability. Paper presented at the annual meeting of the Mid−South Education Research Association, 6 November, New Orleans, LA.

Ronfeldt, M., & Grossman, P. (2008). Becoming a professional: Experimenting with possible selves in professional preparation. Teacher Education Quarterly, 35, 41−60.

Rosaen, C., Lundeberg, M., Cooper, M., Fritzen, A., & Terpstra, M. (2008). Noticing noticing: How does investigation of video records change how teachers reflect on their experiences? Journal of Teacher Education, 59(4), 347−360.

Rosenshine, B. and Furst, N. (1973). The use of direct observation to study teaching, in R. W. Travers (ed.) Second Handbook of Research on Teaching. Chicago: Rand McNally.

Roth, W. M. (2007). Epistemic mediation: Video data as filters for the objectification of teaching by teachers. In R. Goldman, R. Pea, B. Barron, & S.J. Derry (Eds.), Video research in the learning sciences (pp. 367−382). Mahwah, NJ: Lawrence Erlbaum.

Rowe, M. B. (1972). Wait−time and rewards as instructional variables, paper presented at the National Association for Research in Science Teaching, Chicago, April.

Rowntree, D. (1987). Assessing Students: How Shall We Know Them? London: Kogan—Page.

Samph, T. (1968). Observer Effects on Teacher Behavior. Syracuse, NY: US Department of Health, Education and Welfare.

Samph, T. (1976). Observer effects on teacher verbal behaviour. Journal of Educational Psychology, 68(6), 736—741.

Sandilos, L. E., & DiPerna, J. C. (2014). Measuring quality in kindergarten classrooms: Structural analysis of the classroom assessment scoring system (CLASS K-3). Early Education and Development, 25(6), 894–914.

Santagata, R., & Guarino, J. (2011). Using video to teach future teachers to learn from teaching. ZDM the International Journal of Mathematics Education, 43(1), 133—145.

Saúul, L. A., Lopez—Gonzáalez, M. A., Moreno—Pulido, A., Corbella, S., Compan, V. & Feixas, G. (2012). Bibliometric review of the repertory grid technique: 1998—2007. Journal of Constructivist Psychology, 25, 112—131.

Schmuck, R. A. and Schmuck, P. A. (1975). Group Processes in the Classroom. Iowa: William C. Brown.

Schon, D. (1983). The Reflective Practitioner. London: Temple Smith.

Schutz, A. (1972). The Phenomenology of the Social World. London: Heinemann.

Sexton, D. M. (2008). Student teachers negotiating identity, role and agency. Teacher Education Quarterly, Summer, 73—88.

Sfard, A., & Prusak, A. (2005). Telling identities: In search of an analytic tool for investigating learning as a culturally shaped activity. Educational Researcher, 34(4), 14—22.

Sharp, R. and Green, A. (1975). Education and Social Control. London: Routledge & Kegan Paul.

Sherin, M. G. (2004). New perspectives on the role of video in teacher education. In

J. Brophy (Ed.), Using video in teacher education (pp. 1−27). New York: Elsevier Science.

Sherin, M. G., & Han, S. (2004). Teacher learning in the context of a video club. Teaching and Teacher Education, 20, 163−183.

Sherin, M. G., & Russ, R. S. (2015). Teacher noticing via video: The role of interpretive frames. In B. Calandra & P.J. Rich (Eds.), Digital video for teacher education: Research and practice (pp. 3−20). New York: Routledge.

Sherin, M. G., & van Es, E. (2009). Effects of video club participation on teacher's professional vision. Journal of Teacher Education, 60(1), 20−37.

Shulman, L. S. (1986). Paradigms and research programs in the study of teaching: A contemporary perspective. In MC Wittrock (Ed.), Handbook of research on teaching (3rd ed., pp. 3−36). New York: Macmillan Publishing.

Shulman, L. S. (1987). Sounding an alarm: a reply to Sockett. Harvard Educational Review, 57(4), 473−482.

Sinclair, I. and Coulthard, M. (1975). Towards an Analysis of Discourse: the Language of Teachers and Pupils. London: Oxford University Press.

Skinner, B. F. (1954). The science of learning and the art of teaching. Harvard Educational Review, 24, 86−97.

Smith, E. C. (1976). A latitudinal study of pre−service instruction in Flanders' Interaction Analysis Categories. Ed. D. Dissertation. Arizona State University. ED 120122.

Spiro, R. J., Collins, B. P., & Ramchandran, A. (2007). Reflections on a post−Gutenberg epistemology of video use in ill−structured domains: Fostering complex learning and cognitive flexibility. In R. Goldman, R. Pea, B. Barron, & S. J. Derry (Eds.), Video research in the learning sciences (pp. 93−100). Mahwah, NJ: Lawrence Erlbaum.

Stevens, R. (1912). The questions as a measure of efficiency in instruction: a critical study of classroom practice. New York: Teachers College, Columbia University.

Stigler, J. and Hiebert, J. (1999). The Teaching Gap: Best Ideas from the World's Teachers for Improving Education in the Classroom. New York: The Free Press.

Sugrue, C. (1997). Student teachers' lay theories and teaching identities: Their implications for professional development. European Journal of Teacher Education, 20(3), 213−225.

Takahashi, A., & Yoshida, M. (2004). Ideas for establishing lesson−study communities. Teaching Children Mathematics, 436−443.

Tan, F. and M. G. Hunter. (2002). The Repertory Grid Technique: A Method for the Study of Cognition in Information Systems. MIS Quarterly, 26(1), 39−57.

Tikunoff, W. I. and Ward, B. A. (1983). Collaborative research on teaching. Elementary School Journal, 83(4), 453−468.

Tilstone, C. (1998). Observing Teaching and Learning−Principles and Practice. London: David Fulton.

Tizard, B. and Hughes, M. (1984). Young Children Learning: Talking and Thinking at Home and at School. London: Fontana.

Tripp, T., & Rich, P. (2012). Using video to analyze one's own teaching. British journal of Educational Technology, 43(4), 678−704.

UCU(University and College Union) (2012). Lesson Observation: UCU Principles and Position. Available at: http://www.ucu.org.uk/media/5006/ Lesson− observation−UCU−principles−and−position/pdf/ucu_lessonobservat ion_feb12.pdf

van Es, E. (2009). Participants' roles in the context of a video club. Journal of the Learning Sciences, 18(1), 100−137.

van Es, E., & Sherin, M. G. (2002). Learning to notice: Scaffolding new teachers' interpretations of classroom interactions. journal of Technology and Teacher Education, 10(4), 571−596.

Van Tassel−Baska, J., Quek, C. and Feng, A. X. (2007). The development and use of a structured teacher observation scale to assess differentiated best practice (Classroom Observation ScaleRevised). Roeper Review, 29(2), 84−93.

Vaught, S. E., & Castagno, A. E. (2008). "I don't think I'm a racist": Critical Race Theory, teacher attitudes, and structural racism. Race Ethnicity and Education, 11(2), 95−113.

Vetter, A. (2010). Positioning students as readers and writers: An examination of teacher's improvised responses in a high school English classroom. English Education, 43(1), 33−64.

Vetter, A., & Schieble, M. (2015). Observing Teacher Identities through Video Analysis: Practice and Implications. New York: Routledge.

Vetter, A., Meacham, M., & Schieble, M. (2013). Leveling the field: Negotiating positions of power as a preservice teacher. Action in Teacher Education, 35(4), 230−251.

Vetter, A., Myers, J., & Hester, M. (2014). Negotiating ideologies about teaching writing in a high school English classroom. The Teacher Educator, 49(1), 10−27.

Vygotsky, L. S. (1978). Mind and society: The development of higher mental processes. Cambridge: Harvard University Press.

Wallace, M. and Hoyle, E. (2005). Towards effective management of a reformed teaching profession, paper presented at the 4th seminar of the ESRC Teaching and Learning Research Programme thematic seminar series

'Changing Teacher Roles, Identities and Professionalism', King's College London.

Wang, J. and Hardey, K. (2003). Video technology as a support for teacher education reform. Journal of Technology and Teacher Education, 11(1), 105−138.

Wang−Iverson, P. (2002). What is lesson study? Research for better schools. Currents, V(2), 1−2.

Weber, M. (1947). The Theory of Social and Economic Organization. New York: Free Press.

Weber, R. (1991). Linguistic diversity and reading in American society. Handbook of Reading Research, 2, 97−119.

Weinert, F. E., & Helmke, A. (1997). Entwicklung im Grundschulalter. 손승남, 정창호 역(2011). 좋은 수업이란 무엇인가? 서울: 삼우반.

Wells, G. (2000). Dialogic inquiry in education. In C. D. Lee & P. Smagorinsky (Eds.) Vygotskian perspectives on literacy research: Constructing meaning through collaborative inquiry. Cambridge, UK: Cambridge University Press.

Williams, M and Watson, A. (2004). Post−lesson debriefing: delayed or immediate? An investigation of student teacher talk. Journal of Education for Teaching, 30(2), 85−96.

Withall, I. (1949). The development of a technique for the measurement of social emotional climate in the classroom. Journal of Experimental Education, 17, 347−361.

Wortham, S. (2004). From good student to outcast: The emergence of a classroom identity. Ethos, 32(2), 164−187.

Wragg, E. C. (1973). A study of student teachers in the classroom, in G. Chanan(ed.), Towards a Science of Teaching, Slough: National Foundation for Educational Research.

Wragg, E. C. (1981). Class Management and Control. London: Macmillan.

Wragg, E. C. (1984). Classroom Teaching Skills. London: Croom Helm.

Wragg, E. C. (1993a). Primary Classroom Skills. London: Routledge.

Wragg, E. C. (1993b). Class Management. London: Routledge.

Wragg, E. C. (1999). An Introduction to Classroom Observation. London: Routledge.

Wragg, E. C. (2012). An Introduction to Classroom Observation. New York: Routledge.

Wragg, E. C. and Brown, G. A. (1993). Explaining. London: Routledge.

Wragg, E. C., Wikeley, F. J, Wragg, C. M. and Haynes, G. S. (1996). Teacher Appraisal Observed. London: Routledge.

Wragg, E. C., Wragg, C. M., Haynes, G. S. and Chamberlin, R. A. (1998). Improving Literacy in the Primary School. London: Routledge.

Yilmaz, K. (2011). The cognitive perspective on learning: Its theoretical underpinnings and implications for classroom practices. Clearing House: A Journal of Educational Strategies, Issues and Ideas, 84(5), 204-212.

Zemelman, S., Daniels, H., & Hyde, A. (1998). Best practice: New standards for teaching and learning in America's schools(second ed.). Portsmouth, NH: Heinemann.

Zimitat, C. (2006). First year students' perceptions of the importance of good teaching: Not all things are equal. Research and Development in Higher Education, 29, 386－392.

저자약력

김현욱

한국교원대학교 대학원 교육학 박사(초등교육 전공)
건국대학교 글로컬캠퍼스 교수 역임
현) 중원대학교 교양학부 교수, 교수학습지원센터장

수업관찰 분석

초판발행	2018년 4월 30일
지은이	김현욱
펴낸이	안종만
편 집	최은정
기획/마케팅	김한유
표지디자인	김연서
제 작	우인도 · 고철민
펴낸곳	㈜ 피와이메이트
	서울특별시 마포구 월드컵북로 400, 5층 2호(상암동, 문화콘텐츠센터)
	등록 2014. 2. 12. 제2015-000165호
전 화	02)733-6771
f a x	02)736-4818
e-mail	pys@pybook.co.kr
homepage	www.pybook.co.kr
I S B N	979-11-89005-09-2 93370

copyright©, 2018, Printed in Korea

정 가   18,000원

박영스토리는 박영사와 함께하는 브랜드입니다.